डॉ. अम्बेडकर के प्रशासनिक विचार

डॉ. अम्बेडकर के प्रशासनिक विचार

डॉ. धर्मवीर

वाणी प्रकाशन

प्रकाशन के उत्कृष्टतम 62 वर्ष

सजिल्द पहला संस्करण : 2004
सजिल्द दूसरा संस्करण : 2009
सजिल्द तीसरा संस्करण : 2015
सजिल्द चौथा संस्करण : 2025

vaniprakashan.com

वाणी प्रकाशन
4695, 21-ए, दरियागंज, नयी दिल्ली-110 002
फ़ोन : + 91 11 23273167, 23275710
शाखाएँ
अशोक राजपथ, पटना-800 004, बिहार
कॉफ़ी हाउस कैम्पस, महात्मा गांधी मार्ग, प्रयागराज-211 001, उत्तर प्रदेश
महात्मा गांधी अन्तरराष्ट्रीय हिन्दी विश्वविद्यालय, वर्धा-442 001, महाराष्ट्र
sales@vaniprakashan.in
vaniprakashan@gmail.com

Dr. Ambedkar Ke Prashasnik Vichar
by Dr. Dharamveer

ISBN : 978-81-8143-214-8
Criticism

मूल्य : ₹ 495

जी.एस. ऑफ़सेट, दिल्ली-110 095 में मुद्रित

वाणी प्रकाशन का लोगो मक़बूल फ़िदा हुसैन की कूची से

भारत के संविधान के अनुच्छेद 16 (4) को
जिसमें राज्याधीन नौकरियों के विषय में अवसर की समता के
बारे में लिखा गया है कि
इस अनुच्छेद की किसी बात से
राज्य को पिछड़े हुए किसी नागरिक वर्ग के पक्ष में,
जिनका प्रतिनिधित्व राज्य की राय में
राज्याधीन सेवाओं में पर्याप्त नहीं है,
नियुक्तियों या पदों के रक्षण के लिए उपबन्ध करने में
कोई बाधा न होगी।

—धर्मवीर

भूमिका

मुझे भारतीय लोक प्रशासन संस्थान, इन्द्रप्रस्थ एस्टेट, रिंग रोड, नई दिल्ली-110002 में 1992 में अपने प्रशिक्षण के दौरान पंजाब विश्वविद्यालय की एम. फिल्. डिग्री के लिए किसी प्रशासनिक समस्या पर शोध कार्य करना था। मैंने इस शोध कार्य के लिए 'डा. बी. आर. अम्बेडकर का लोक प्रशासन दर्शन' विषय चुना। इसके लिए मैं भारतीय लोक प्रशासन संस्थान, नई दिल्ली को धन्यवाद देना चाहता हूँ कि मुझे इस विषय पर काम करने की सहर्ष अनुमति मिली।

डा. अम्बेडकर के चिन्तन पर काम करने के लिए यह बहुत ही नया विषय है। डा. अम्बेडकर की बात नहीं, मेरी जानकारी के अनुसार, भारत के किसी अन्य आधुनिक विचारक के चिन्तन पर भी ऐसा काम नहीं हुआ है। यदि यह अपने क्षेत्र में पहला काम है तो इसकी कुछ कमजोरियाँ भी हो सकती हैं। मैं अपनी तरफ से कहूँ, मेरे लिए इस कार्य को करने में समय बहुत कम था। यही कारण है कि इस शोध कार्य में मुझे अपना सारा ध्यान केवल डा. अम्बेडकर के चिन्तन को ठीक-ठीक समझने में और उसे विद्वानों के सामने साफ-साफ शब्दों में रखने में केन्द्रित करना पड़ा। मैं डा. अम्बेडकर के चिन्तन की, इस समयाभाव के कारण, इस क्षेत्र के अन्य चिन्तकों से तुलना नहीं कर सका लेकिन फिर भी एक बात मैं पूरे सन्तोष के साथ कह सकता हूँ कि उनके उपलब्ध साहित्य में से इस विषय को मैं इसकी पूर्णता में रख सका हूँ। वास्तव में, यह मेरी भारतीय लोक प्रशासन संस्थान, नई दिल्ली के सहयोग से बाबा साहेब डा. अम्बेडकर के दर्शन को समझने में विनम्र सेवा है।

1992 से अब तक मूल पुस्तक में कोई बदलाव नहीं आया, बस, मैंने इसका शीर्षक बदला है।

अन्त में, मुझे इस बात की भी बेहद खुशी है कि मैं इस कार्य को केन्द्र सरकार की राजभाषा हिन्दी में कर सका हूँ।

धर्मवीर

तिरुवन्तपुरम

26 जनवरी, 2004

अनुक्रम

अध्याय - एक

प्रस्तावना

क. आवश्यकता

बीसवीं शताब्दी भारत के इतिहास की महत्त्वपूर्ण शताब्दियों में से रही थी। इस सदी में राष्ट्रीय जीवन का ऐसा कोई पक्ष नहीं था जिसमें परिवर्तनकारी कार्य न हुए हों। अंग्रेजों से राजनैतिक आजादी की अन्तिम लड़ाई इसी शताब्दी में जिम्मेदारी से और सफलतापूर्वक लड़ी गई थी। इसमें महात्मा गांधी और कायदे आजम जिन्ना के नाम अपने महत्त्व को दर्शाते हैं।

इसी क्रम में बाबा साहेब डॉ. भीम राव रामजी राव अम्बेडकर का आधुनिक भारत के निर्माण में महत्त्वपूर्ण योगदान रहा है। उन्होंने गांधी और जिन्ना से अलग अपने समय को एक नई पहचान और एक नया मोड़ दिया था। चूंकि वे बहुमुखी प्रतिभा के धनी व्यक्ति थे, इसलिए उनके योगदान राष्ट्रीय जीवन के सभी क्षेत्रों तक फैले हुए हैं। उन्होंने समाज, इतिहास, राजनीति, धर्म, शिक्षा और कानून के क्षेत्रों में अपनी दृष्टि के मील के नए पत्थर जोड़े हैं।

डा. अम्बेडकर की अपने समय के अन्य विचारकों से निराली विशेषता यह रही थी कि उन्होंने भारत की सबसे दलित, पीड़ित और पिछड़ी जातियों की लड़ाई लड़ी थी। उन्होंने हिन्दुओं और मुसलमानों द्वारा अंग्रेजों से लड़ी जा रही राजनैतिक सत्ता की लड़ाई को अछूतों के स्वतंत्रता संग्राम से भिन्न रखते हुए लिखा था—"भारत की आजादी की इस जद्दोजहद में यदि स्वतंत्रता का कोई हेतु बनता है तो वह अछूतों का हेतु है। हिन्दुओं का केस और मुसलमानों का केस—वे स्वतन्त्रता के लिए नहीं हैं। उनके संघर्ष स्वतन्त्रता से भिन्न सत्ता के लिए हैं।"[1] इस प्रकार, जब हिन्दुओं और मुसलमानों का अंग्रेजों से राजनैतिक सत्ता की प्राप्ति के लिए संघर्ष चल रहा था तो डा. अम्बेडकर ने तीन हजार वर्ष से भारत की कमजोर और लुटी-पिटी जातियों की चहुँमुखी स्वतन्त्रता का ऐतिहासिक युद्ध चलाया था।

यह आश्चर्य की बात है कि डा. अम्बेडकर के चिन्तन पर अभी भारत के

विद्वानों ने पर्याप्त ध्यान नहीं दिया है। कुछ अपवादों को छोड़ कर लगता ऐसा है कि विश्वविद्यालयों और अकादमियों के पदासीन प्रोफेसरों ने अभी उनके ग्रन्थों का अध्ययन तक आरम्भ नहीं किया है। विद्वानों से भिन्न भारत के अन्य सामान्य लेखकों ने भी उन पर स्वतन्त्र रूप से कुछ विशेष नहीं लिखा। फिर भी, निराशा के इस वातावरण में कुछ लेखक और विद्वान सामने आए हैं। इनमें सबसे पहला और प्रमुख नाम डा. डी. आर. जाटव का है। इन्होंने डा. बी. आर. अम्बेडकर के चिन्तन का यथेष्ट अध्ययन किया है और उन पर अपनी महत्त्वपूर्ण पुस्तकें लिखी हैं। वास्तव में, डा. डी. आर. जाटव की ये पुस्तकें डा. अम्बेडकर के चिन्तन को समझने के लिए इस क्षेत्र में आदि और महत्त्वपूर्ण पुस्तकें हैं। और चूंकि ये पुस्तकें अंग्रेजी के साथ-साथ हिंदी भाषा में भी लिखी गई हैं इसलिए उद्देश्य की दृष्टि से उत्तर भारत की अंग्रेजी न पढ़ी-लिखी दलित जातियों की इन पुस्तकों ने विशेष सेवा की है।

लेकिन डा. अम्बेडकर के चिन्तन को पूर्णता से समझने के लिए अभी कई क्षेत्रों में काम किए जाने की जरूरत है। एक महत्त्वपूर्ण क्षेत्र जिसमें कार्य करने की नितान्त आवश्यकता थी, वह मेरे इस शोध-कार्य का यह विषय था।

पहले कहा जा चुका है कि डॉ. अम्बेडकर ने राष्ट्रीय जीवन के अनेक क्षेत्रों में अपना महान योगदान किया था। उनका यह योगदान कर्म और चिन्तन के दोनों स्तरों का रहा था। फिर, जब उन्होंने भारतीय राजनीति में भाग लिया था तो राजनीति के सभी पहलुओं में भाग लिया था। संयोग से, वे अपने समय के विश्व के महानतम संविधानविदों में से अनन्य थे। इस क्षेत्र में उनकी विद्वत्ता और बौद्धिकता की उनके विरोधियों ने भी सराहना की है। खुद लोक प्रशासन का विषय संविधान, कानून और राजनीति का हिस्सा है इसलिए उनकी दृष्टि से लोक प्रशासन का क्षेत्र बच नहीं सका। इतना ही नहीं, बल्कि लोक प्रशासन के दर्शन को उन्होंने बड़ी बारीकी से समझाने की कोशिश की है। फिर, वे ऐसे विद्वान और सिद्धान्तवादी नहीं थे जिन्हें लोक प्रशासन का व्यावहारिक ज्ञान न रहा हो। उन्होंने ब्रिटिश भारत में और स्वतंत्र भारत में स्वयं महत्त्वपूर्ण पदों पर काम किया था। इसके साथ-साथ अपने धार्मिक, सामाजिक, राजनैतिक और शैक्षिक आन्दोलनों के संचालन के कारण उनका तत्कालीन प्रशासन से सीधा मुकाबला और टकराव हुआ था। उन्होंने प्रशासन के मजिस्ट्रेटों और अन्य कार्मिकों से हुए अपने तजुर्बों को अनेक स्थलों पर अपनी पुस्तकों और अपने भाषणों में प्रकट किया है।

डा. अम्बेडकर के लोक प्रशासन दर्शन के अध्ययन का महत्त्व और भी प्रासंगिक हो जाता है क्योंकि वे भारत के इतिहास में बैठ कर आरक्षण के दर्शन के पितामह हैं। उन्होंने एक राजनेता के नाते भारत की दलित और पिछड़ी जातियों के लिए लोक सेवाओं में आरक्षण की मांग कारगर ढंग से रखी थी। उन्होंने यह मांग ब्रिटिश भारत में रखी थी जिसे वे एक जागरूक दार्शनिक के नाते भारत के संविधान के अनुच्छेदों

तक ले आए थे। उनके मरणोपरान्त भी उनके इस महान मिशन को लगातार सफलता मिलती जा रही है। वे राजनीति के समान लोक सेवा को भी विभिन्न सामाजिक वर्गों की प्रतिनिधि लोक सेवा बनाना चाहते थे ताकि भारत का लोकतंत्र दलितों और पिछड़ों के हक में ज्यादा प्रभावी ढंग से काम कर सके।

साथ ही, इस शोध कार्य में मुझे डा. डी. आर. जाटव के अध्ययन के मुकाबले में एक अतिरिक्त लाभ उपलब्ध डा. अम्बेडकर की साहित्य-सामग्री का रहा है। डा. डी. आर. जाटव का शोध कार्य सातवें दशक में हुआ था। उस समय तक डा. अम्बेडकर के 1956 में निधन के बाद उनके परिवार में घरेलू मुकदमेबाजी के कारण उनका बहुत सारा महत्त्वपूर्ण साहित्य प्रकाशित नहीं हो सका था। संयोग से, अब महाराष्ट्र सरकार ने उनका अप्रकाशित साहित्य भी प्रकाशित किया है। इस शोध कार्य में डा. अम्बेडकर के मूल साहित्य को ही आधार माना गया है।

ख. विषयवस्तु

एक विषय के रूप में लोक प्रशासन का जन्म यूरोप में भी ज्यादा पुराना नहीं है। वहाँ इसका इतिहास कुल सौ वर्ष पुराना है। भारत में इसका इतिहास लगभग साठ वर्ष का हो गया है। डा. अम्बेडकर ने इस विषय से अपनी जानकारी सबसे पहले 1915 में बताई थी। असल में, 'प्रशासन' से डा. अम्बेडकर की जानकारी उनके विद्यार्थी जीवन से ही हो गई थी। इस विषय से उनकी पहली वाकफियत उनकी पुस्तक 'एडमिनिस्ट्रेशन एण्ड फाइनेन्स ऑफ दि ईस्ट इंडिया कम्पनी' से मिलती है। इसे उन्होंने अपनी एम. ए. की डिग्री की आवश्यकता में 15 मई, 1915 को लिखा था।[2] इसमें उन्होंने ईस्ट इंडिया कम्पनी के पूरे प्रशासनिक ढाँचे का अध्ययन किया था। इसे उन्होंने अपनी भाषा में 'सिस्टम ऑफ एडमिनिस्ट्रेशन्' कहा है।[3] इसमें उन्होंने सिविल (कोविनेन्टड एण्ड अनकोविनेन्टड) सर्विस का जिक्र किया है।[4]

इस पुस्तक के बाद डा. अम्बेडकर ने अपनी एक अन्य पुस्तक 1925 में प्रकाशित कराई थी। इसका शीर्षक 'दि इवोल्यूशन ऑफ प्रोविन्शियल फाइनेन्स इन ब्रिटिश इंडिया' था। इस पुस्तक में उनकी प्रशासनिक शब्दावली से पूरी जानकारी मिलती है। एक जगह उन्होंने 'पब्लिक सर्विस'[5] दूसरी जगह 'आल इंडिया सर्विस'[6], तीसरी जगह 'इम्पीरियल सर्विसेज'[7], चौथी जगह 'सिविल सर्विसेज'[8], पाँचवीं जगह 'प्रोविन्शियल सर्विसेज'[9] शब्दों का इस्तेमाल किया है। इसी पुस्तक में उन्होंने 'इंडियन ब्यूरोक्रेसी'[10] शब्द का भी प्रयोग किया है। इसी पुस्तक में उनके द्वारा प्रयोग किए गए 'सिविल सर्वेण्ट्स'[11] और 'ब्यूरोक्रेट'[12] शब्द भी मिलते हैं। इस पुस्तक में उन्होंने 'गुड एडमिनिस्ट्रेशन'[13] तथा इसके साथ 'इम्पर्सनल'[14] विशेषण का भी प्रयोग किया है। इस पुस्तक में उनकी दृष्टि 'एफिशिएण्ट एडमिनिस्ट्रेशन'[15] पर भी गई है। अपनी

पहली पुस्तक में डा. अम्बेडकर ने ईस्ट इंडिया कम्पनी के प्रशासन की तीन बुराइयाँ भी बताई हैं। ये बुराइयाँ—आटोक्रेसी, सीक्रेसी और इर्रेस्पान्सिबिलिटी की हैं।[16]

बम्बई सरकार द्वारा 1925-26 में एक 'यूनिवर्सिटी रिफार्म्स कमेटी' बनाई गई थी। उस कमेटी की रिपोर्ट में एक प्रश्नावली रखी गई थी। डा. अम्बेडकर के पास 54 प्रश्नों की प्रश्नावली भेजी गई थी। डा. अम्बेडकर ने उन प्रश्नों में से कुछ महत्त्व के मानते हुए उनका लिखित जवाब दिया था। अपनी योजना के अंतर्गत डा. अम्बेडकर ने बताया था कि कालेजों में पढ़ाए जाने वाले सारे विषय विश्वविद्यालय के स्तर पर कुछ विभागों में जोड़ दिए जाएँ। उदाहरण देते हुए उन्होंने जिन अलग विभागों के नाम बताए थे, इस प्रकार थे—"अर्थशास्त्र, इतिहास, राजनीति शास्त्र, प्रशासन, विधि, साहित्य, भाषा, रसायन शास्त्र, भौतिक शास्त्र आदि।"[17] विभागों की इस सूची में देखा जा सकता है कि यहाँ प्रशासन को राजनीति शास्त्र से अलग विभाग में रखा गया है। फिर, कहा नहीं जा सकता कि डा. अम्बेडकर ने अपना लेख 'एण्टैगोनिज्म ऑफ दि एडमिनिस्ट्रेशन' कब लिखा होगा। यह लेख उनके मरणोपरान्त उनकी अप्रकाशित रचनाओं की शृंखला में छपा है।[18] इस क्रम में उनका एक अन्य लेख 'प्रोब्लम ऑफ डिस्क्रिमेशन' भी है। इसमें उन्होंने 'प्रशासन' के बजाय सीधे 'लोक प्रशासन' के शब्द का इस्तेमाल किया है।[19]

यूँ, प्रशासन डा. अम्बेडकर का एक महत्त्वपूर्ण और प्रिय विषय रहा था। वे अपने दर्शन में इसकी महत्ता पूरी-पूरी समझते थे। वे इस विषय पर काफी कुछ लिख गए हैं लेकिन लगता है कि उनके मन में इस विषय पर कुछ अधिक लिखने का विचार था। उनकी अचानक मृत्यु के कारण उनके कई ग्रन्थ अधूरे रह गए हैं। उनकी पुस्तकों और उनके भाषणों को सम्पादित करने वाले सम्पादकों को उनकी एक 'स्कीम ऑफ बुक्स' का पता लगा है। डा. अम्बेडकर की यह 'स्कीम ऑफ बुक्स' उनकी अप्रकाशित पुस्तकों वाले खण्ड-3 में छापी गई है। उनकी एक स्कीम का शीर्षक 'व्हाट द ब्राह्मिन्स हैव डन टु दि हिन्दुस' है। इसके पार्ट-5 के 'ब्राह्मिनिज्म एण्ड मॉडर्न इंडिया' के अंतर्गत 24वाँ अध्याय 'ब्राह्मिन्स एण्ड एडमिनिस्ट्रेशन' है।[20] दुर्भाग्य से, डा. अम्बेडकर इस पुस्तक या उसके इस अध्याय को लिख नहीं सके थे। लेकिन इससे इस बात का पता चलता है कि यह विषय उनके दिमाग में पूरा-पूरा था।

सवाल यह बनता है कि लोक प्रशासन का क्षेत्र क्या है। खुद डा. अम्बेडकर ने इस विषय को राजनीति शास्त्र से पृथक माना है लेकिन इस पृथकता से उनका यह मतलब कदापि नहीं है कि प्रशासन का राजनीति से कोई सरोकार नहीं रह गया है। उन्होंने प्रशासन को हमेशा राजनीति के साथ रख कर देखा है। जब डा. अम्बेडकर ने 1942 में भारत के गवर्नर-जनरल को 'ग्रिवेन्सज ऑफ दि शेड्यूल्ड कास्ट्ज' शीर्षक से ज्ञापन दिया था तो उसमें लोक सेवाओं की शिकायतों को राजनैतिक शिकायतों के बड़े घेरे में रखा था।[21] एक अन्य सवाल लोक प्रशासन का कार्यपालिका, विधायिका

और न्यायपालिका से इसके सम्बन्धों का है। डा. अम्बेडकर के चिन्तन में लोक प्रशासन कहीं भी राज्य के इन तीनों अंगों से असंबंधित नहीं रहा और उन्होंने कहीं भी लोक प्रशासन की अकेले में बात नहीं की।

लोक प्रशासन का काम है कि यह समाज को एक अच्छा प्रशासन दे। जब तक लोक सेवक ठीक काम करते रहते हैं, तब तक समस्या की कोई बात नहीं बनती। समस्या उस समय जन्म लेती है जब वे ठीक काम नहीं करते। उस समय कार्यपालिका उससे सीधा सवाल पूछती है। कार्यपालिका उसकी सूचना विधायिका को देती है। लोक प्रशासक जो भी कार्य करते हैं, उनकी कानूनी जाँच न्यायपालिका करती है। इनमें विधायिका प्रशासन के लिए नया कानून बना सकती है और न्याय पालिका प्रशासन के निर्णय को बिलकुल उलट सकती है। अगली समस्या तब बनती है जब लोक प्रशासन, कार्यपालिका, विधायिका और न्यायपालिका की चारों संस्थाएँ बुराई करने के लिए एक सीधी रेखा में हो जाएँ। ऐसी स्थिति की कल्पना करते हुए डा. अम्बेडकर ने इन चारों संस्थाओं में अपनी पकड़ रखनी चाही है। उन्होंने चाहा है कि इन चारों संस्थाओं में दलित जातियों के व्यक्तियों को प्रतिनिधित्व मिलना चाहिए। उनके मत में, तब कम से कम किसी एक स्तर पर तो ऊपर-नीचे प्रशासनिक अपराध को पकड़ा जा सकता है। इतना ही नहीं, डा. अम्बेडकर ने राष्ट्र की रीढ़ सेना को भी अपनी दृष्टि के लोक प्रशासन में रखा है। यूँ, डा. अम्बेडकर के लोक प्रशासन का क्षेत्र राज्य की सभी संस्थाओं तक फैला हुआ है। जैसी उनकी समस्या थी, और जिस बात से उनको डर था, उसी के अनुरूप उन्होंने अपने लोक प्रशासन का समाधान दिया है।

यदि डा. अम्बेडकर के चिन्तन को सही तरह से समझा जाए तो उसमें कोई प्रशासक सामान्य आदमी नहीं होता। समाज के संदर्भ से वह समाज का विशेषज्ञ होता है। 'सामान्य बनाम विशेषज्ञ' की डांडामेडी डॉ. अम्बेडकर के चिन्तन में ज्यादा महत्त्व की नहीं है। जैसे एक इंजीनियर इंजीनियरिंग का, एक डाक्टर डाक्टरी का और एक वैज्ञानिक अपने क्षेत्र के विज्ञान का विशेषज्ञ होता है वैसे ही प्रशासक भी समाज इंजीनियरिंग का विशेषज्ञ होता है। ऐसा प्रशासक डाक्टरों और इंजीनियरों की तुलना में ही सामान्य प्रशासक कहा जा सकता है अन्यथा अपने समाज के क्षेत्र में वह विशेषज्ञ और विशिष्ट विशेषज्ञ व्यक्ति होता है। ऐसी विशेषज्ञता के लिए उसे जितने सामाजिक ज्ञान की जरूरत होती है, अपने जाति हितों के कारण वह उतना ज्ञान पर्याप्त रूप से पहले ही रखता है।

भारत में प्रशासन की दो मुख्य समस्याएँ हैं। ये समस्याएँ प्रशासकों के कर्त्तव्यों में ही निहित हैं। इन्हें इस प्रकार लिखा जा सकता है :

1. कानून और व्यवस्था को बनाए रखना;
2. संविधान के मुताबिक समाज में सामाजिक और आर्थिक परिवर्तन को लाना।

ये दोनों कार्य सिद्धान्त में ठीक लगते हैं लेकिन जब इन्हें व्यवहार में लाया जाता हैं तो कठिनाइयों का सामना करना पड़ता है। इनके व्यवहार में दो बातें हैं :

1. या तो ये सिद्धान्त गलत और अव्यावहारिक हैं;
2. या इन्हें लागू करने के लिए प्रशासकों का ठीक चुनाव नहीं किया जाता— अर्थात वे अयोग्य और डरपोक हैं।

डा. अम्बेडकर ने प्रशासन की इन समस्याओं का समाधान एक राजनेता के बजाय एक दार्शनिक के नाते अधिक दिया है। वे राजनेता बन कर अपने सिद्धान्तों से समझौता नहीं करते। असल में, उनका दिमाग ही नहीं, बल्कि उनका हृदय भी दलितों के साथ एकाकार रहता है। जब वे अपनी समस्याओं को देश के सामने रखते थे तो स्वतन्त्रतापूर्व के ब्रिटिश राज में अंग्रेज लोग कहा करते थे कि अभी उनके लिए इन सामाजिक समस्याओं से जूझने का समय नहीं आया है। डा. अम्बेडकर ने खानदेश जिले के कलक्टर के लिखे हुए एक पत्र के अंश साइमन कमीशन के सामने अपना साक्ष्य देते समय उद्धृत किए थे। इस पत्र में जिला कलक्टर ने दलित जातियों में से श्री मेधे की 'आनरेरी बेंच मजिस्ट्रेट' के पद पर नियुक्ति करने में अपनी असमर्थता इन शब्दों में व्यक्त की थी—"कलक्टर को दलित जातियों की महत्वाकांक्षाओं से पूरी-पूरी सहानुभूति है और उन्हें इस बात की भी खुशी है कि श्री मेधे ने अनेक जन-कार्यों में अपना उल्लेखनीय योगदान किया है। लेकिन उनकी राय में अभी वह समय नहीं आया है कि दलित वर्ग के किसी व्यक्ति को बेंच के मजिस्ट्रेट पद पर नियुक्त किया जा सके, और जब तक सरकार दलित जातियों की महत्त्वाकांक्षाओं के अनुसार इस प्रेजीडेन्सी में कोई ऐसी घोषणा नहीं करती, उन्हें खेद के साथ अपनी असमर्थता प्रकट करनी पड़ रही है।"[22]

इस उद्धरण से अंग्रेजों की नीति स्पष्ट हो जाती है। वे दलितों की समस्या को इतिहास के क्रमिक विकास की परम्परा में लाते हैं। लेकिन डा. अम्बेडकर इतिहास के किसी ऐसे क्रमिक विकास पर निर्भर नहीं करते। उन्हें दलित जातियों की समस्याओं का तत्काल समाधान चाहिए। खुद हिन्दू भी उनसे हिन्दुओं के हृदय-परिवर्तन होने तक की इन्तजार करने की मोहलत माँगते थे लेकिन डा. अम्बेडकर ने उस इन्तजार को हिन्दुओं के जिम्मे रख कर अपने स्तर पर खुद दलितों की मुक्ति के लिए अनवरत और अथक काम किया।

इस शोध कार्य के अगले पृष्ठों में देखा जाएगा कि डा. अम्बेडकर का चिन्तन इस देश से सम्प्रदायवाद और जातिवाद की सामाजिक बुराइयों को मिटा पाने में असमर्थ रहने के कारण सम्प्रदायवाद और जातिवाद को उस रूप में मान्यता दे गया है जिस रूप की वजह से इनमें बराबरी आ जाए और ये आपस में एक-दूसरे की बुराइयों को समाप्त कर सकें। ऐसी स्थिति में उन पर साम्प्रदायिक और जातिवादी होने का आरोप लग सकता है। वैसे, डा. अम्बेडकर ने जिस सम्प्रदायवाद और

जातिवाद की प्रशंसा की है उसका मतलब राष्ट्र विरोध से नहीं था। इस मामले में वे अपने खिलाफ किसी को बोलने नहीं देते। वे राष्ट्र के मुकाबले में किसी धर्म, जाति, संस्कृति या भाषा को आड़े नहीं आने देते। इस दृष्टि से, उन्होंने 1938 में बम्बई विधान सभा में जो शब्द कहे थे वे बहुत महत्त्वपूर्ण हैं। उनके भाषण का एक अंश इस प्रकार है—"व्यक्तिगत स्तर पर मैं स्पष्ट रूप में कहना चाहता हूँ कि मेरे लिए इस देश में किसी खास संस्कृति के लिए कोई स्थान नहीं है, फिर चाहे वह संस्कृति हिन्दू संस्कृति हो, मुसलमान संस्कृति हो, कर्नाटक की संस्कृति हो या गुजराती संस्कृति हो। वे संस्कृतियाँ अस्तित्व में हैं, इससे नकारा नहीं जा सकता, लेकिन मैं यह कहना चाहता हूँ कि वे अच्छी चीजें नहीं हैं जिन्हें बचाया जाए और विकसित किया जाए। उलटे, उन्हें नुकसानदेह माना जाए क्योंकि वे हमारी वफादारी और हमारे सामान्य लक्ष्य की प्राप्ति में बाधा स्वरूप हैं। हमारा सामान्य लक्ष्य इस भावना को जन्म देने में है कि हम सब भारतीय हैं। मैं उन लोगों की तरह नहीं सोचता जो कहते हैं कि हम भारतीय पहले हैं और बाद में हिन्दू हैं, या हम भारतीय पहले हैं और बाद में मुसलमान हैं। मैं इससे सन्तुष्ट नहीं हूँ, मैं साफ-साफ कहना चाहता हूँ कि मेरी इससे कतई सन्तुष्टि नहीं होती। मैं बिलकुल नहीं चाहता कि भारतीय होने की हमारी वफादारी किसी भी दूसरी प्रतियोगी-वफादारी से तनिक भी प्रभावित हो, चाहे वह प्रतियोगी-वफादारी धर्म से उत्पन्न होती हो, संस्कृति से उत्पन्न होती हो या भाषा से उत्पन्न होती हो। मैं सारे लोगों से चाहता हूँ कि वे भारतीय पहले हों और बाद में भी भारतीय हों और भारतीयों के सिवा कुछ न हों।"[23]

ग. पद्धति

डा. अम्बेडकर एक व्यावहारिक दार्शनिक थे। कोई भी सिद्धान्त सामने रखते हुए वे उसे उसके व्यवहार से परखते थे। वे कोरे सिद्धान्तवादी नहीं थे, ऐसे ही, वे बिना सिद्धान्तों के भी व्यक्ति नहीं थे। उनकी दृष्टि के सिद्धान्त और व्यवहार में अद्भुत सामंजस्य था। इस सामंजस्य को उन्होंने हर समय बनाए रखा है। वे एक राजनैतिक चिन्तक के नाते अपने विचारों में स्वयं बदले भी हैं और विकसित भी हुए हैं, लेकिन इस बीच वे अपने लक्ष्य के प्रति पूरे जिम्मेदार रहे हैं। वे अपने चिन्तन में उदारवादी नहीं थे, लेकिन एक ओर वे जिद्दी नहीं थे तो दूसरी तरफ ढुलमुल भी नहीं थे। उन्होंने अपने सिद्धान्तों की रक्षा के लिए अपने जीवन में कई बार ऊँचे पदों को छोड़ा है।

डा. अम्बेडकर लिखते हैं—"किसी सिद्धान्त की असली परख इस बात से की जाती है कि वह बुरी से भी बुरी स्थिति में कितना टिक पाता है।"[24] इस क्षेत्र में अध्ययन करने के लिए चिन्तकों के पास कई पद्धतियाँ हैं। इनके नाम दार्शनिक पद्धति, कानूनी पद्धति, ऐतिहासिक पद्धति, केस पद्धति, संस्थागत तथा संरचनात्मक

पद्धति और व्यवहारतावादी पद्धति हैं। लेकिन डा. अम्बेडकर के चिन्तन में इनमें से कोई भी पद्धति उनके लक्ष्यों को पूरी तरह प्राप्त नहीं करती। इसके लिए उन्होंने अपनी एक अलग 'सामाजिक पद्धति' की खोज करके उस पर भरोसा किया है।

दार्शनिक पद्धति में सिद्धान्त और आदर्श जाने जाते हैं। यह एक समेकित पद्धति भी है। लेकिन डा. अम्बेडकर इतने भर से सन्तुष्ट नहीं हो जाते। उन्हें मालूम है कि हिन्दू समाज में जन-विरोधी दर्शन लागू किया गया है। उदाहरण के रूप में, ब्राह्मणी दर्शन शूद्र और अछूत विरोधी है। यह दर्शन खुद अपनी समस्याओं का समाधान नहीं दे सका और दूसरे क्षेत्रों के प्रति यह उदासीन बन जाता है। इसलिए दार्शनिक पद्धति इस बात की गारण्टी नहीं है कि वह सम्पूर्ण समाज के हित में है। आगे 'कथनी और करनी' के विषय में इस पर ज्यादा चर्चा की जाएगी।

डा. अम्बेडकर खुद एक प्रसिद्ध कानूनविद और विधि दार्शनिक थे। भारत के कानूनी इतिहास के निर्माण में उन्होंने अनेक नए आयाम खड़े किए हैं। गोल मेज सभा की बहसों में और संविधान के निर्माण में उन्होंने महत्त्वपूर्ण कानूनी भूमिकाएँ निभाई हैं। संसद में हिन्दू कोड बिल के वे एक तरह से जन्मदाता थे। लेकिन इस सबका मतलब यह नहीं है कि वे कानूनी पद्धति में विश्वास करते थे। उनकी दृष्टि में कानून की पकड़ से बहुत कुछ बाहर रह जाता है। उदाहरण के लिए, सामाजिक रिवाज कानून से ज्यादा ताकतवर सिद्ध होते हैं। कानून की अपनी अनेक खामियाँ होती हैं जिनका कानून-विरोधी लोग लाभ उठाया करते हैं। भारत की विशेष स्थिति में कानून को लागू ही नहीं किया जाता।

ऐतिहासिक पद्धति में दो बातें मुख्य हैं :

1. किसी समाज का अतीत गौरवपूर्ण रहा हो।
2. इतिहास में जो कुछ घटित हुआ है, वह अच्छा हुआ है या वही लाजिमी था।

डा. अम्बेडकर को इन दोनों बातों में से एक भी मान्य नहीं है। उन्हें हिन्दुओं का सारा अतीत गौरवपूर्ण नहीं दीखता। उस अतीत में शूद्रों और अछूतों जैसे कमजोर वर्गों को जन्म दिया गया है । डा. अम्बेडकर यह मान कर भी नहीं चलते कि इतिहास में जो कुछ घटित हुआ है वह सदा अच्छा हुआ है और वही लाजिमी था। उनके अनुसार, इतिहास की हर घटना में जरूरी नहीं है कि समाज का विकास और मनुष्य का कल्याण हो। वे पौराणिक काल में जा कर राम को सीता और शम्बूक के प्रकरणों में बीसवीं शताब्दी के अपने कानूनी कठघरे में खड़ा करते हैं तथा अन्त्यजों से की गई ज्यादती के विरोध में खुद मनुस्मृति के समय में जा कर मनु से लड़ते हैं।

केस पद्धति को आजकल बहुत महत्त्व मिल रहा है। भारत के सभी लम्बी अवधि के प्रशासनिक प्रशिक्षण केन्द्रों में इसकी लोकप्रियता लगातार बढ़ती जा रही है। लेकिन केस पद्धति तब लागू की जाती है जब सारी घटना हो चुकी होती है। यह न्यायिक फैसला भी नहीं है। केस पद्धति विद्वानों और शोध छात्रों के बौद्धिक विलास

की चीज बन गई है। इसमें एक अन्य अन्तर और बनता है—यदि केस स्टडी को अर्थशास्त्र की भाषा का प्रयोग करके बोला जाए तो इसे 'माइक्रो' स्तर की कहा जा सकता है। इसके विपरीत, डा. अम्बेडकर के सामने हिन्दू धर्म के रूप में एक पूरा 'केस रिलीजन' है। उन्होंने अपनी पुस्तकों में 'केस स्टडी' के बजाय 'केस रिलीजन' किया है। उन्होंने अन्त्यजों के प्रति हिन्दू धर्मावलम्बियों की सामूहिक ज्यादतियों और हत्याओं को पेपर कतरनों के माध्यम से अपनी पुस्तकों में जगह-जगह स्थान दिया है लेकिन इसके लिए वे प्रत्येक केस को अलग से नहीं देखते। उन्होंने उन घटनाओं की एक एकमुश्त धार्मिक और सामाजिक व्याख्या दी है। इसमें एक-एक केस में समय बर्बाद करने की जरूरत नहीं, बल्कि उन सब का कारण लिखित रूप में धर्मशास्त्रों में स्पष्ट शब्दों में मौजूद मिलता है। उनके सामाजिक अध्ययन में अस्पृश्यता के रूप में हुई हजारों हिंसाओं की एक साथ और सही व्याख्या हो जाती है।

संस्थागत और संरचनात्मक पद्धति भी भारत के लोक प्रशासन में उतनी कामयाब पद्धति नहीं कही जा सकती। वास्तव में, लोक प्रशासन मात्र एक संस्था नहीं है और उसकी मात्र एक संरचना नहीं है। यदि किसी दफ्तर या संगठन को मात्र एक विधिवत संस्था मान लिया जाए तो केवल इसी आधार पर उसका सही अध्ययन नहीं किया जा सकता। यहाँ एक ही संस्था में कई सामाजिक संस्थाएँ काम करती नजर आने लगती हैं। संरचना की दृष्टि से भी मात्र पदानुक्रम से काम नहीं चल सकता क्योंकि एक भिन्न सामाजिक वर्ग के व्यक्ति के पदासीन होने पर संस्था का पूरा चरित्र और समीकरण बदल जाता है। यहाँ अमूर्त पद के सर्जन से ज्यादा इस बात की महत्ता होती है कि किस सामाजिक वर्ग का व्यक्ति उस पर आसीन होता है। इसलिए संस्थागत और संरचनात्मक पद्धति में अधिकारियों के वास्तविक व्यवहार का पता नहीं लग पाता।

इस शताब्दी में प्रशासन के क्षेत्र में एक अन्य पद्धति व्यवहारतावाद की लागू की गई है। यह पद्धति संगठन के व्यक्तियों और समूहों के वास्तविक व्यवहार पर अपना ध्यान केन्द्रित करती है। इसे समाज-विज्ञानों में वैज्ञानिक पद्धति कहा जाता है। डा. अम्बेडकर अपने चिन्तन में तनिक भी अवैज्ञानिक और अतार्किक नहीं रहना चाहते लेकिन इस व्यक्ति-आधारित पद्धति से उनके लोक प्रशासन के चिन्तन को समझने में कोई खास मदद नहीं मिलती। उनका सारा चिन्तन सामाजिक समूह का है। खुद डा. अम्बेडकर के निजी सामाजिक दुःख इसलिए नहीं थे कि वे एक गाँव में और एक गरीब बाप के घर पैदा हुए थे। व्यक्तिगत रूप में उनका शरीर और बौद्धिक विकास अपने किसी भी सहपाठी से कम नहीं था लेकिन उन्हें स्कूल के नल से पानी इसलिए नहीं पीने दिया जाता था क्योंकि जाति के रूप में उनका जन्म एक अछूत के घर में हुआ था।

डा. अम्बेडकर के चिन्तन की सारी समस्याएँ सामाजिक थीं। उन्होंने उन समस्याओं का समाधान भी सामाजिक ही दिया है। इसे वर्ण व्यवस्था, जाति प्रथा और अस्पृश्यता की सामाजिक संस्थाओं में बखूबी देखा जा सकता है। डा. अम्बेडकर के चिन्तन में यह सामाजिक पद्धति इस शोध कार्य में लगातार उजागर होती रहेगी। अगले अध्याय में इस पद्धति का कुछ विस्तार से खुलासा किया जा रहा है।

संदर्भ

1. मिस्टर गांधी एण्ड दि एमन्शिपेशन ऑफ दि अनटचेबल्स, बी.आर.अम्बेडकर, पृ. 13
2. डा. बाबा साहेब अम्बेडकर : राइटिंग्स एण्ड स्पीचेज, खंड 6, पृ. 3
3. वही, पृ. 13
4. वही, पृ. 12
5. वही, पृ. 71
6. वही, पृ. 92
7. वही, पृ. 114
8. वही, पृ. 187
9. वही, पृ. 207
10. वही, पृ. 227, 234
11. वही, पृ. 78
12. वही, पृ. 228
13. वही, पृ. 282
14. वही, पृ. 233
15. वही, पृ. 234-35
16. वही, पृ. 47
17. वही, खंड 2, पृ. 306
18. वही, खंड 5, पृ. 103
19. वही, पृ. 108
20. वही, खंड 3, पृ. 469
21. वही, खंड 10, पृ. 405
22. वही, खंड 2, पृ. 487
23. वही, पृ. 195
24. वही, खंड 8, पृ. 96

अध्याय - दो

समस्या की सामाजिक पृष्ठभूमि

क. समाज और अन्य परिभाषाएँ

डा. अम्बेडकर के लिए लोक प्रशासन समाज से जुड़ा हुआ मामला है। लोक प्रशासन राजनीति के हिस्से में आता है लेकिन खुद राजनीति की जीवेन-नाल समाज से जुड़ी हुई है। असली उद्देश्य समाज के अस्तित्व और उसके विकास का है जो मनुष्य के लाभ के लिए खड़ा किया गया है। यह सार्वजनिक जीवन का क्षेत्र है। उनके शब्दों में 'यह प्रधान रूप से और आवश्यक रूप से सामाजिक है।'[1] उन्होंने इसका बारीक विश्लेषण करते हुए लिखा है :

> "समाज को तीन बातों में से एक का चुनाव करना ही पड़ेगा।
>
> "समाज चाहे तो अपने 'अनुशासन' के लिए धर्म का चुनाव नहीं कर सकता। यदि धर्म 'अनुशासन' नहीं करता तो वह 'धर्म' ही नहीं है।
>
> "इसका मतलब है कि समाज 'अराजकता' के पथ पर आगे बढ़ना ठीक समझता है।
>
> "दूसरे समाज पुलिस को अर्थात डिक्टेटर को 'अनुशासन' के लिए चुन सकता है।
>
> "तीसरे समाज 'धर्म' और 'मजिस्ट्रेट' दोनों का चुनाव कर सकता है; जितने अंश में समाज 'धर्म' का पालन करे उतने अंश में 'धर्म' और जहाँ 'धर्म' का पालन न करे, वहाँ मजिस्ट्रेट।"[2]

समाज-व्यवस्था के इस सूक्ष्म विश्लेषण के बाद डा. अम्बेडकर ने अपना निर्णय इन शब्दों में दिया है :

> "न अराजकता में स्वतंत्रता है और न डिक्टेटर राज्य में स्वतंत्रता है।
>
> "केवल तीसरी व्यवस्था में ही स्वतंत्रता जीवित रहती है।"[3]

इस प्रकार डा. अम्बेडकर का लोक प्रशासन दर्शन मूलतः सामाजिक है। सभाज उनके सारे चिन्तन की कीली है। राजनीति और धर्म समाज के बाद की चीजें

हैं। उन्होंने राजनीति, धर्म और समाज की तुलना करते हुए लिखा है–"राजनैतिक और धार्मिक होने से ज्यादा मनुष्य एक सामाजिक पशु है। उसे धर्म की आवश्यकता नहीं भी रह सकती, ऐसे ही उसे राजनीति की जरूरत नहीं भी पड़ सकती। लेकिन उसे समाज की आवश्यकता होती ही है। वह बिना समाज के नहीं रह सकता।"[4] फिर ऐसा नहीं है कि मनुष्य के लिए समाज की महत्ता की बात स्वीकार करके रुका जा सके। डा. अम्बेडकर कहते हैं कि समाज मनुष्य की सारी संस्थाओं में सबसे शक्तिशाली संस्था भी है। उदाहरण के लिए समाज सरकार से भी अधिक ताकतवर होता है। समाज की यह ताकत मनुष्य के भले के लिए और उसके बुरे के लिए भी लगाई जा सकती है। वे लिखते हैं–"ज्यादातर लोग यह महसूस नहीं करते कि एक व्यक्ति के खिलाफ समाज सरकार की तुलना में ज्यादा कठोर और निर्दय हो सकता है। मनुष्य के उत्पीड़न के लिए समाज के पास जो साधन हैं वे सरकार के साधनों से कहीं अधिक ज्यादा हैं और वे ज्यादा प्रभावी भी हैं।"[5] उन्होंने पूछा कि दंड संहिता में ऐसा कौन सा दंड है जो परिमाण और कठोरता में सामाजिक बहिष्कार के सामने ठहर सकता है। उनके अनुसार–"हिन्दू समाज का अछूत वर्ग इसी सामाजिक मार का मारा हुआ वर्ग है। एक तरफ, अछूत को समाज में अपने जीवन यापन की जिम्मेदारी खुद निभानी पड़ती है और दूसरी तरफ उसके जीवन यापन के सारे साधन बन्द कर दिए जाते हैं। इससे अछूत वर्ग के लोग बन्द समाज व्यवस्था का एक लाभ भी प्राप्त नहीं कर सकते और उन्हें खुली समाज व्यवस्था के सारे नुकसान उठाने पड़ते हैं।"[6]

डा. अम्बेडकर एक जिम्मेदार दार्शनिक के नाते समाज का और आगे विश्लेषण करते हैं। वे अपनी बात केवल यह कह कर नहीं छोड़ देते कि मनुष्य की सारी संस्थाओं के मूल में समाज है। वे लिखते हैं–"कहीं भी मानव समाज एक अकेली पूर्णता नहीं है। यह हमेशा बहुवाची होता है। कार्यकलापों के संसार में एक छोर पर व्यक्ति पड़ता है और दूसरे छोर पर समाज पड़ता है। इन दोनों के बीच में परिवार, मित्रता, सहकारी संस्था, व्यापारिक समूह, राजनैतिक दल तथा चोरों और लुटेरों के गुट आदि पड़ते हैं। ये छोटे समूह प्रायः आपस में गुँथे हुए और जुड़े हुए रहते हैं तथा कभी एक-दूसरे के प्रति इतने निषेधात्मक हो जाते हैं जितनी कि जातियाँ।"[7] एक आदर्श समाज के लिए यह देखना नहीं होता कि उसमें समूह है या नहीं। जहाँ तक समूह की बात है वे विश्व के सभी समाजों में मौजूद रहते हैं। देखना केवल यह रहता है कि उनके हित संख्या में कितने अधिक और विविध हैं जो समूहों के पक्ष में जाते हैं, कि एक समूह का दूसरे समूह से कितना खुला और पूरा सम्बन्ध ठहरता है। समाज में दो तरह की शक्तियाँ होती हैं–एक वे शक्तियाँ जो समूहों को आपस में जोड़ती हैं तथा दूसरी वे जो समूहों को आपस में तोड़ती हैं। एक आदर्श समाज के लिए इस बात को देखने की जरूरत होती है कि उसमें समूहों को जोड़ने वाली शक्तियाँ ज्यादा हैं या समूहों को तोड़ने वाली शक्तियाँ ज्यादा हैं।

ऐसे समय में डा. अम्बेडकर समूह और जाति की बात उठाते हैं। कुछ ऐसे समूह होते हैं जो समाज के काम के नहीं होते लेकिन इस संदर्भ में फिर जातियाँ क्या हैं? वे समाज के लिए और भी हानिकारक हैं। इस अन्तर को स्पष्ट करने के लिए डा. अम्बेडकर 'वर्ग समूह' और 'जाति समूह' जैसे शब्दों पर आते हैं। यह समाज में वर्ग व्यवस्था और जाति व्यवस्था का अन्तर है। वे लिखते हैं—"वर्ग व्यवस्था में समूह मात्र समाजरहित होते हैं लेकिन जाति व्यवस्था में जातियाँ निश्चित रूप से समाज-विरोधी होती हैं।"[8] यहाँ जातियों और समूहों को वर्ण व्यवस्था के संदर्भ में देखा जाना ज्यादा ठीक रहेगा। असल में, डा. अम्बेडकर यह नहीं मानते कि हिन्दुओं की जाति प्रथा वर्ण व्यवस्था से निकली है। वे यहाँ तक लिखते हैं कि जाति प्रथा वर्ण व्यवस्था के ठीक उलटी दिशा में चलती है। लेकिन जब वे यह कहते हैं कि जाति प्रथा ने वर्ण व्यवस्था को पूरी तरह उलट-पलट दिया है तो दूसरी ओर वे यह भी कहते हैं कि जाति प्रथा ने वर्ण व्यवस्था से वर्ग चरित्र ले लिया है। उनके अनुसार, वर्ण व्यवस्था जाति प्रथा के मुकाबले में वर्ग व्यवस्था ज्यादा है। वर्ण व्यवस्था के ब्राह्मण, क्षत्रिय, वैश्य और शूद्र को पुनः दो भागों में बाँटा गया है। इनमें ब्राह्मण, क्षत्रिय और वैश्य को द्विज समाज तथा शूद्र को अद्विज समाज में रखा जाता है। जहाँ तक एक हिन्दू की सामाजिक मानसिकता की बात है तो वह जात्याभिमानी और वर्ग-अभिमानी दोनों एक साथ होता है। इसके साथ में दोनों सच्चाइयाँ और वास्तविकताएँ हैं। पूछा जा सकता है कि एक हिन्दू कब जात्याभिमानी और कब वर्ग-अभिमानी बनता है। इसके उत्तर में डा. अम्बेडकर लिखते हैं—"कोई हिन्दू जात्याभिमानी है या वर्ग-अभिमानी है यह इस बात पर निर्भर करता है कि वह किस जाति से संघर्ष में आता है। यदि वह जाति जिससे वह संघर्ष करता है उसके अपने वर्ग के भीतर आती है तो वह जात्याभिमानी हो जाता है और यदि वह जाति उसके अपने वर्ग से बाहर की है तो वह वर्ग-अभिमानी बन जाता है।"[9]

समाज के संदर्भ में डा. अम्बेडकर ने एक और शब्द 'कम्यूनिटी' का लिया है। इसे हिंदी में 'समुदाय' कहा जाना चाहिए। उनके दार्शनिक चिन्तन में यह शब्द बड़े महत्त्व का है। इसी से उनके सम्प्रदायवाद और अल्पसंख्यक समुदाय का विकास होता है। लेकिन यह शब्द एकदम सरल शब्द नहीं है। इस शब्द की सही परिभाषा जानने के लिए उन्होंने अनेक शब्दकोश उलटे-पलटे हैं। फिर ऐसा नहीं है कि इस शब्द के अर्थ नए-नए आयामों में विकसित नहीं हुए हैं। खुद डा. अम्बेडकर इस शब्द के अर्थ के विभिन्न विकासों के जानकार थे। फिर भी उन्होंने इसकी परिभाषा में शब्द-व्युत्पत्ति-शास्त्र का सहारा लिया था। वे लिखते हैं—" 'कम्यूनिटी' शब्द व्युत्पत्तिशास्त्र की दृष्टि से मूलतः धार्मिक कम्यूनिटी के रूप में इस्तेमाल किया गया है। इसकी निष्पत्ति 'कम्यूनियन' से निकलती है। कम्यूनियन एक धार्मिक शब्द है। यदि किसी व्यक्ति का धर्माधिकारी द्वारा धर्म-निकाला कर दिया जाता है तो वह उस समुदाय का

सदस्य नहीं रह जाता। यह इस शब्द का मूल अर्थ है।"[10] लेकिन डा. अम्बेडकर इस शब्द की इस मूल परिभाषा से पूरी तरह सन्तुष्ट नहीं थे। उन्होंने बम्बई विधान सभा में 'बम्बई पुलिस एक्ट संशोधन बिल' पर बोलते समय कहा था कि यदि कोई माननीय सदस्य इस अर्थ के लिए 'कम्यूनिटी' के बजाय किसी अच्छे शब्द की तलाश करना चाहते हैं तो वे उनकी मदद करने के लिए तैयार रहेंगे।

डा. अम्बेडकर ने इस शब्द पर साउथ बोरो समिति के सामने अपना लिखित साक्ष्य देते समय भी गम्भीरतापूर्वक विचार किया था। तब उन्होंने लिखा था–"मनुष्य समुदायों में इसलिए रहते हैं क्योंकि उनकी कुछ बातें आपस में एक समान होती हैं। जो उनमें एक समान बातें होती हैं वे उनके उद्देश्य, विश्वास, आकांक्षाओं, जानकारियों और समान समझदारी की हैं। समाजशास्त्रियों की भाषा में वे समान मस्तिष्क के लोग होने चाहिए।"[11] लेकिन लोगों में इस समान मस्तिष्क का पता कैसे चलता है? इसका पता उनके भौगोलिक रूप से एक साथ रहने से नहीं चलता। समान मस्तिष्क के होने के लिए उनका आपस में संभाषण होना चाहिए और उनके कार्यों में परस्पर भागीदारी होनी चाहिए। कार्यों में भागीदारी उनके समान मस्तिष्क की परिचायिका है। फिर, समुदाय के हर समूह का अपना अलग पहचान वाला समान मस्तिष्क होता है। जब ऐसे अनेक समूह राजनैतिक रूप से एक घेरे में लाए जाते हैं तो उनके समान मस्तिष्कों के सिद्धांत में आपस में टकराव खड़ा हो जाता है। इस टकराव से अलगाव पैदा होता है और यह अलगाव ही मुख्य बुराई है।[12] चूंकि हर सिद्धांत को परखने के लिए डा. अम्बेडकर की कसौटी हिन्दू समाज था, इसलिए यहाँ इसे उस संदर्भ में देखना जरूरी है। उन्होंने माना है कि हिन्दुओं में समान मस्तिष्क की धार्मिक एकता से ज्यादा बलवती चीज उनकी जातिवादी एकता होती है।[13]

डा. अम्बेडकर ने समुदाय का अर्थ अधिक स्पष्ट करने के लिए 'समुदाय' और 'राष्ट्र' में दार्शनिक अंतर किया है। वे मानते हैं कि समुदाय किसी समाज के भीतर रह कर उसमें अपनी इच्छा का परिवर्तन करना चाहा करता है लेकिन राष्ट्र उस समाज से पूर्णतया अलग होने के लिए विद्रोह करता है। समुदाय केवल सरकार के रूप आदि बदल कर सन्तुष्ट हो जाता है लेकिन राष्ट्र समाज के भाग्य को ही बदल देता है। उन्होंने अपनी पुस्तक 'पार्टिशन आर दि पार्टिशन ऑफ इंडिया' में इस अंतर को पूरा स्पष्ट किया है। वे लिखते हैं–"यह समान हितों की स्वीकृति या अस्वीकृति है जो इस बात की व्याख्या करती है कि हिन्दुओं के संदर्भ से अछूत, ईसाई और पारसी केवल समुदाय भर हैं जबकि मुसलमान हिन्दुओं के संदर्भ से एक अलग राष्ट्र हैं।"[14] लेकिन डा. अम्बेडकर के इस कथन का यह अर्थ कदापि नहीं लगाया जा सकता कि अछूत, ईसाई और पारसी हिन्दुओं से अलग समुदाय भी नहीं रह गए हैं। यदि अछूत, ईसाई और पारसी अलग राष्ट्रों की माँग नहीं करते तो इससे यह न मान लिया जाए कि वे हिन्दुओं में मिल कर हिन्दू हो गए हैं। डा. अम्बेडकर इसकी चेतावनी देते हुए अपनी

पुस्तक 'महाराष्ट्र एज ए लिंग्विस्टिक प्रोविन्स' में लिखते हैं–"यह साफ है कि भारत जैसे देश को जहाँ समाज पूर्णतया साम्प्रदायिक रूप से संगठित हुआ खड़ा है, प्रशासनिक उद्देश्यों के लिए चाहे किन्हीं भी क्षेत्रों में विभाजित किया जाए, यह जरूर होगा कि हर क्षेत्र में कोई एक समुदाय बहुसंख्यक समुदाय में हो जाएगा।"[15] वृहद समाज के विभिन्न समुदायों को आगे राजनीतिक रूप से बहुसंख्यक और अल्पसंख्यक समुदाय में बाँटते हुए वे पुनः चेतावनी देते हुए कहते हैं–"मैं जानता हूँ कि इस देश में जब अल्पसंख्यक समुदाय से संबंधित व्यक्ति अपने समुदाय के हितों की रक्षा के लिए लड़ने को खड़ा होता है तो बहुसंख्यक समुदाय की तमाम भीड़ उसके विरोध में खड़ी हो जाती है, उसे साम्प्रदायिक और भारत-विरोधी होने का खिताब देती है, तथा उसे इस देश को नष्ट करने के लिए ब्यूरोक्रेट के हाथ का खिलौना मानती है।"[16] वे बहुसंख्यक समुदाय को बार-बार आगाह करते रहे हैं कि राजनीति के क्षेत्र में दलित जातियों के अल्पसंख्यक समुदाय को इस प्रकार का राष्ट्र-विरोधी तत्त्व न माना जाए।

अब तक इस विषय में समाज, समूह, धर्म, समुदाय, राष्ट्र आदि के बारे में काफी कुछ कहा जा चुका है। लेकिन एक स्वाभाविक प्रश्न बनता है कि खुद मनुष्य के बारे में डा. अम्बेडकर के क्या विचार हैं। वे मनुष्य को समाज और समुदाय में क्या स्थान देते हैं और उसे कहाँ रखते हैं? इसके उत्तर में बताया जा सकता है कि डा. अम्बेडकर मनुष्य को इन सबसे ऊँचा स्थान देते हैं। वे मानते हैं कि मानव इतिहास के संक्रांति कालों में नए रास्ते खोजे जाया करते हैं। यदि ऐसे समय नए रास्ते नहीं मिलते तो समाज पतन की ओर चला जाता है। तब समय खुद अपने नए रास्ते ढूँढ़ लिया करता है। लेकिन समय के लिए ऐसा नहीं है कि वह ठीक रास्ता ही चुनेगा। ठीक रास्ता चुनने का काम मनुष्य का है। डा. अम्बेडकर लिखते हैं–"इसलिए मनुष्य इतिहास के बनाने में एक महत्त्वपूर्ण घटक है और यदि बाहरी ताकतें, चाहे वे निर्वैयक्तिक हों या सामाजिक, पहली घटक हैं तो वे उसकी बाद की घटक निश्चित रूप से नहीं हैं।"[17] यही डा. अम्बेडकर का मानववाद है जिसका ज्यादा अच्छा नाम 'सामाजिक मानववाद' हो सकता है।

ख. चातुर्वर्ण्य का प्रभाव

डा. अम्बेडकर ने हिन्दुओं के धर्म शास्त्रों का गहन अध्ययन किया था। वे इस क्षेत्र में एक प्रमाण माने जाते थे। उनके द्वारा लिखे गए ग्रन्थों से भी यह बात सिद्ध होती है कि उन्होंने वेदादि शास्त्रों का विस्तृत अध्ययन किया था। अपने अध्ययन के उपरांत वे इस नतीजे पर पहुँचे कि दलितों की दृष्टि से हिन्दुओं की सामाजिक बुराइयों की जड़ उनके धर्म-शास्त्रों में है। वे भारतीय समाज में अस्पृश्यता, जाति प्रथा और वर्ण व्यवस्था के व्याप्त सामाजिक भेदों के मूल कारण उनके धर्म ग्रन्थों में माना करते

थे। उनकी यह खोज केवल प्राचीन भारतीय समाज तक सीमित नहीं थी बल्कि वे मानते थे कि चातुर्वर्ण्य समाज व्यवस्था का असर बीसवीं शताब्दी के हिन्दुओं पर भी पूरा-पूरा है। इसमें उन्होंने जो महसूस किया वह यह था कि प्राचीन भारतीय वर्ण व्यवस्था सामाजिक थी जबकि अपने समय की वर्ण व्यवस्था को उन्होंने राजनीतिक भी बताया। उन्होंने कहा था—"चाहे हम इस बात को मानें या न मानें परन्तु इस देश की राजनीति-व्यवस्था चातुर्वर्ण्य का प्रतिबिम्ब है।"[18] उन्होंने बताया कि शूद्र इस देश के शासन में कोई हिस्सेदारी नहीं रख रहे हैं। उन्होंने आगे इसका विश्लेषण किया कि वर्ण व्यवस्था में अस्पृश्य लोग सामाजिक रूप से शूद्र या अति शूद्र थे लेकिन उनके समय में उन्हें राजनीतिक रूप से भी शूद्र बनाया जा रहा है। उनके अनुसार, वर्ण व्यवस्था के शूद्रों पर शासक वर्ग के सामाजिक, आर्थिक और धार्मिक प्रभुत्व में राजनैतिक प्रभुत्व भी जोड़ा जा रहा है। वे सीधे मनु पर आते हैं। वे लिखते हैं कि नया कानून आ जाने पर भी 'मनु के धर्म के प्रचार करने पर कोई कानूनी रोक नहीं लगाई गई है। यह बात सच है कि आज के न्यायालय मनु के धर्म को कानून के रूप में स्वीकार नहीं करते लेकिन कानून मनु के धर्म को कानून-विरोधी भी घोषित नहीं करता।'[19] उल्टे, वे पूछते हैं कि जब पंडित लोग माता-पिता में और माता-पिता अपने बच्चों में इस मनु धर्म का लगातार प्रचार कर रहे हैं तो मनुस्मृति का समाज पर से असर कैसे समाप्त हो सकता है?

ग. साम्प्रदायिक भारत

डा. अम्बेडकर ने भारत की साम्प्रदायिक समस्या को एक सच्चाई माना था। वे इससे बच कर नहीं चले बल्कि एक ईमानदार दार्शनिक की तरह उन्होंने इसकी शक्तियों को समझा और स्वीकारा है। लेकिन ऐसा नहीं है कि वे इसके जन्मदाता थे। केवल यह कहा जा सकता है कि इस बारे में उन्हें झूठ नापसन्द था। उन्होंने इसके बारे में गोल मेज परिषद में कहा था—"मैं यह नहीं भूल सकता कि भारतीय लोग साम्प्रदायिक दिमाग के लोग हैं। हम यह आशा जरूर कर सकते हैं कि एक ऐसा समय आएगा जब भारत के लोग अपने प्रशासनिक मामलों के हल में साम्प्रदायिक दृष्टिकोण से देखना छोड़ देंगे, लेकिन वह एक आशा ही होगी, और सच्चाई नहीं। इसके विपरीत, सच्चाई यह है कि यदि भारतीय लोगों को कानून के प्रशासन में स्वविवेक का अधिकार दिया जाता है तो वे वर्ग और वर्ग में, समुदाय और समुदाय में भेद जरूर करेंगे।"[20] भारतीय समाज के बारे में अपनी इस खोज को उन्होंने अपनी पुस्तक 'पाकिस्तान आर दि पार्टिशन ऑफ इंडिया' में भी सच पाया है। वे गरीबी और अमीरी में मार्क्सवाद के सामाजिक विभाजन को झुठलाते हुए लिखते हैं—"गरीब मुसलमान धनवानों से न्याय पाने के लिए गरीब हिन्दू से नहीं जुड़ेगा। भूस्वामियों की ज्यादती

को रोकने के लिए मुसलमान काश्तकार हिन्दू काश्तकार से नहीं मिलेगा। पूँजीपतियों से मजदूरों की लड़ाई में मुसलमान मजदूर हिन्दू मजदूरों के साथ नहीं रहेगा।"[21] उन्होंने इसका कारण बताया है कि एक गरीब मुसलमान यह जानता है कि अमीरों से लड़ाई में वह एक अमीर मुसलमान से लड़ बैठता है, मुसलमान काश्तकार यह मानता है कि भूस्वामियों से संघर्ष में उसे मुसलमान भूस्वामी के विरोध में खड़ा होना पड़ सकता है और एक मुसलमान मजदूर यह सोचता है कि पूँजीपतियों से मजदूरों की लड़ाई में उसे एक मुसलमान मिल-मालिक के विरोध में जाना पड़ जाएगा। वह इस बात का अच्छा जानकार है कि एक अमीर मुसलमान, एक मुसलमान भूस्वामी और एक मुसलमान मिल मालिक को कोई नुकसान अंत में मुसलमान समाज का नुकसान होगा। डा. अम्बेडकर ने अपनी इसी पुस्तक में यह भी बताया है कि 'भारत में हमेशा राजनैतिक उपद्रव साम्प्रदायिक रंग ले लेते हैं।'[22] अपनी शताब्दी की महत्त्वपूर्ण घटना बंग भंग पर बोलते हुए उन्होंने बताया था कि बंग भंग की नीति में पूर्वी बंगाल की लोक सेवाओं में बंगाली हिन्दुओं के प्रभुत्व को समाप्त करने का तरीका था।[23]

साम्प्रदायिक भारत की सच्चाई को डा. अम्बेडकर ने अपनी हर पुस्तक में स्वीकारा है। इसके समाधान में वे केवल यह चाहते हैं कि जबकि साम्प्रदायिकता की मानसिकता भारत के लोगों की एक वास्तविकता है, और यह किसी भी तरीके से समाप्त नहीं की जा सकती तो यह किया जा सकता है कि यह किसी एक वर्ग में सीमित हो कर न रह जाए। यदि यह शक्ति है और प्रभुत्व है तो सब में बाँट दिया जाए। अपनी पुस्तक 'स्टेट्स एण्ड माइनरिटीज' में उन्होंने लिखा है—"यह सोचना मुश्किल है कि भारत जैसे देश में जहाँ ज्यादातर लोग साम्प्रदायिक दृष्टि के हैं, सत्ता प्राप्त करके अधिकारी लोग उन समुदायों के साथ समानता का व्यवहार करेंगे जो उनके समुदायों के नहीं हैं।"[24] इसकी आगे व्याख्या करते हुए उन्होंने निष्कर्ष निकाला है कि इसी कारण भारत के प्रशासन में अछूतों के साथ अधिकारियों द्वारा असमान व्यवहार उनका भाग्य है। विशेषकर साम्प्रदायिक दंगों के समय अधिकारियों का यह साम्प्रदायिक चरित्र और भी प्रकट हो जाता है। इस बारे में उन्होंने गोल मेज सभा में ही कहा था—"मुझे ऐसा लगता है कि जब किसी शहर में साम्प्रदायिक दंगे भड़कते हैं तो अल्पसंख्यक समुदाय के लिए यह जानना एक बड़ा रक्षा कवच सिद्ध होता है कि किस समुदाय का कौन सा अफसर उनकी बस्ती में कानून और व्यवस्था को चला रहा है। हम सभी जानते हैं कि विभिन्न समुदायों के लोगों द्वारा पुलिस अधिकारियों पर पक्षपातपूर्ण रवैया अपनाने का आरोप लगाया जाता है कि वे इस या उस समुदाय का पक्ष लेते हैं। यह हो सकता है कि ऐसे आरोपों के लिए पर्याप्त कारण न हों लेकिन ऐसे अनेक मामले होते हैं जिनमें कानून और व्यवस्था को लागू करने वाले अधिकारियों की पक्षधरता साफ सिद्ध होती है।"[25] इसी में आगे उन्होंने अल्पसंख्यक समुदाय के हितों की रक्षा की दृष्टि से सुझाया था कि कम से कम ऐसी आपातकालीन

परिस्थितियों में मंत्रियों के हाथों में पुलिस अधिकारियों की तैनातियाँ और उनके तबादंले नहीं रहने चाहिए। उन्हें डर था कि मंत्री द्वारा एक ऐसे पुलिस अधिकारी को जो उस मंत्री के विशेष समुदाय का पक्ष न लेता हो, वहाँ से हटाया जा सकता है।

डा. अम्बेडकर के अनुसार, जब इस देश के लोगों के दिलों में साम्प्रदायिकता इतनी गहरी उतरी हुई है तो इसे समाप्त न कर सकने की स्थिति में इसे समाज दार्शनिकों द्वारा ईमानदारी से स्वीकार कर लिया जाना चाहिए। फिर इस भावना को बहुसंख्यक समुदाय में और अल्पसंख्यक समुदाय में बाँट कर अलग-अलग नाम देना उपयुक्त नहीं है। यह बात ठीक नहीं है कि यदि बहुसंख्यक समुदाय अपनी मर्जी से अल्पसंख्यक समुदाय पर अपने दिव्य अधिकार का प्रयोग करता है तो इसे राष्ट्रवाद कहा जाए और यदि अल्पसंख्यक समुदाय शासन और सत्ता में अपनी थोड़ी भागीदारी चाहे तो उसे साम्प्रदायिकता का बुरा नाम दिया जाए। उनके अनुसार बहुसंख्यक समुदाय द्वारा सत्ता पर एकाधिकार रखने की साम्प्रदायिक चेष्टा को राष्ट्रवाद के अच्छे शब्द से सुशोभित नहीं किया जा सकता।[26]

अपनी इस बात को डा. अम्बेडकर ने बम्बई विधान सभा में भी कहा था कि भारत के लोग जन्मतः साम्प्रदायिक हैं। उन्होंने कहा था–"मैं इस सदन के सम्मुख यह कहना चाहता हूँ कि हिन्दू और मुसलमान, ऐसे होते हुए जैसे कि वे हैं, क्या यह बात ईमानदारी से कह सकते हैं कि वे एक दूसरे के प्रति साम्प्रदायिक नहीं हैं? इस सदन का एक भी सदस्य यह कहने का साहस नहीं जुटा पाएगा कि वह अपने दृष्टिकोण में गैर-साम्प्रदायिक भावना का है।"[27] बाद में उन्होंने सभा के किसी भी माननीय सदस्य को उनके इस कथन को झूठा सिद्ध करने का न्यौता दिया था। जब सदन के कई सदस्यों ने उनके इस कथन पर आपत्ति प्रकट की तो उन्होंने उनका जवाब देते हुए कहा था–"मेरे कथन का विरोध करने से कोई लाभ नहीं है। सच यह है कि हर हिन्दू और हर मुसलमान एक जाति या समुदाय में जन्म लेता है। हम सब एक साम्प्रदायिक माहौल में पलते और बड़े होते हैं। हम अपने-अपने समुदायों की इच्छाओं और चाहतों के भागीदार होते हैं। हम उन समुदायों की मुश्किलों और कमजोरियों को समझते और महसूस करते हैं। इसलिए मेरे मस्तिष्क में इस बात के लिए कोई सन्देह नहीं है कि इस सदन का हर सदस्य, भीतर भी और बाहर भी, हर सवाल को, जाने में या अनजाने में, साम्प्रदायिक रंग से देखता और सोचता है।"[28]

इन सब बातों को सोच कर डा. अम्बेडकर इस नतीजे पर आए थे कि भारत में साम्प्रदायिकता से सीधे लड़ना बेकार है। राष्ट्रवाद के नाम पर बहुसंख्यक समुदाय साम्प्रदायिक रहता ही है। इसलिए समाधान में यह अच्छा रहेगा कि किसी एक समुदाय की साम्प्रदायिकता के मुकाबले में अन्य समुदायों की साम्प्रदायिकताओं को भी मान्यता दी जाए। वे राजनीति के क्षेत्र में किसी धार्मिक प्रवचन के धोखे में रहना नहीं चाहते थे। धार्मिक प्रवचन अपने क्षेत्र में अपना काम करते रहें लेकिन राजनीति

के क्षेत्र में इससे कुछ भी बुरा नहीं हो जाएगा यदि सभी समुदायों की हिस्सेदारी स्वीकार कर ली जाए। ऐसा क्यों माना जाए कि कोई एक समुदाय साम्प्रदायिक नहीं रहेगा? राजनीति और प्रशासन में प्रवचन नहीं चलते बल्कि हित सधते हैं। यदि सामुदायिक हितों का टकराव होता है तो यह राजनीति में कोई अनहोनी बात नहीं है। वे टकराव अपने आपको खुद-ब-खुद संतुलन और समीकरण में ले आएँगे। इसके लिए यह जरूरी नहीं कि अल्पसंख्यक समुदाय के लोग अपने न्यायोचित हितों और दावों को छोड़ दें। ऐसा करना उस अल्पसंख्यक समुदाय के लिए आत्मघाती हो जाएगा। इन्हीं बातों को ध्यान में रखते हुए डा. अम्बेडकर ने कहा था—"साम्प्रदायिक प्रतिनिधित्व कोई बुरी चीज नहीं है, यह कोई जहर नहीं है, बल्कि देश के विभिन्न वर्गों की सुरक्षा और महफूजी के लिए सर्वोत्तम व्यवस्था है।"[29] इसी बम्बई विधान सभा में ग्राम पंचायत बिल पर बोलते हुए उन्होंने अपने बारे में कहा था—"मैं पूरी तरह विश्वस्त हूँ कि सम्प्रदायवाद मेरी नीति होनी चाहिए। मैं इसके लिए तनिक भी शर्मिन्दा नहीं हूँ।"[30] एक सदस्य के यह पूछने पर कि क्या यह नीति राष्ट्रवाद के विरोध की नहीं है, डा. अम्बेडकर ने उत्तर दिया था—"मैं यह कहना चाहूँगा कि मेरे मत में भारत देश बिना सम्प्रदायवाद के अपना राजनैतिक विकास नहीं कर सकेगा। भारत के लिए बिना सम्प्रदायवाद के कोई स्वशासन नहीं हो सकता।"[31]

घ. जातिवाद

साम्प्रदायिकता शब्द का इस्तेमाल हिन्दू और मुसलमानों के संदर्भ से किया जाता है। असल में साम्प्रदायिकता का अर्थ हिन्दू-मुसलमान के दंगों के रूप में जाना जाता है। डा. अम्बेडकर ने इस शब्द को इसी अर्थ में प्रयोग नहीं किया है। पीछे देखा जा चुका है कि वे इसे विस्तृत अर्थ देते हैं। वे इसे राजनैतिक परिप्रेक्ष्य में अल्पसंख्यक समुदाय और बहुसंख्यक समुदाय का अन्तर और संबंध बताते हैं। लेकिन यदि केवल हिन्दू और दलितों की बात को लिया जाए तो डा. अम्बेडकर का अपना शब्द 'जातिवाद' है।

डा. अम्बेडकर ने हिन्दुओं की समाज व्यवस्था में जातिवाद की कभी प्रशंसा नहीं की। वे जातियों के विध्वसंक के रूप में जाने जाते हैं। उन्होंने 'एन्निहिलेशन ऑफ कास्ट' नाम से एक अलग महत्त्वपूर्ण पुस्तक भी लिखी जो उनके समाज दर्शन का घोषणा-पत्र कही जा सकती है। अपनी इस पुस्तक में वे जाति के विरोध में इस प्रकार लिखते हैं—"जाति ने जन चेतना को मार दिया है। जाति ने जन कल्याण को पूरी तरह नष्ट कर दिया है। जाति ने जन जागरण को असम्भव बना दिया है। एक हिन्दू के लिए उसकी जनता उसकी अपनी जाति है। उसकी जिम्मेदारी केवल अपनी जाति के लिए है। उसकी वफादारी उसकी अपनी जाति तक सीमित है। उसके गुण जातीय-गुण हो गए हैं, उसके शील उसके जातीय-शील बन कर रह गए हैं। उसमें जरूरतमंदों के लिए

कोई सहानुभूति नहीं है। जाति में योग्यता और गुण के लिए कोई स्थान नहीं है। गरीबों के लिए सहायता की भावना नहीं है। जाति में किसी के दुःखों की कोई चिन्ता नहीं है। यदि दान और सहायता की भावना है तो वह जाति से शुरू होती है और जाति में ही समाप्त हो जाती है।"[32] आगे उन्होंने इसी बात को पुनः जोर दे कर दोहराया है–"अपनी जाति से बाहर के लोगों में मेरिट देखना और मानना एक हिन्दू की क्षमता में नहीं है। गुणों की प्रशंसा की जा सकती है परंतु वह व्यक्ति अपना जाति-भाई होना चाहिए। सारी नैतिकता एक आदिम नैतिकता के समान है कि मेरा जाति-भाई हो चाहे वह सही हो या गलत, मेरा जाति भाई हो चाहे वह अच्छा हो या बुरा।"[33]

यह ठीक है कि डा. अम्बेडकर जाति के खिलाफ बहुत बोले हैं लेकिन उनका समाधान अव्यावहारिक नहीं है। वे इस बात को पूरी तरह समझ चुके थे कि साम्प्रदायिकता की तरह जातिवाद भी हिन्दुस्तानी समाज की एक वास्तविकता है। इसका विरोध करते समय भी इसे झुठलाया नहीं जा सकता। हर हालत में इसके अस्तित्व को मानना पड़ता है। उन्होंने यह भी देखा कि भारतीय इतिहास में जाति प्रथा को समाप्त करने के लिए अनेक प्रयत्न हुए हैं पर वे सभी निष्फल गए हैं। वे मानते हैं कि भारत में जाति प्रथा के अस्तित्व में कोई खास बात है। इस बात को सोच कर डा. अम्बेडकर ने अपने चिन्तन में एक पूरा पलटा खाया है। जाति प्रथा को मिटा पाने में असमर्थ रहने पर उन्होंने साम्प्रदायिकता की तरह जाति प्रथा के अस्तित्व को स्वीकार कर लिया। जाति प्रथा नहीं मिट सकती तो न मिटे पर इसके सामाजिक दुर्गुण तो समाप्त हो जाएँ। इसके लिए उन्होंने स्वास्थ्य योजना की तरह मच्छर समाप्त न कर पाने की स्थिति में मच्छर की नस्ल बदल डाली है। मूल उद्देश्य मलेरिया से बचने का है। मलेरिया मच्छर से फैलता है। मच्छर मर नहीं पाता तो मच्छर में से वह दुर्गुण समाप्त कर दो जिससे मलेरिया फैलता है। इसलिए मच्छर उन्मूलन का रास्ता छोड़ कर डाक्टरों ने मलेरिया उन्मूलन का रास्ता अपनाया। डा. अम्बेडकर ने भी जाति प्रथा को स्वीकार करके इसके लाभ दलितों को भी सुलभ करवा दिए। उन्होंने एक जाति के सामने दूसरी जाति खड़ी कर दी, राजनैतिक और प्रशासनिक अधिकारों की दुनिया में उन्होंने सवर्णों के सामने दलित समुदाय खड़े कर दिए। इसका तर्क बताते हुए उन्होंने लिखा–"हिन्दू समाज में जाति प्रथा के कारण इसका राजनैतिक ढाँचा भी इसके सामाजिक ढाँचे के अनुरूप अलग होना चाहिए।"[34] उनका मतलब था कि विदेशी ढंग के राजनैतिक ढाँचे इस सामाजिक ढाँचे में फिट नहीं बैठ सकते। जब यूरोप के अनुकरण पर इस देश में प्रतिनिधि सरकार खड़ी की जानी है तो वह प्रतिनिधित्व जातियों के आधार पर होना चाहिए। जाति व्यवस्था की ऐसी विशेष सामाजिक संरचना के कारण इस देश में भौगोलिक और क्षेत्रीय प्रतिनिधित्व पर्याप्त नहीं है बल्कि उससे भी गहरे जा कर उसे जाति-आधारित प्रतिनिधित्व होना चाहिए।

डा. अम्बेडकर के विरोधी लोग राजनीति और प्रशासन के क्षेत्र में उनके

जाति-आधारित प्रतिनिधित्व को स्वीकार नहीं करते थे। ऐसी स्थिति में उनके विरोधी यह तर्क पेश करते थे कि जाति प्रथा के कारण राजनीति और प्रशासन में जाति-आधारित प्रतिनिधित्व की बुराई स्वीकार करने के बजाय अच्छा यह होगा कि हिन्दू समाज से जाति प्रथा को ही मिटा दिया जाए। इसके जवाब में डा. अम्बेडकर लिखते हैं—"कुछ लोग हैं जो यह तर्क पेश करते हैं कि हिन्दू समाज से जाति प्रथा को मिटाया जा सकता है। लेकिन मैं उनकी इस बात को स्वीकार नहीं करता। जो ऐसे विचार सामने रखते हैं वे शायद यह सोचते हैं कि जाति प्रथा एक क्लब, नगरपालिका या देशीय परिषद की तरह की कोई संस्था है। यह उनकी भारी गलती है। जाति प्रथा धर्म का मामला है और धर्म किसी भी संस्था से बड़ी चीज होती है। यह संस्थागत मामला हो सकता है लेकिन यह स्वयं वह नहीं है जिस संस्था से यह जुड़ा हुआ है।"[35] उन्होंने धर्म को जाति के सादृश्य में रखते हुए बताया है कि धर्म एक प्रभाव और शक्ति है जो हर व्यक्ति के चरित्र को मोड़ती है, उसकी क्रियाओं और प्रतिक्रियाओं, चाहतों और गैर-चाहतों को निश्चित करती है। अस्पृश्यता का नाम ले कर डा. अम्बेडकर ने अपनी बात को ज्यादा अच्छी तरह से उजागर किया है। वे बताते हैं कि अस्पृश्यता इसलिए समाप्त नहीं हो पाई क्योंकि इसे हिन्दुओं ने अपने धर्म से जोड़ रखा है। ऐसा हमेशा नहीं होता कि हिन्दू अछूत के प्रति अस्पृश्यता का अमानवीय व्यवहार जानबूझ कर निर्दयता से करता है बल्कि यह उसके लिए उसके धार्मिक रीति-रिवाजों का प्रचलन और कर्त्तव्य है। धर्म पर आधारित होने के कारण वह मजबूरी में अस्पृश्यता के बर्ताव में ढील तो दे सकता है लेकिन उसे कभी पूरी तरह से छोड़ता नहीं है। छुआछूत का बर्ताव छोड़ना उसके लिए अपने समझे हुए धर्म का छोड़ना हो जाएगा जो वह नहीं कर सकता। इसलिए धर्म से जुड़ी हुई होने के कारण हिन्दू समाज में छुआछूत तब तक प्रचलित रहेगी जब तक ऐसा धर्म कायम रहेगा। डा. अम्बेडकर लोथियन समिति के सामने अपना नोट प्रस्तुत करते हुए लिखते हैं कि ऐसा नहीं है कि भारत भूमि से अस्पृश्यता को मिटाने के लिए सन्त-महात्माओं ने कोशिशें न की हों। उनके अनुसार, इन महात्माओं में बुद्ध, रामानुज और आधुनिक युग के अनेक वैष्णव सन्तों के नाम गिनाए जा सकते हैं।[36] इसी आधार पर डा. अम्बेडकर अपने इस निष्कर्ष पर पहुँचे थे कि यह मानना बड़ा कठिन है कि धर्म पर आधारित हिन्दुओं की अस्पृश्यता और जाति वाली समाज व्यवस्था, जो अब तक इतने घातक आक्रमण सह चुकी है, कभी ढह जाएगी।

ङ. अस्पृश्यता

डा. अम्बेडकर के जीवन भर का काम यदि किसी एक सामाजिक वर्ग के इर्द-गिर्द घूमा था तो वह भारत का अस्पृश्य समाज था। उन्होंने राजनीति और प्रशासन के क्षेत्र में

जिन अस्पृश्यों के लिए काम किया वे समाज के सबसे कमजोर तबके थे। इसमें यह भी एक सच था कि वे खुद इसी कमजोर तबके से सम्बन्धित थे। एक दार्शनिक के नाते उन्हें इस बात का लाभ यह रहा कि अछूतपन के बारे में अन्य वर्गों में से कोई उन्हें झुठला नहीं सकता था। डा. अम्बेडकर के एक अस्पृश्य के नाते अपने निजी अनुभव थे जो बहुत तीखे और चुभीले रहे थे। असल में उन्हीं तीखे और चुभीले अनुभवों ने डा. अम्बेडकर को अछूतों के लिए काम करने की शक्ति दी।

अस्पृश्यता के बारे में डा. अम्बेडकर के सामने कुछ भी नया और अजाना नहीं था। जो अछूतों के प्रति छुआछूत बरतते थे उनके लिए भी इसमें कोई नई बात नहीं थी। हिन्दू समाज के व्यवहार में अस्पृश्यता की बात बड़ी सीधी-सादी है। लेकिन डा. अम्बेडकर को एक राजनेता के रूप में 'अस्पृश्यता' की परिभाषा निश्चित करने के लिए अपने विरोधियों की कड़ी चुनौतियों और चेतावनियों का सामना करना पड़ा। जब डा. अम्बेडकर ने अछूतों के प्रतिनिधित्व की बात राजनीति और प्रशासन के स्तर पर हिन्दुस्तान और विश्व भर में उठाई तो उनके विरोधी राजनेताओं ने 'अस्पृश्यता' की एक सर्वमान्य परिभाषा खड़ी करने में रुकावटें खड़ी कीं। विरोधियों का तर्क था कि वही व्यक्ति पूर्ण रूप से अस्पृश्य माना जाए जो छुआ न जा सके, देखा न जा सके और जिसके नजदीक तक पहुँचा न जा सके। अस्पृश्यता की ऐसी कठिन और संकुचित परिभाषा बना कर उनके विरोधी अछूतों की जनसंख्या कम करना चाहते थे ताकि कम जनसंख्या के कारण प्रतिनिधित्व का प्रतिशत भी कम रह जाए। लेकिन डा. अम्बेडकर ने साउथबोरो समिति के सामने अपना लिखित साक्ष्य प्रस्तुत करते समय 1919 में ही अस्पृश्यता की परिभाषा देते हुए लिखा था—"निर्वाचन के उद्देश्य के लिए 'अछूत' की यह परिभाषा कि यह वह व्यक्ति है जिसके छूने से धर्म भ्रष्ट हो जाता है पर्याप्त रूप से एक सन्तोषजनक परिभाषा है।" [37] इसकी अधिक विस्तृत परिभाषा के लिए उन्होंने 1901 की जनगणना में उत्तर प्रदेश की जनगणना रिपोर्ट को भी आधार माना था। उन्होंने इस रिपोर्ट के निम्न वाक्य अपने पक्ष में उद्धृत किए थे—"अस्पृश्य जातियों के साथ जुड़ी सामाजिक अशुचिता का अर्थ यह निकलता है कि उच्च जाति का आदमी किसी अस्पृश्य से भोजन या पानी नहीं लेगा, और यदि वह ऐसे व्यक्ति से छू जाता है या उसके निकट सम्पर्क में आ जाता है तो उसे भोजन लेने से पहले और उच्च जातियों के अन्य लोगों से मिलने से पहले अपने हाथ अवश्य धोने चाहिए।" [38]

डा. अम्बेडकर के अनुसार अस्पृश्यता का मनु के धर्म से गहरा सम्बन्ध है। वे बताते हैं कि मनु ने अपनी सामाजिक व्यवस्था में केवल चार वर्ण ही माने हैं। ये ब्राह्मण, क्षत्रिय, वैश्य और शूद्र हैं। इसमें मनु ने पाँचवें किसी भी वर्ण के होने की मनाही की है। वे मनु के बारे में लिखते हैं—"मनु अस्पृश्यों को हिन्दू सामाजिक व्यवस्था से बाहर रखना चाहते थे। यह इसी बात से सिद्ध हो जाता है कि उन्होंने

अस्पृश्यों को किस नाम से पुकारा है। उन्होंने अस्पृश्यों को वर्ण-बाह्य कहा है।''[39] यह केवल डाक्टर अम्बेडकर थे जो प्राचीन धार्मिक साहित्य में से पहली बार यह खोज कर सामने लाए कि उनमें अस्पृश्यता का जन्म किस जगह है। इसके लिए उन्होंने मनुस्मृति में से 8 और विष्णु स्मृति में से 2 श्लोक विशेष रूप से उद्धृत किए हैं। ये 10 श्लोक वर्ण व्यवस्था से बाहर अस्पृश्यों के जन्म और उनके पेशों के बारे में बताते हैं जो इस प्रकार हैं :[40]

1. ब्राह्मण, क्षत्रिय, वैश्य और शूद्र—इन चार वर्णों से बाहर जितने लोग हैं, वे चाहे म्लेच्छ भाषा बोलते हों या आर्य भाषा बोलते हों, वे सब दस्यु कहलाते हैं।[41]
2. ये गाँव की सीमा पार के वृक्ष समूहों के नीचे, श्मशानों में, पर्वतों और वनों में अपने अलग-अलग पेशों के अनुसार जीवन निर्वाह करते हैं।[42]
3. लेकिन, चाण्डाल और श्वपच, ये दोनों गाँव के बाहर बसें। ये बर्तन आदि से वंचित हैं और इनका धन कुत्ते और गधे हैं।[43]
4. उनके कपड़े मुर्दों के हों, वे टूटे-फूटे बर्तनों में भोजन करें, उनके आभूषण लोहे के हों और वे सदा घुमक्कड़ जीवन व्यतीत करें।[44]
5. धर्मात्मा पुरुष इन लोगों के सम्मुख न पड़ें। इनका विवाह इन्हीं में परस्पर होता है और ये आपस में ही सम्बन्ध रखें।[45]
6. इनका भोजन दूसरों के अधीन है। इन्हें फूटे बर्तन में अन्न दिया जाना चाहिए और ये लोग रात के समय गाँवों और शहरों में घूमने न आएँ।[46]
7. ये लोग राजा की आज्ञा से अपनी जाति के चिह्न के सहित दिन में अपने कार्य के लिए जाएँ और जिस मृतक का कोई सम्बन्धी न हो उस शव को ले जाएँ, यह शास्त्र का नियम है।[47]
8. ये लोग राजा की आज्ञा से शास्त्र विधि के अनुसार वध योग्य पुरुषों का वध करें और उन्हीं वध्य पुरुषों के वस्त्र, शय्या और आभूषण ग्रहण करें।[48]
9. जो निम्न जाति की स्त्री के साथ सम्बन्ध रखता है, वह वध्य है।[49]
10. यदि कोई अस्पृश्य जानबूझ कर किसी सवर्ण को छूता है तो ऐसा अस्पृश्य वध्य है।[50]

इस प्रकार के धार्मिक अध्ययन के बाद डा. अम्बेडकर अस्पृश्यता की और बारीक परिभाषा में चले जाते हैं। अब वे अस्पृश्यता की बाहरी परिभाषा भर नहीं देते जो उन्होंने 1919 में दी थी। अपनी बाद की पुस्तकों में उन्होंने अस्पृश्यता की भीतरी परिभाषा इस प्रकार दी है—''अस्पृश्यता आन्तरिक तिरस्कार की बाहरी अभिव्यक्ति है जो एक हिन्दू किसी निश्चित व्यक्ति के बारे में महसूस करता है।''[51] इस परिभाषा से हिन्दू का व्यवहार नहीं बल्कि उसकी मानसिकता पकड़ी जाती है। व्यवहार में

चालाकी भी खेली जा सकती है लेकिन मानसिकता में छल-कपट के लिए ज्यादा स्थान नहीं रह जाता। मानसिकता में कोई व्यक्ति उसके छल-कपट समेत रंगे हाथों पकड़ा जाता है।

डा. अम्बेडकर ने अस्पृश्यता को अच्छी तरह से समझने के लिएं इसकी अन्य समाजों में फैले इस तरह के वर्गों से तुलना भी की है। विश्व समाज में इस प्रकार के दो अन्य वर्ग गुलाम और यहूदी के हैं। परन्तु डा. अम्बेडकर ने स्पष्टता के लिए अपनी तुलना में इन दोनों वर्गों से अस्पृश्य के अन्तर बताए हैं। उन्होंने अस्पृश्य की गुलाम से तीन प्रकार से तुलना करके सिद्ध किया है कि अस्पृश्यता गुलामी से ज्यादा बुरी चीज है :

"1. गुलामी कभी भी बाध्यकारी नहीं रही। लेकिन अस्पृश्यता हमेशा बाध्यकारी रही है। दासता में एक व्यक्ति दूसरे व्यक्ति को गुलाम बना कर रखने के लिए अनुमत रहता है। यदि वह ऐसा न करना चाहे तो उस पर कोई पाबन्दी नहीं है। लेकिन एक अस्पृश्य के पास कोई विकल्प नहीं है।

2. गुलामी के क़ानून ने गुलाम को उसकी मुक्ति की स्वीकृति दी है। ऐसा नियम नहीं था कि कोई एक व्यक्ति यदि एक बार गुलाम हो गया तो सदा गुलाम ही बना रहेगा। लेकिन अस्पृश्यता में इससे कोई बचाव नहीं है। मनुष्य एक बार अछूत तो सदा के लिए अछूत हो जाता है।

3. अस्पृश्यता अप्रत्यक्ष है इसलिए यह गुलामी का सबसे निकृष्ट रूप है। किसी मनुष्य की आजादी का खुला और प्रत्यक्ष हनन गुलामी का चिह्न है। इसमें गुलाम को अपनी गुलामी की याद रहती है और गुलामी के प्रति जागरूक रहना आजादी की लड़ाई में सबसे पहला और महत्त्वपूर्ण कदम है। लेकिन यदि एक व्यक्ति की स्वतंत्रता का हनन अप्रत्यक्ष रूप से किया जाता है तो वह अपनी गुलामी के बारे में जानकार तक नहीं रहता। एक अछूत से यह कहना—"तुम स्वतंत्र हो, तुम एक नागरिक हो, तुम्हारे पास एक नागरिक के सारे अधिकार हैं—और उसके बन्धन इस प्रकार कसना कि वह इनमें से किसी एक की भी प्राप्ति न कर सके, एक खतरनाक और निर्दयी धोखा है। यह अछूत को बिना उसकी गुलामी के प्रति जागरूक बना कर उसकी गुलामी है। यह गुलामी है यद्यपि यह अस्पृश्यता है। यह वास्तविक है लेकिन अप्रत्यक्ष है। यह सतत और सह्य है क्योंकि यह अचेत है।"[52]

यहूदी से तुलना करने पर डा. अम्बेडकर ने बताया कि यहूदी समाज के दुःख अपने पैदा किए हुए दुःख हैं। लेकिन अछूत समाज के सामाजिक दुःख ऐसे नहीं हैं।[53] वे लिखते हैं—"यहूदियों ने जन-समुदाय के सदस्य बनने के बजाय अजनबी

रहना पसन्द किया था।"[54] वे मानते हैं कि यहूदियों के समान अछूत भी हिन्दुओं से अलग हैं लेकिन उनका यह अलगाव उनकी अपनी चाह नहीं है। डा. अम्बेडकर लिखते हैं–"अछूतों की यह पृथकता और अलगाव उनकी अपनी चाहत का परिणाम नहीं है। वे इसलिए दण्डित नहीं किए जाते कि वे मिलना नहीं चाहते। उलटे वे इसलिए दण्डित किए जाते हैं क्योंकि वे हिंदुओं के साथ एक रहना चाहते हैं।"[55] पहले देखा जा चुका है कि मनु के धर्म में इस बात के प्रत्यक्ष प्रमाण उपलब्ध हैं कि अछूतों को कोशिश क़रके हिन्दुओं से अलग रखा गया है। धर्म शास्त्रों के इन स्पष्ट आदेशों के सामने किसी प्रकार के सुधार की कोई गुंजाइश नहीं रह जाती। अछूतों के हिन्दुओं से पृथक रहने की सख्त धार्मिक हिदायतें दी गई हैं। डा. अम्बेडकर लिखते हैं–"अछूत हिन्दू समाज के अंग नहीं हैं। यदि वे अंग भी हैं तो एक अलग ही अंग हैं और किसी पूर्ण का कोई हिस्सा नहीं हैं।"[56]

डा. अम्बेडकर ने अछूतों के हिन्दुओं से इस अलगाव को भी अधिक देर तक नहीं कोसा। आरम्भ में उनकी कोशिश यही थी कि अछूतों को हिन्दू समाज अपना अंग समझ ले। लेकिन जब उन्हें धर्मग्रंथों के सिद्धांतों में और समकालीन हिन्दुओं के व्यवहार से पता चला कि यह मिलाप सम्भव नहीं है तो उन्होंने इस अलगाव को राजनीति और प्रशासन के क्षेत्रों में मान्यता दिलवानी चाही। उन्होंने हिन्दुस्तान के तमाम गाँवों को दो भागों में बाँटा–सछूत और अछूत। इसके बाद उन्होंने सछूतों को राजनीतिक परिभाषा के बहुसंख्यक समुदाय वाले और अछूतों को अल्पसंख्यक समुदाय वाले कहा।[57]

संदर्भ

1. भगवान बुद्ध और उनका धर्म, बी. आर. अम्बेडकर, अनुवादक भदन्त आनन्द कौसल्यायन, पृ. 250
2. वही, पृ. 251
3. वही, पृ. 251
4. डा. बाबा साहेब अम्बेडकर : राइटिंग्स एण्ड स्पीचेज, खंड 8, पृ. 130
5. रानाडे, गांधी एण्ड जिन्ना, बी. आर. अम्बेडकर, पृ. 15
6. डा. बाबा साहेब अम्बेडकर : राइटिंग्स एण्ड स्पीचेज, खंड 5, पृ. 18
7. एन्निहिलेशन ऑफ कास्ट, बी. आर. अम्बेडकर, पृ. 67
8. मिस्टर गांधी एण्ड दि एमन्शिपेशन ऑफ दि अनटचेबल्स, बी. आर. अम्बेडकर, पृ. 54
9. डा. बाबा साहेब अम्बेडकर : राइटिंग्स एण्ड स्पीचेज, खंड 5, पृ. 164
10. वही, खंड 2, पृ. 145
11. वही, खंड 1, पृ. 248-49
12. वही, पृ. 249
13. वही, पृ. 249
14. वही, खंड 5, पृ. 336
15. वही, खंड 1, पृ. 123
16. वही, खंड 2, पृ. 257

17. रानाडे, गांधी एण्ड जिन्ना, बी. आर. अम्बेडकर, पृ. 6
18. डा. बाबा साहेब अम्बेडकर : राइटिंग्स एण्ड स्पीचेज, खंड 2, पृ. 256
19. वही, खंड 5, पृ. 285
20. डा. बाबा. साहेब अम्बेडकर : राइटिंग्स एण्ड स्पीचेज, खंड 2, पृ. 515-16
21. वही, खंड 8, पृ. 236 22. वही, पृ. 174
23. वही, पृ. 124
24. स्टेट्स एण्ड माइनरिटीज, बी. आर. अम्बेडकर, पृ. 36.
25. डा. बाबा साहेब अम्बेडकर : राइटिंग्स एण्ड स्पीचेज, खंड 2, पृ. 592
26. स्टेट्स एण्ड माइनरिटीज, बी. आर. अम्बेडकर, पृ. 66
27. डा. बाबा साहेब अम्बेडकर : राइटिंग्स एण्ड स्पीचेज, खंड 2, पृ. 49
28. वही, पृ. 49 29. वही, पृ. 115
30. वही, पृ. 107 31. वही, पृ. 107
32. एन्हिलेशन ऑफ कास्ट, बी. आर. अम्बेडकर, पृ. 53-4
33. वही, पृ. 54
34. मिस्टर गांधी एण्ड दि एमन्शिपेशन ऑफ दि अनटचेबल्स, बी. आर. अम्बेडकर, पृ. 54
35. वही, पृ. 55
36. डा. बाबा साहेब अम्बेडकर : राइटिंग्स एण्ड स्पीचेज, खंड 2, पृ. 494
37. वही, पृ. 275 38. वही, पृ. 496
39. वही, खंड 5, पृ. 169 40. वही, पृ. 74
41. मुखबाहूरूपज्जानां या लोके जातयो बहिः।
म्लेच्छवाचश्चार्यवचः सर्वे दस्यवः स्मृता।। मनुस्मृति 10.45
42. चैत्य द्रुमश्मशानेषु शैलेषु पवनेषु च।
वसेयुरेते विज्ञातो वर्तयन्तः स्वकर्मभि।। वही, 10.50
43. चाण्डालश्वपचानां तु बहिर्ग्रामात्प्रतिश्रयः।
अपपात्राश्च कर्तव्या धनमेषां श्वगर्दभम्।। वही, 10.51
44. वामांसि मृतचैलानि भिन्नाभाण्डेषु भाजनम्।
कार्ष्णायमलंकारः परिवृज्जा च नित्यशः।। वही, 10.52
45. न तैः तमयमन्विछेत्पुरुषो धर्ममाचरन्।
व्यवहारो मिथस्तेषां विवाहः सदृशैः सह।। वही, 10.53
46. अन्नमेषां पराधीनं देवं स्यादृभिन्न भाजने।
रात्रौ न विचरेयुस्ते ग्रामेषु नगरेषु च।। वही, 10.54
47. दिवा चरेयुः कार्यार्थं चिन्हिता राजशासनै।
अबान्धवं शवं चैव निर्हरेयुरिति स्थितिः।। वही, 10.55
48. वध्यांश्च हन्यु सततं यथाशास्त्रं नृपाज्ञया।
वध्यवासांसि गृहणीयुः शय्याश्चाभरणानि च।। वही, 10.56
49. अन्त्यागमने वध्यः। विष्णु स्मृति, 5.43

50. अस्पृश्यः कामकारेण स्पृशन्
स्पृश्यं त्रैवार्णिकं वध्यः।। वही, 5.104

51. डा. बाबा साहेब अम्बेडकर : राइटिंग्स एण्ड स्पीचेज, खंड 5, पृ. 169

52. वही, पृ. 15

53. मिस्टर गाँधी एण्ड दि एमन्शिपेशन ऑफ दि अनटचेबल्स, बी.आर.अम्बेडकर, पृ. 12

54. डा. बाबा साहेब अम्बेडकर : राइटिंग्स एण्ड स्पीचेज, खंड 5, पृ. 5

55. वही, पृ. 5

56. वही, पृ. 169

57. वही, पृ. 20

अध्याय - तीन

अल्पसंख्यक समुदाय और प्रतिनिधित्व

क. राजनीति और अन्य परिभाषाएँ

डा. अम्बेडकर ने राज्य और सत्ता जैसे विषयों पर पर्याप्त सोचा है। इस क्षेत्र में भी उनकी पकड़ सैद्धान्तिक के साथ-साथ व्यावहारिक स्तर की भी थी। एक तरह से वे खुद अपनी राजनीति के जन्मदाता थे। हिन्दुस्तान में उन्हें कोई राजनैतिक शिक्षक नहीं मिला था। उन्होंने यूरोप के दार्शनिकों से आधुनिक राजनीति का चिन्तन ले कर दलितों के हित में उसका इस्तेमाल किया था। उनके जुझारू व्यक्तित्व ने भी इस काम में उनका कम योगदान नहीं किया। विलक्षण व्यक्तित्व के कारण वे किसी के सामने दब्बू या किसी के अनुयायी भी नहीं हो सकते थे। उन्होंने अपने समय के दो बड़े राजनेताओं गांधी और जिन्ना की राजनीतियों की तीखी आलोचना की थी।

असंल में डा. अम्बेडकर के लिए राज्य और समाज का गहरा सम्बन्ध है। किसी भी राज्य के अस्तित्व के लिए एक समाज का होना अत्यावश्यक है। फिर यह भी जरूरी नहीं है कि किसी राज्य में एक ही समाज होता है। इसके विपरीत उन्होंने लिखा है कि 'कोई भी राज्य कभी भी मात्र एक समाज नहीं होता।'[1] एक दूसरे स्थल पर उन्होंने इस बात को इस तरह से भी कहा है कि 'एक राज्य या तो समुदायों की गिनतियों या राष्ट्रों की शृंखलाओं से बना हुआ होता है।'[2] इसका सीधा अर्थ यही है कि एक राज्य में कई समाज, कई समुदाय या कई राष्ट्र होते हैं। किसी राज्य में अपने किन्हीं अच्छे या बुरे कारणों से कई समाज, समुदाय या राष्ट्र राजनैतिक रूप में जुड़ते हैं।

राज्य का चलन सत्ता से होता है और इसकी प्राप्ति सत्ता के लिए हुआ करती है। डा. अम्बेडकर के लिए सत्ता कोई बुरी चीज नहीं है। उनके अनुसार, 'किसी भी समुदाय के जीवन में राजनैतिक सत्ता एक बहुत ही मूल्यवान चीज होती है।'[3] राजनैतिक सत्ता का मूल्य और भी बढ़ जाता है जब एक समुदाय को दूसरे समुदायों से चुनौतियाँ मिल रही हों और उसे उन चुनौतियों का लगातार सामना करना पड़ रहा

हो। ऐसी स्थिति में ऐसे समुदाय के अस्तित्व के लिए राजनैतिक सत्ता प्राप्त करना ही एकमात्र उपाय और साधन बच रहता है। सत्ता के संघर्ष में प्रवचन कोई काम नहीं देते। शिक्षा, अन्तरात्मा की आवाज और बौद्धिकता इस क्षेत्र में धोखा देते हुए अन्याय को कम करने के बजाय उसे बढ़ाती ही हैं। राजनैतिक सत्ता की लड़ाई व्यक्तियों के बीच की नहीं होती बल्कि नस्लों, राष्ट्रों और वर्गों के बीच की सामूहिक लड़ाई होती है। यह देखा जाता है कि संसार में बलवान लोगों द्वारा कमजोर लोगों का सब प्रकार से शोषण किया जाता है। डा. अम्बेडकर के अनुसार, "यदि इस अन्याय को समाप्त किया जाना है तो सबसे पहले इसका विरोध किया जाना चाहिए। और जब यह अन्याय साम्राज्यवाद या वर्ग प्रभुत्व के रूप में सामूहिक शक्ति बन कर सामने आता है तो इसका जवाब बराबर की शक्ति ही दे सकती है। किसी वर्ग को सत्ताच्युत तब तक नहीं किया जा सकता जब तक उसके सामने दूसरी सत्ता को ला कर खड़ा न किया जाए।"[4] इसके साथ ही डाक्टर अम्बेडकर ने यह भी कहा है कि सत्ता के बारे में लोगों को सतत रूप से जागरूक बने रहना चाहिए। वे सत्ता को कारगर बनाने के उद्देश्य से लिखते हैं—"सत्ता यदि अपने बारे में सचेत और जागरूक नहीं है तो वह सत्ता ही नहीं है। इससे भी आगे यदि सत्ता संगठित रूप में नहीं है तो वह भी सत्ता नहीं है।"[5] डाक्टर अम्बेडकर राजनैतिक सत्ता के बारे में कुछ सावधानियाँ बरतने की बात भी कहते हैं। वे सत्ता के मामले में एकाधिकार के खिलाफ जाते हैं। बरतने के लिए उनकी पहली सावधानी यह है कि असीमित राजनैतिक सत्ता वाले किसी वर्ग या व्यक्ति का विश्वास नहीं किया जाना चाहिए।[6] इसकी व्याख्या में उन्होंने एक अन्य दार्शनिक के शब्द उद्धृत किए हैं। वे कहते हैं कि असीमित राजनैतिक सत्ता जिन पर प्रयोग की जाती है उनके खिलाफ जाती है लेकिन जो इसे प्रयोग करते हैं यह उनके लिए भी अन्त में जहरीली सिद्ध होती है। स्वतंत्रता का तकाजा रहता है कि राजनैतिक सत्ता को हमेशा सीमित रखा जाए। इसमें दूसरी सावधानी यह है कि बहुसंख्यक समुदाय को अल्पसंख्यक समुदाय पर राज्य करने के लिए दैवी अधिकार नहीं मिल जाना चाहिए। बहुसंख्यक समुदाय का शासन इसीलिए बर्दाश्त किया जाता है क्योंकि वह एक सीमित समय के लिए रहता है तथा खुद बहुसंख्यक समुदाय मात्र राजनैतिक बहुसंख्यक समुदाय होता है। इसमें यह सम्भावना बनी रहती है कि ऐसे शासन को बदला जा सकता है। किसी भी दृष्टि में ऐसा बहुसंख्यक समुदाय साम्प्रदायिक बहुसंख्यक समुदाय नहीं हो जाना चाहिए।[7]

लेकिन अछूतों की दृष्टि से डा. अम्बेडकर ने इस विषय में एक नया मुद्दा उठाया था। विषय को बोधगम्य बनाने के लिए उन्होंने 'स्वतंत्रता के लिए संघर्ष' और 'सत्ता के लिए संघर्ष' में अन्तर किया था। उन्होंने माना था कि भारत के अछूतों का हिन्दू समाज से संघर्ष स्वतंत्रता के लिए संघर्ष है जबकि हिन्दुओं और मुसलमानों का अंग्रेजों से संघर्ष सत्ता के लिए संघर्ष था।[8] उन्होंने लिखा था कि अछूतों से भेद करना ही

तो उनकी स्वतंत्रता का हनन है।[9] फिर राज्य अपने लोगों को नागरिकता प्रदान किया करता है। किसी राज्य की नागरिकता का एक अर्थ हुआ करता है। यह नागरिकता सरकारी सेवाओं में कैडर के समान है। किसी कैडर में रहने पर एक कर्मचारी या अधिकारी के कुछ अधिकार बना करते हैं। ऐसे ही किसी राज्य में एक नागरिक के कुछ अधिकार हुआ करते हैं। डाक्टर अम्बेडकर ने नागरिक के दो महत्त्वपूर्ण अधिकारों का वर्णन इस प्रकार किया है–"प्रतिनिधित्व का अधिकार तथा राज्य की सेवाओं में पद धारण करने का अधिकार–ये दो सबसे महत्त्वपूर्ण अधिकार हैं जिनसे नागरिकता का अर्थ निकलता है।"[10]

ख. द्विज हिन्दुओं का एकाधिकार

समाज में किसी एक वर्ग द्वारा किसी क्षेत्र में एकाधिकार को अच्छा नहीं माना जाता। इस एकाधिकार के मूल में प्रभुत्व की भावना रहा करती है चाहे इसे सभ्य भाषा में किसी भी तर्क से पेश किया जाए। डा. अम्बेडकर यह मानते हैं कि इस देश में तमाम राजनैतिक, आर्थिक, सामाजिक और प्रशासनिक शक्तियों पर हिन्दुओं का एकाधिकार छाया हुआ है। उन्होंने लिखा है–"हिन्दुओं के पास सब कुछ है। इस देश की भूमि उनके पास है। व्यापार पर उनका कब्जा है और राज्य भी उनके नियंत्रण में है। राजस्व और लाभ का प्रत्येक स्रोत उनके हाथ में है।"[11] ऐसे ही, "शिक्षा और सम्पत्ति पर उनका एकाधिकार कायम है। शिक्षा और सम्पत्ति के माध्यम से उन्होंने राज्य पर प्रभुत्व जमा रखा है। इस एकाधिकार को अपने पास बनाए रखना उनकी आकांक्षा और उनका उद्देश्य रहा है। वर्ग प्रभुत्व के इस स्वार्थ-साधन के कारण उन्होंने हिन्दुओं के निम्न वर्गों को धन, शिक्षा और सत्ता से बाहर रखने का एक अभियान छेड़ रखा है। इसमें उनकी सबसे बड़ी सफलता अपने धर्म शास्त्र तैयार करने की रही जिनमें उन्होंने निम्न वर्गों के हिन्दुओं को यह शिक्षा दी है कि उनके जीवन का कर्त्तव्य ऊँचे वर्गों की सेवा करने का है।"[12]

डा. अम्बेडकर एकाधिकार की इस धार्मिकता को 'हिन्दू राज' का सिद्धान्त मानते हैं और इसका विरोध करते हैं। वे कहते हैं कि हिन्दुओं की इस एकाधिकार की मानसिकता का कारण यह है कि हिन्दू समाज लोकतांत्रिक समाज नहीं है। वे पूछते हैं–"शिक्षा, लोक सेवाओं और राजनैतिक सुधारों का लाभ हिन्दुओं की ऊँची जातियों के शासक वर्ग के सिवा किसे मिलता है?"[13] यहाँ वे यह भी बताते हैं कि सत्ता के हर रूप का लाभ उठाने वाला यह शासक वर्ग हिन्दुओं की कुल जनसंख्या का 10 प्रतिशत से भी कम ठहरता है। डा. अम्बेडकर ने इस शासक वर्ग के बारे में कोई अज्ञान नहीं रहने दिया। उन्होंने इसका आगे विश्लेषण किया है और नाम ले कर बताया है कि हिन्दुओं के इस शासक वर्ग में ब्राह्मण वर्ण सर्वोपरि है। वे कहते हैं कि चाहे ब्राह्मण खुद को शासक वर्ग के सदस्य मानते हों या न मानते हों लेकिन सच्चाई

यह है कि देश के प्रशासन पर उनका पूरा नियंत्रण है।[14] तरीका यह है कि ब्राह्मण उन दूसरे वर्गों को जो उसके अधीन रह कर उसका सहयोग कर सकते हैं, शासक वर्ग में सम्मिलित करके उनके साथ समझौता कर लेता है।

किसी एक वर्ग के द्वारा प्रशासन पर इस प्रकार के एकाधिकार को डा. अम्बेडकर ने बाकी जनता के लिए भारी खतरा माना है। इस खतरे की उन्होंने दो प्रकार से व्याख्या की है। एक तरफ यह शासक वर्ग में उच्चता का भाव पैदा करता है और दूसरी तरफ यह जन कल्याण को रोक कर बाकी वर्गों में शासक वर्ग पर निर्भर रहने की कमजोरी पैदा करता है।[15] यहाँ वे ब्रिटिश भारत के समय में उठी लोक सेवाओं के भारतीयकरण की मांग के बारे में भी कहते हैं कि लोक सेवाओं का मात्र भारतीयकरण समस्या का कोई सम्यक हल नहीं है। उनके अनुसार, लोक सेवाओं का भारतीयकरण भी हो सकता है और उन पर कुछ समुदायों का एकाधिकार भी बना रह सकता है।[16] लोक सेवाओं में ब्राह्मणों के एकाधिकार वाले ऐसे भारतीयकरण के खिलाफ उन्होंने गोल मेज परिषद की बहसों में कहा था—"उच्च जातियों के अफसरों ने लोक सेवाओं पर अपना एकाधिकार बना रखा है। इस पूर्वाधिकार के कारण उन्होंने कानून और विवेकाधिकार का बिना किसी न्याय, निष्पक्षता और नेक-नीयती के दलित वर्गों के खिलाफ तथा अपने जाति-भाइयों के फायदे में दुरुपयोग किया है।"[17]

एकाधिकार एक प्रशासनिक बुराई है और डा. अम्बेडकर ने इस बुराई को समाप्त करने की आवश्यकता महसूस की है। समाधान में उन्होंने इसका कारगर उपाय भी सुझांया है। उन्होंने बताया कि लोक सेवाओं में सवर्ण हिन्दुओं के एकाधिकार की बुराई को खत्म किया जा सकता है यदि सेवाओं में भर्ती का नियमन इस प्रकार किया जाए कि दलित वर्गों समेत सभी समुदायों का उसमें पर्याप्त प्रतिनिधित्व हो जाए।[18] इस बात के लिए वे अन्त तक लड़ते रहे थे। भारत के लिए 'स्टेट्स एण्ड माइनरिटीज' के अपने बनाए प्रस्तावित संविधान में उन्होंने इस मांग को अधिक प्रखर रूप में रखा है।[19]

ग. दलित जातियों का अल्पसंख्यक समुदाय

नई राजनीति और नए प्रशासन में एक महत्त्वपूर्ण समस्या बहुसंख्यक समुदाय और अल्पसंख्यक समुदाय की बन कर आती है। यह बात सच है कि कई देशों में लोकतंत्र खड़े हो गए हैं पर इनके द्वारा भी उनकी सामाजिक समस्याओं का पूरा निपटान नहीं हो पाया। लोकतंत्र के बावजूद किसी राष्ट्र में समुदायों की समस्याएँ बची रह जाती हैं। लोकतंत्र का बाहरी रूप यही था कि बहुमत की सरकार बनेगी। लेकिन यदि यह पता चले कि किसी भी प्रकार की चुनावी प्रक्रिया के बावजूद समाज का एक खास वर्ग हमेशा सत्ता में रहेगा या एक दूसरा खास वर्ग हमेशा सत्ता से वंचित रखा जाएगा तो इससे लोकतंत्र का अर्थ बेमानी हो जाता है। यदि राजनीति में गतिशीलता और

परिवर्तन नहीं है तो वह किसी काम की राजनीति नहीं है। कम से कम लोकतंत्र में यह सम्भव होना चाहिए कि उसमें बहुमत किसी एक खास वर्ग में सीमित हो कर न रह जाए। खुद राजनैतिक बहुमत को अदलते-बदलते रहना चाहिए। इसके विपरीत, यदि ऐसा अपरिवर्तनीय बहुमत धार्मिक या साम्प्रदायिक भी हो जाए तो फिर लोकतंत्र का कहीं कोई नामोनिशान नहीं रह जाता। डा. अम्बेडकर ने अपने चिन्तन में इन बातों का विशेष ध्यान रखा है कि समाज का कोई एक खास वर्ग सदा के लिए बहुसंख्यक समुदाय और दूसरा वर्ग सदा के लिए अल्पसंख्यक समुदाय में न बना रह जाए। लोकतंत्र का तकाजा है कि राजनैतिक रूप में कभी कोई समूह बहुमत में आ जाए तो कभी कोई दूसरा समूह अपना बहुमत बना जाए। यदि ऐसा नहीं होता तो किसी भी प्रकार के अल्पसंख्यक समुदाय के लिए सत्ता में हिस्सेदारी रखने के प्रयोजन से कुछ विशेष संवैधानिक प्रबंध किए जाने चाहिए। इसके लिए राजनीति और प्रशासन के क्षेत्र में अल्पसंख्यक समुदाय की एक परिभाषा जाननी पड़ती है और उसे संविधान द्वारा विशेष बचाव और रक्षोपाय मुहैया किए जाते हैं। इस उद्देश्य को ले कर डा. अम्बेडकर ने अपने राजनैतिक और प्रशासनिक चिन्तन में भारत की अस्पृश्य जातियों को अल्पसंख्यक समुदाय की परिभाषा दी है।

डा. अम्बेडकर को अस्पृश्यों की अल्पसंख्यक समुदाय वाली परिभाषा करने में बहुत मेहनत करनी पड़ी थी। इसमें कुछ खुद उनकी अपनी दिक्कतें थीं, और उनसे ज्यादा उनके विरोधियों ने उनके सामने कठिनाइयाँ पेश कीं। डा. अम्बेडकर का वास्तविक उद्देश्य यह था कि भारत की अस्पृश्य जातियों का राजनैतिक और प्रशासनिक भला हो। ये जातियाँ शक्ति की दृष्टि से बहुत कमजोर थीं। इनकी कोई सुनने वाला नहीं था। ऐसी स्थिति में डा. अम्बेडकर के पास यही बचा था कि इन जातियों को अल्पसंख्यक समुदाय की परिभाषा में सम्मिलित किया जाए। यह बात दूसरी है कि उनके विरोधियों ने अस्पृश्य जातियों को अल्पसंख्यक समुदाय की परिभाषा में नहीं रखा लेकिन देखा यह जाए कि डा. अम्बेडकर के अपने तर्क क्या थे। उन्होंने इस विषय में अपने तर्क बहुत जोरदार शब्दों में रखे हैं और वे इस विषय में एक चिन्तक के नाते विकसित भी हुए हैं।

अल्पसंख्यक समुदाय की परिभाषा कई तरह से दी जा सकती है। लेकिन डा. अम्बेडकर ने अस्पृश्यों को अल्पसंख्यक समुदाय वाले सिद्ध करने में पारम्परिक परिभाषाओं को स्वीकार नहीं किया। अस्पृश्यों की दृष्टि से उन्होंने राजनीति और प्रशासन के क्षेत्र में अल्पसंख्यक समुदाय की अपनी नई परिभाषा दी। उन्होंने अस्पृश्यों के लिए नस्ल पर और धर्म पर आधारित पुरानी परिभाषाओं को छोड़ा है तथा समाज पर आधारित नई परिभाषा को जन्म दिया है।

डा. अम्बेडकर के चिन्तन में एक विचित्र बात यह है कि उन्होंने अपने चिन्तन में नस्ल के रूपों में आर्य और अनार्य का भेद नहीं रखा। अछूत समाज में जन्मे किसी

भी व्यक्ति के लिए यह मानना ज्यादा सरल रहता है कि वह नस्ल के रूप में आर्य जाति से भिन्न नस्ल का है। लेकिन डा. अम्बेडकर अपने चिन्तन में इस दिशा में नहीं गए। ऐसी बात भी नहीं कि यह समस्या उनके सामने न रही हो। साइमन कमीशन के सामने साक्ष्य प्रस्तुत करते समय उनके सामने यह समस्या बाहरी बन कर आई थी। सवाल-जवाब इस प्रकार हैं :

"39. क्या यह इस आधार पर है कि आपके विचार में दलित जातियाँ हिन्दुओं के उच्च वर्ग से अपने सही प्रतिनिधित्व की आशा नहीं रखतीं?

डा. अम्बेडकर : वह एक आधार है, लेकिन सच्चाई यह है कि हमें हिन्दू समुदाय का अंग नहीं समझा जाना चाहिए।

40. मैं सोचता हूँ कि आप भारत भूमि के आदिम निवासियों में से हो।

डा. अम्बेडकर : वह एक दृष्टिकोण है जहाँ तक मैं सोचता हूँ।

41. हम विस्तार में नहीं जाएंगे लेकिन यह माना जाए कि आप आर्यो से पहले के हैं।

डा. अम्बेडकर : मैं नहीं जानता। वह एक दृष्टिकोण है।" [20]

साइमन कमीशन ने डा. अम्बेडकर से यह सवाल 1928 में पूछा था। तब डा. अम्बेडकर ने इस प्रश्न का सीधा जवाब नहीं दिया था पर यह भी हो सकता है कि तब तक उन्होंने इस प्रश्न पर अपनी कोई राय न बनाई हो। लेकिन बाद में वे इन प्रश्नों से बहुत गहराई में जा कर जूझे हैं। इन प्रश्नों के उत्तर में उन्होंने भारत के प्राचीन सामाजिक इतिहास की खोज करके अपनी दो महत्त्वपूर्ण पुस्तकें लिखीं। इनमें से पहली का शीर्षक 'हू वर दि शूद्राज? हाउ दे केम टु बी दि फोर्थ वर्णा इन दि इंडो-आर्यन सोसाइटी' है। उन्होंने यह पुस्तक 1946 में प्रकाशित कराई थी। उनकी दूसरी पुस्तक का नाम 'दि अनटचेबल्स : हू वर दे एण्ड व्हाई दे बिकेम अनटचेबल्स?' है। यह 1948 में पहली बार प्रकाशित हुई थी। पहली पुस्तक में उन्होंने शूद्रों के मूल के बारे में अपना निष्कर्ष निकाला है :

"शूद्र आर्य समुदायों के सूर्य वंश में से एक थे।" [21]

दूसरी पुस्तक में अछूतों के मूल के बारे में उन्होंने अपना निष्कर्ष इस प्रकार निकाला है :

"हिन्दुओं और अछूतों में कोई नस्लगत भेद नहीं है।" [22]

इस विचार के रखते हुए भी कि अछूतों और हिन्दुओं में नस्लगत भेद नहीं है, डा. अम्बेडकर इनके सम्बन्धों का ऐसा वर्णन भी करते हैं मानो इनमें ऐसा भेद हो। एक जगह वे लिखते हैं—"अछूतों के लिए हिन्दू इस प्रकार के विदेशी लोग हैं जैसे उनके लिए यूरोप के लोग विदेशी हैं।" [23] एक दूसरी जगह वे ब्राह्मण के बारे में विशेष रूप से लिखते हैं—"ब्राह्मण हिन्दू समाज में एक विदेशी तत्त्व है। ब्राह्मण शूद्र और अछूत के सामने इस प्रकार विदेशी है जैसे जर्मन फ्रांसीसियों के लिए, यहूदी गैर-यहूदियों के लिए और श्वेत लोग नीग्रों के लिए हैं। उसके और शूद्रों तथा अछूतों

के दरम्यान एक वास्तविक गहरी खाई है।"[24] यहाँ डा. अम्बेडकर अछूतों के लिए हिन्दुओं को तथा हिन्दुओं में भी ब्राह्मणों को विजातीय तत्त्व से भी अधिक खतरनाक मान रहे हैं। वे तुलना करते हुए कहते हैं–"बुराई की चीज यह है कि जहाँ यूरोप के विदेशी लोग अछूतों के प्रति उदासीन रहते हैं वहाँ हिन्दू लोग अपनी घृणित भावना के कारण अपने वर्ग के लिए पक्षपातपूर्ण तथा अछूतों के सामने विरोधी हैं।"[25] लेकिन इस चिन्तन के बाद भी वे अछूतों और हिन्दुओं में नस्लगत भेद नहीं मानते। उन्होंने लिखा है–"हिन्दुओं ने आज तक अछूतों का तिरस्कार और अनादर किया है और उन्हें कभी अपना नहीं बनाया और यदि वे भिन्न नस्ल के नहीं हैं तो कम से कम समाज के भिन्न और घृणित तबके के लोग जरूर हैं।"[26]

डा. अम्बेडकर के सामने सवर्ण हिन्दुओं तथा अछूत समेत शूद्रों में धर्मगत भेद की बात भी आई थी। सवाल यह था कि क्या शूद्र और अछूत हिन्दू धर्म से अलग धर्म के लोग हैं। यदि इसका उत्तर 'हाँ' में दिया जाता तो उसमें यह भी बताना पड़ता कि फिर शूद्रों और अछूतों का हिन्दुओं से अलग धर्म क्या है। डाक्टर अम्बेडकर के सामने यह एक जटिल समस्या थी। एक पूरी सम्भावना थी कि शूद्रों और अछूतों का अलग धर्म बताया जाता लेकिन ब्रिटिश भारत में अछूतों की माँगों को रखते समय तब उन्होंने इस दिशा में ज्यादा नहीं सोचा था। परन्तु एक बात सच है कि तब तक वे धर्म की दृष्टि से दलित जातियों को हिन्दुओं से अलग घोषित नहीं कर सके थे। वैसे उन्हें अपने समय में पंजाब में अछूतों के चल रहे आदि धर्मी आन्दोलन की पूरी-पूरी जानकारी थी। इस आन्दोलन के बारे में उन्होंने लिखा था–"पंजाब के अछूतों में पिछले कुछ वर्षों से आदि धर्म नाम से एक जबर्दस्त आन्दोलन चल रहा है जिसका उद्देश्य खुद को हिन्दू धर्म से अलग करके एक नए नाम 'आदि धर्मी' से एक अलग समुदाय बनाना था। यह आन्दोलन इतना शक्तिशाली रहा कि वहाँ से अछूतों ने 1931 की जनगणना में खुद को हिन्दू धर्म के बजाय आदि धर्मी के नाम से दर्ज करवाया तथा सरकार ने उनकी इस भावना को मान्यता दे कर पंजाब के जनगणना अधीक्षक को आदि धर्म के नाम से एक नया धर्म दर्ज करने की अनुमति दी। इससे पंजाब के कुछ हिस्सों में हिन्दुओं और अछूतों के बीच दंगे भी हुए।"[27] जहाँ तक डा. अम्बेडकर की अपनी बात थी, उन्होंने 1931 में कहा था कि राजकीय उद्देश्यों के लिए अछूतों को दलित वर्ग के बजाय 'अवर्ण हिन्दू' (नान-कास्ट हिन्दू), 'प्रोटेस्टेण्ट हिन्दू' या 'नान-कनफर्मिस्ट हिन्दू' कहा जाना चाहिए।[28] बाद में 1948 में लिखी अपनी पुस्तक 'दि अनटचेबल्स' में उन्होंने यह सिद्ध किया कि अछूत जातियाँ आरम्भ में बौद्ध थीं।[29] लेकिन इसके आधार पर उन्होंने अल्पसंख्यक समुदाय की परिभाषा को आगे बढ़ाना नहीं चाहा। जहाँ तक कटुता की बात है, डा. अम्बेडकर ने गोल मेज सभा में अपने समुदाय के साथ होने वाले हिन्दुओं के व्यवहार की आलोचना करते हुए कहा था–"हमारे साथ हिन्दुओं ने जो सलूक किया है वह ऐसा बुरा सलूक है जो उन्होंने

अन्य अहिन्दुओं के साथ भी नहीं किया है।"[30]

डा. अम्बेडकर ने अछूतों के अल्पसंख्यक समुदाय की परिभाषा राजनीति के आधार पर भी नहीं दी। उन्होंने लिखा है कि इसमें कोई शक नहीं कि बहुसंख्यक और अल्पसंख्यक समाज के राजनैतिक वर्गीकरण होते हैं लेकिन वे इन्हें निश्चित करने के आधार नहीं हैं। राजनैतिक वर्गीकरण में ऐसा हो सकता है कि जो वर्ग आज बहुसंख्यक समुदाय में है वह कल अल्पसंख्यक समुदाय में रह जाएगा और जो वर्ग आज अल्पसंख्यक समुदाय में है वह कल बहुसंख्यक समुदाय में हो जाएगा। लेकिन हिन्दुओं और अछूतों के बारे में यह बात सही नहीं है। जो ब्राह्मण के घर में जन्म लेता है वह सदा ब्राह्मण बना रहता है तथा जो अछूत के घर में जन्म लेता है वह सदा अछूत बना रहता है। इस प्रकार हिन्दू और अछूत समुदायों में समाज का स्थायी विभाजन किया गया है।[31] यहाँ देखा जा सकता है कि डा. अम्बेडकर ने अछूतों के लिए अल्पसंख्यक समुदाय के रूप में राजनैतिक और प्रशासनिक माँगें रखी थीं लेकिन अल्पसंख्यक समुदाय की परिभाषा के लिए राजनैतिक भेद को आधार नहीं बनाया था। उन्हें अछूतों के राजनैतिक शोषण की शिकायत थी पर यह वैसी ही बात हुई कि जैसे अछूत शिक्षा के क्षेत्र में भी पिछड़े हुए हैं।

हिन्दुओं और अछूतों में नस्लगत, धर्मगत और राजनीति के आधार का भेद न मानते हुए भी डा. अम्बेडकर ने अछूतों को अल्पसंख्यक समुदाय की परिभाषा में रखा है। वे कहते हैं–"दलित वर्गों का अपना एक अलग समूह है जो मुसलमानों से भिन्न और पृथक है और यद्यपि वे हिन्दुओं में शामिल किए जाते हैं परन्तु वे उस समुदाय के अभिन्न अंग नहीं हैं।"[32] इसी बात को उन्होंने साइमन कमीशन के सामने भी रखा था– "हमारी माँग है कि हमें हिन्दू समुदाय से अलग और स्वतंत्र अल्पसंख्यक समुदाय माना जाना चाहिए। हिन्दू समुदाय में सम्मिलित करने के कारण अब तक हमारा अल्पसंख्यक समुदाय का चरित्र छिपाया गया है लेकिन सच्चाई यह है कि दलित वर्गों और हिन्दू समुदाय में कोई संबंध नहीं है।"[33] उल्टे इनमें जो सम्बन्ध ठहरता है वह विरोध और विद्वेष का है। विशेष बात यह है कि इन दोनों में हिन्दू ही अछूतों से विरोध और विद्वेष रखते हैं पर डा. अम्बेडकर ने यह माहौल खड़ा किया कि अछूत वर्ग इस बात को अपनी चेतना के स्तर पर समझ जाए। तभी अछूतों के प्रतिनिधि के रूप में उन्होंने विश्व समुदाय के सामने अपनी सशक्त आवाज उठाई थी–"अछूत हिन्दुओं से अपने सम्बन्ध को खत्म करने के लिए कृतसंकल्प हैं। वे हिन्दुओं से अपने किसी भी सम्बन्ध को तोड़ना चाहते हैं तथा हिन्दुओं से अपना पूरा विच्छेद चाहते हैं।"[34] अपनी इस माँग को उन्होंने 'कम्पलीट पार्टिशन' के पूर्ण बँटवारे का नाम भी दिया है।[35]

फिर सवाल यह है कि यदि अछूत हिन्दुओं से नस्ल और धर्म के रूप में भिन्न नहीं हैं और उनके साथ अन्याय भी हो रहा है तो वे अल्पसंख्यक समुदाय की परिभाषा

में कैसे आएँगे। इसके उत्तर के लिए डा. अम्बेडकर ने अल्पसंख्यक समुदाय के नस्ल-भेद और धर्म-भेद के आधारों को छोड़ा और अपना एक नया शब्द 'समाज भेद' का खड़ा किया। उन्होंने अपने विरोधियों के सामने अपना तर्क रखा—"यह कहना कि अनुसूचित जातियाँ अल्पसंख्यक समुदाय की नहीं हैं, बात को न समझने के बराबर है। 'अल्पसंख्यक समुदाय' का अर्थ धर्म की पृथकता का नहीं है, न ही यह अल्पसंख्यक समुदाय निर्धारण करने की एकमात्र कसौटी है, और न ही यह एक अच्छी और कारगर कसौटी है। किसी सामाजिक समूह के बारे में यह निश्चित करने के लिए कि वह अल्पसंख्यक समुदाय का है या नहीं सामाजिक भेद ही वास्तविक और सच्ची कसौटी होती है।"[36] यहाँ डा. अम्बेडकर ने धर्म की दलील को कमजोर भी बताया है। उन्होंने अल्पसंख्यक समुदाय सिद्ध करने के लिए धर्म की कसौटी की आलोचना करते हुए बताया है कि जब किसी समुदाय को अल्पसंख्यक समुदाय घोषित किया जाता है तो उसका मूल आधार सामाजिक भेद हुआ करता है। यह संयोग की बात होती है कि कभी-कभी सामाजिक भेद में धर्म-भेद भी पाया जाता है। उन्होंने हिन्दुओं और मुसलमानों में सामाजिक भेद को मुख्य माना था। यह पूरी तरह अलग बात थी कि हिन्दू और मुसलमान आपस में धर्म के आधार पर भी भिन्न थे। उन्होंने भारत के तत्कालीन ईसाई समुदाय का उदाहरण रखते हुए लिखा था कि भारत में ईसाई समुदाय यूरोपवासी, एंग्लो-इंडियन और भारतीय ईसाइयों के तीन सामाजिक भागों में बँटा हुआ है। यद्यपि उन सबका एक ईसाई धर्म है लेकिन फिर भी उन्हें सामाजिक आधार के अलग-अलग तीन निर्वाचक समूह माना गया है।[37]

अछूतों को सामाजिक आधार पर अल्पसंख्यक समुदाय के सिद्ध करने के लिए डा. अम्बेडकर ने दो बातें और कही हैं—पहली, अछूत भारत के हर प्रांत में अल्पसंख्यक समुदाय की परिभाषा के हैं,[38] दूसरी, अछूत भारत के हर गाँव में अल्पसंख्यक समुदाय की परिभाषा के हैं।[39]

यह सिद्ध करने के बाद कि हिन्दू बहुसंख्यक समुदाय की परिभाषा के तथा अछूत अल्पसंख्यक समुदाय की परिभाषा के हैं डा. अम्बेडकर ने उनके अधिकारों की बात रखी है। राजनीति के क्षेत्र में बहुसंख्यक समुदाय के बारे में उन्होंने लिखा है कि बहुसंख्यक समुदाय को पृथक निर्वाचक समूह की माँग रखने का कोई अधिकार नहीं है।[40] दूसरी बात उन्होंने यह लिखी कि कोई समुदाय विशेष संरक्षण का अधिकारी तभी बनता है जब वह अल्पसंख्यक समुदाय में रहता है।[41] तीसरी बात यह है कि यह जरूरी नहीं कि हर प्रकार के अल्पसंख्यक समुदाय को विशेष संरक्षण का अधिकार बन जाता है। किसी अल्पसंख्यक समुदाय का शैक्षिक और आर्थिक स्तर जितना नीचा होगा उसे उतने ही अधिक राजनैतिक संरक्षण की आवश्यकता होती है।[42]

मूल बात यह है कि किसी अल्पसंख्यक समुदाय का राजनैतिक संरक्षण पाने का दावा तभी बनता है जब उसके अपने कोई निजी अधिकार बनते हों और वे छीने जा

रहे हों। डा. अम्बेडकर ने यह सिद्ध किया कि अछूतों के निजी अधिकार हैं और वे हिन्दुओं के बहुसंख्यक समुदाय द्वारा लगातार छीने जा रहे हैं। उन्होंने साउथ बोरो समिति के समक्ष अपने साक्ष्य में लिखा था—"अछूत दया के पात्र तो माने जाते हैं लेकिन किसी भी राजनैतिक योजना में उनके अधिकार नहीं माने जाते।"[43] इसी पैरे में उन्होंने आगे लिखा है—"सामाजिक और आर्थिक पंगुता ने अछूतों को मानव जाति से पीछे छोड़ दिया है। इसलिए खतरे में पड़े हुए उनके अधिकार और दावे पूरी मानवता के अधिकार और दावे हैं।"[44] उन्होंने तुलना करके बताया कि सम्पत्ति के अधिकार अछूतों के इन मौलिक अधिकारों के सामने पासंग भी नहीं हैं।[45] लोक जीवन के अनेक क्षेत्रों में उन्हें कोई अधिकार नहीं दिए जाते और यदि उन्हें उनमें से कोई अधिकार दिया भी जाता है तो उन्हें उसका लाभ नहीं उठाने दिया जाता।[46] जब डा. अम्बेडकर अछूतों के प्रति हिन्दुओं के व्यवहार की कटु आलोचना करके अपनी राजनैतिक माँगें उठाते थे तो उनके सामने विरोधियों की एक नई रणनीति आया करती थी। विरोधियों की रणनीति होती थी कि अब सवर्ण हिन्दू अछूतों के प्रति उदार हो जाएँगे। लेकिन डा. अम्बेडकर इस उदारता का विश्वास नहीं करते थे। उन्होंने कहा था—"बहुसंख्यक समुदाय के लोगों के लिए यह कहना बहुत अच्छा है कि वे उदार और दयालु हो जाएँगे। लेकिन हम उनकी उदारता और दयालुता पर निर्भर नहीं रह सकते। हमें अधिकार चाहिए और अधिकार कभी उदार हो कर नहीं दिए जाया करते।"[47] उन्होंने अछूतों के प्रतिनिधि के नाते बहुत साफ और जोरदार शब्दों में कहा था—"मेरा कोई ट्रस्टी नहीं है। मैं अपना ट्रस्टी खुद हूँ। वे अपना संविधान बना सकते हैं। लेकिन हम अपने निजी दावे पेश करेंगे।"[48]

डा. अम्बेडकर का चिन्तन एक खास दिशा में चलता है। उस दिशा में वे किसी प्रकार का विचलन नहीं होने देते। उन्हें अपना उद्देश्य हमेशा स्पष्ट रहता है। इसीलिए अछूतों की राजनैतिक माँगों में वे किसी ढील को पसंद नहीं करते। ऐसा नहीं है कि वे यह न मानते हों कि हिन्दुओं में भी अच्छे लोग पैदा होते हैं। खुद उनके व्यक्तिगत जीवन में सवर्ण हिन्दुओं में से उनके अनेक मित्र रहे थे। लेकिन उस मित्रता को बरकरार रखते हुए अपने वर्ग के प्रतिनिधित्व के मामले में वे उसे आड़े नहीं आने देते। वे हिन्दुओं के किसी उदारवाद से सन्तुष्ट नहीं थे। उन्होंने इस बात को गौरव से कबूल किया है कि वे उदारवादी नहीं थे।[49] असल बात यह है कि हिन्दुओं में उदारवादी लोग होते हैं पर बाकी सवर्णों पर उनका असर नगण्य रहता है। जब राजनैतिक और प्रशासनिक माँगों की बात चल रही हो तो हिन्दुओं के उदारवाद को अछूतों के मार्ग में रोड़ा नहीं बनना चाहिए। डा. अम्बेडकर लिखते हैं—"दलित वर्गों में से कोई भी व्यक्ति ऐसा विश्वास करने में शंका नहीं करता कि अच्छे हिन्दुओं की सरकार में वास्तव में सामान्य लोगों का कल्याण होगा। लेकिन सच्चाई और मुश्किल यह है कि कानून और संस्थाएँ अच्छे आदमियों के बजाय बुरे आदमियों के अनुकूल अधिक

पड़ती हैं। इस बात को सोचते हुए यह ज्यादा निरापद और ठीक है कि अल्पसंख्यक समुदाय के हक में उसकी सुरक्षा के लिए संविधान में कुछ गारण्टी जोड़ दी जाएँ बजाय काल्पनिक रूप से यह मान कर कि तानाशाही बहुसंख्यक समुदाय में कुछ अच्छे लोग अल्पसंख्यक समुदाय के प्रति सहानुभूतिपूर्ण भी होते हैं, उन्हें बिना संरक्षण के छोड़ दिया जाए।''[50] कुछ भी हो, दलित वर्ग के लोग सवर्ण हिन्दुओं की उदारता पर निर्भर नहीं रह सकते। डा. अम्बेडकर के अनुसार हिन्दुओं का उदारवाद निस्संदेह साम्प्रदायिक होता है और इसके लाभ उसी समुदाय के लोगों के लिए सीमित रहते हैं जो दाता वर्ग है। हिन्दू दाता या तो बिजनेस के आदमी होते हैं या उच्च राज्य अधिकारी होते हैं। दुःख की बात यह है कि वे जनता के पैसे में से अपना पैसा बनाते हैं। लेकिन जब सामान्य जनता को कुछ देने की बात सामने आती है तो वे जनता को भूल जाते हैं और उन्हें अपनी जाति और अपना समुदाय याद आ जाता है।[51]

असली उद्देश्य अछूतों की दुर्दशा को मिटाने का है लेकिन उनकी यह दुर्दशा केवल इसलिए नहीं सही जाती रहनी चाहिए कि सवर्णों के कुछ दयालु हृदय वाले लोग उनके प्रति सहानुभूति दिखाया करते हैं।[52] डा. अम्बेडकर को सवर्णों की शिक्षा पर भी भरोसा नहीं है। वे नहीं मानते कि हिन्दुओं में शिक्षा किसी उदारवाद को जन्म देगी। उलटे वे कहते हैं कि शिक्षा का विकास यदि एक वर्ग तक सीमित रहता है तो यह जरूरी रूप में उस वर्ग को उदारवाद की ओर नहीं ले जाता। ऐसी हालत में बजाय दलित जातियों के मुक्तिदाता पैदा करने के यह उनमें से यथास्थिति के समर्थक तथा भूतकाल के हिमायती पैदा कर सकता है। वे पूछते हैं–''क्या आज तक शिक्षा का यही प्रभाव नहीं रहा है?'' फिर, इस बात की कोई अनिवार्य गारण्टी नहीं है कि भविष्य में इसका कोई नया असर पड़ने वाला है।[53] इसलिए भी अछूतों को उच्च जातियों की दया पर नहीं छोड़ा जाना चाहिए। डा. अम्बेडकर के अनुसार इसमें बुद्धिमत्ता की बात यह रहेगी कि खुद अछूतों को सत्ता दी जाए जो अन्य लोगों की तरह सत्ता को हड़पना नहीं चाहते बल्कि उससे समाज में अपना स्वाभाविक स्थान प्राप्त करना चाहते हैं।[54]

अल्पसंख्यक समुदाय के लिए संरक्षण की आवश्यकता को मान लेने के बाद यह समस्या आया करती है कि संरक्षण कितना हो। इसके लिए डा. अम्बेडकर ने लिखा है–''अल्पसंख्यक समुदाय के लिए राजनैतिक संरक्षण की आवश्यकता उतनी शक्ति की होनी चाहिए जितनी शक्ति से वह सामाजिक संघर्ष में खुद की रक्षा कर सके।''[55] उन्होंने एक अन्य स्थान पर कहा है–''इतना ही नहीं कि हमें संरक्षण मिलने चाहिए बल्कि वे हमारी सन्तुष्टि के भी होने चाहिए।''[56] जनसंख्या को भी उन्होंने संरक्षण की मात्रा तय करने का आधार नहीं माना। कई बार जनसंख्या को वेटेज देने का एक अच्छा आधार माना जा सकता है लेकिन कई बार यह आधार पर्याप्त नहीं रह जाता। डा. अम्बेडकर कहते हैं–''मैं इस सिद्धान्त को स्वीकार नहीं करता कि हर अल्पसंख्यक समुदाय को सभी स्थितियों में जनसंख्या के अनुपात में सीमित रखा जाए। कभी-कभी

एक अल्पसंख्यक समुदाय जनसंख्या में इतना छोटा हो सकता है कि जनसंख्या के अनुपात में दिया गया प्रतिनिधित्व उसकी रक्षा के लिए एकदम अपर्याप्त रह सकता है।''[57] जहाँ तक दलित वर्गों को दिए जाने वाले संरक्षण की बात थी उन्होंने कहा था कि हिन्दुओं के द्वारा दी गई पर्याप्तता की परिभाषा मुझे स्वीकार्य नहीं है।[58]

डा. अम्बेडकर भारत की दलित जातियों के संदर्भ से अल्पसंख्यक समुदाय की परिभाषा से संतुष्ट नहीं हैं। वे दलित जातियों को अल्पसंख्यक समुदाय की कह कर सन्तुष्ट नहीं हो गए। राजनीति में अल्पसंख्यक समुदाय का विचार एक अच्छा विचार है, यह विचार सन्तुष्ट होना ही चाहिए, लेकिन कुछ वर्गों को मात्र अल्पसंख्यक समुदाय वाले कह देना पर्याप्त नहीं है। विशेषकर, भारत के दलित वर्गों की समस्याएँ और कठिनाइयाँ उनसे ज्यादा हैं जितनी राजनीति में मान्यता प्राप्त किसी अल्पसंख्यक समुदाय की हुआ करती हैं। डा. अम्बेडकर लिखते हैं–''अनुसूचित जातियाँ भारत में किसी अन्य अल्पसंख्यक समुदाय की तुलना में ज्यादा बुरी हालत में हैं।''[59] वे मुसलमानों के अल्पसंख्यक समुदायों का उदाहरण देते हुए कहते हैं–''एक दलित वर्ग के आदमी के द्वारा छूत फैली मानी जाती है लेकिन एक मुसलमान को छूने से छूत नहीं फैलती, व्यापार और उद्योग के क्षेत्र मुसलमानों के लिए खुले हुए हैं जबकि दलित जातियों के लिए उनके द्वार बन्द हैं। मुसलमानों के साथ हीनता का भाव नहीं जुड़ा हुआ है जबकि दलित जातियों के साथ यह भाव जुड़ा हुआ है। एक मुसलमान अपनी मर्जी के कपड़े पहन सकता है, वह जैसे चाहे रह सकता है और जो चाहे सो कर सकता है लेकिन दलित वर्ग के व्यक्ति को यह स्वतंत्रता नहीं मिली है। दलित वर्ग का व्यक्ति आर्थिक क्षमता के रखते हुए भी गाँव के लोगों के मुकाबले में अच्छे कपड़े नहीं पहन सकता। उसे झोंपड़ी में ही रहने की बंदिश है। दलित वर्ग का व्यक्ति पारम्परिक उत्सवों के समय भी ज्यादा धन और वैभव का शौक नहीं फरमा सकता और दूल्हे को मुख्य मार्ग से घोड़ी पर बैठा कर नहीं ले जा सकता। उसके द्वारा कोई भी ऐसा काम किए जाने पर जो रिवाज के खिलाफ हो या उसकी सामाजिकता से ऊपर के स्तर का हो गाँव के लोगों द्वारा बर्दाश्त नहीं किया जाता और वे उस पर कहर बरसा देते हैं।''[60] डा. अम्बेडकर ने कहा था कि दलित वर्गों के साथ जुड़े इसी अस्पृश्यता के कलंक के कारण इनके व्यक्तियों को पुलिस, सेना और नेवी में भर्ती नहीं किया जाता जबकि भारत सरकार के अधिनियम के तहत यह प्रावधान है कि कोई भी व्यक्ति लोक सेवा में दाखिल होने के लिए उसकी जाति, मत या रंग के आधार पर अयोग्य नहीं ठहराया जाएगा।[61] उन्होंने बताया कि भर्ती का कानूनी द्वार खुल जाने के बाद भी यदि दलित वर्ग का कोई व्यक्ति पुलिस विभाग में भर्ती होने के लिए आवेदन करता है तो उसे कार्यकारी अफसरों द्वारा साफ बता दिया जाता है कि अछूत होने के कारण लोक सेवा में उसकी भर्ती नहीं की जा सकती।[62] तभी डा. अम्बेडकर ने निष्कर्ष निकाला था कि अस्पृश्यता के कलंक की विशेषता के कारण अनुसूचित

जातियों को किसी अल्पसंख्यक समुदाय को मिलने वाले राजनैतिक और प्रशासनिक संरक्षणों के मुकाबले में ज्यादा संरक्षण चाहिए।[63] अल्पसंख्यक समुदाय को दिए जाने वाले संरक्षण अनुसूचित जातियों के लिए पर्याप्त नहीं हैं क्योंकि अनुसूचित जातियों की सामाजिक स्थिति अल्पसंख्यक समुदाय से ज्यादा बदतर है।[64] उन्होंने 'स्टेट्स एण्ड माइनरिटीज' की अपनी पुस्तक में लिखा था कि मेरी यह माँग सर्वथा उचित है कि अनुसूचित जातियों को नागरिकों को मिलने वाले सारे मौलिक अधिकार मिलने चाहिए, अल्पसंख्यक समुदाय की रक्षा के प्रावधानों में मिलने वाले सारे लाभ मिलने चाहिए तथा विशेष रक्षा-उपाय अतिरिक्त मिलने चाहिए।[65] अनुसूचित जातियों पर एकतरफी नहीं बल्कि चौतरफी मार पड़ी है। ये शैक्षिक दृष्टि से पिछड़े हुए, आर्थिक दृष्टि से गरीब, सामाजिक दृष्टि से गुलाम तथा राजनैतिक दृष्टि से पंगु बनाए गए हैं।[66]

अनुसूचित जातियों के लिए विशेष संरक्षण की माँग में डा. अम्बेडकर ने लोक सेवाओं की दृष्टि से तत्कालीन गवर्नर-जनरल के सामने एक माँग-पत्र रखा था। ये निम्नलिखित तीन संरक्षण थे :

"(i) उम्र में छूट देना,

(ii) परीक्षा शुल्क में कमी,

(iii) इस बात को सुनिश्चित करने के लिए कि अनुसूचित जातियों से संबंधित सरकारी आदेशों का पालन सभी विभाग कर रहे हैं एक अनुसूचित जाति अधिकारी की नियुक्ति।"[67]

डा. अम्बेडकर ने समाज में बहुसंख्यक समुदाय और अल्पसंख्यक समुदाय खड़े करते समय इन दोनों की कुछ सीमाएँ भी बाँधी हैं। बहुसंख्यक समुदाय की सीमा के लिए उन्होंने बताया कि इसे अल्पसंख्यक समुदाय को गुलाम बना कर खुद शासक वर्ग नहीं बनने देना चाहिए।[68] उनके अनुसार एक साम्प्रदायिक बहुसंख्यक समुदाय द्वारा दूसरे साम्प्रदायिक अल्पसंख्यक समुदाय को अपने आदेश के अनुसार चलाने का अधिकार नहीं मिल जाता। दूसरी तरफ, उन्होंने अल्पसंख्यक समुदाय की शक्तियों को सीमित करते हुए लिखा है कि अन्तिम नियति तय करने में अल्पसंख्यक समुदाय को भी बहुसंख्यक समुदाय के अधिकार के खिलाफ वीटो का अधिकार नहीं मिलता।[69]

घ. प्रतिनिधित्व का तर्क

पिछले भाग में यह जाना गया है कि डा. अम्बेडकर के राजनैतिक और प्रशासनिक दर्शन में अल्पसंख्यक समुदाय के लिए संरक्षण की आवश्यकता क्यों बनती है। लेकिन इस संरक्षण को सत्ता के किसी आकार में ढलना चाहिए। इसे प्रभावी बनाने के लिए मात्र ऐसा कह देना पर्याप्त नहीं रहता कि अल्पसंख्यक समुदाय को संरक्षण दिया जाता है। चूंकि डा. अम्बेडकर लोकतंत्रात्मक सरकार के गठन में विश्वास करते हैं इसलिए इसका रूप प्रतिनिधि सरकार और प्रतिनिधि प्रशासन में ग्रहण होता है।

उन्होंने कहा है–"कोई भी जिम्मेदार सरकार तब तक अस्तित्व में नहीं आती जब तक वह वास्तव में प्रतिनिधि सरकार नहीं होती।"[70] किसी भी लोकप्रिय सरकार के लिए उन्होंने दो प्रकार के प्रतिनिधित्व की बात उठाई है :

1. विचारों का प्रतिनिधित्व,

तथा

2. व्यक्तियों का प्रतिनिधित्व।[71]

इन दोनों प्रकार के प्रतिनिधित्वों का आपस में गहरा सम्बन्ध है। सच्चे प्रतिनिधित्व के लिए इनमें एक की भी उपेक्षा नहीं की जा सकती। जरूरत इस बात की है कि अच्छे प्रशासन में विचारों का प्रतिनिधित्व सच में विचारों का हो और व्यक्तियों का प्रतिनिधित्व भी कारगर और प्रभावी रहे। उदाहरण के लिए व्यक्तियों के प्रतिनिधित्व में नामित प्रतिनिधित्व को उन्होंने कोई प्रतिनिधित्व नहीं माना। उलटे उन्होंने नामित प्रतिनिधित्व को प्रतिनिधित्व के साथ मजाक करने का नाम दिया है।[72] उन्होंने गोल मेज सभा की बहसों में भाग लेते हुए चेतावनी दी थी कि 'मैं किसी ऐसी व्यवस्था का हामी नहीं रहूँगा जिसमें नामितकरण को राज्यों का प्रतिनिधित्व करने की अनुमति मिलेगी।'[73] वे प्रतिनिधित्व को पूर्ण प्रतिनिधित्व बनाना चाहते हैं। उन्होंने उदाहरण दे कर बताया है कि प्रतिनिधित्व को अजायबघर नहीं बनाया जाना है जिसमें आम जनता के देखने के लिए सभी नस्लों के जीवों के थोड़े-थोड़े नमूने रख छोड़े जाते हैं।[74] फिर ऐसा भी नहीं है कि अल्पसंख्यक समुदाय के भले की गारण्टी अधिक प्रतिनिधित्व से हो जाती हो। वास्तव में अल्पसंख्यक समुदाय को जो चाहिए वह मात्र प्रतिनिधित्व या अधिक प्रतिनिधित्व नहीं बल्कि प्रभावी प्रतिनिधित्व की बात है।[75] प्रभावी प्रतिनिधित्व का मतलब यही है कि उसे इतना और ऐसा प्रतिनिधित्व मिले जो परिणामों में उसे ऐसा मालूम न होने दे कि उस पर बहुसंख्यक समुदाय का शासन छाया हुआ है।

सही व्यक्तियों के प्रतिनिधित्व के लिए आवश्यक शर्त यह है कि सबसे पहले लोगों को मताधिकार प्राप्त हो। मताधिकार के बाद उन्हें यह अधिकार मिले कि वे अपने लोगों को प्रतिनिधि के रूप में चुन सकें।[76] केवल इसी तरीके से अछूतों के मतदाता अपने सही प्रतिनिधि का चुनाव कर सकते हैं। डा. अम्बेडकर ने बताया है कि कोई भी एक वर्ग का व्यक्ति किसी दूसरे वर्ग का प्रतिनिधित्व नहीं कर सकता। विशेषकर, भारत के सन्दर्भ से उन्होंने लिखा है कि इस देश में हितों की समान हिस्सेदारी न के बराबर है, यहाँ लोगों के आपसी हित पाक-शाक नहीं हैं, न ही यहाँ विभिन्न वर्गों में परस्पर सहयोग के कोई रास्ते और संस्थाएँ हैं। ऐसी स्थिति में एक बड़े या छोटे समूह का व्यक्ति दूसरे वर्ग की इच्छा की बात नहीं कह सकता।[77]

असल में प्रतिनिधित्व के चिंतन में डा. अम्बेडकर एक दूसरी गहराई तक गए हैं। जहाँ वे प्रत्येक समुदाय को प्रतिनिधित्व का अधिकार देते हैं वहीं वे प्रतिनिधित्व

पर एक अन्य प्रकार की रोक भी लगाते हैं। उनका प्रतिनिधित्व का अधिकार देने का मतलब है कि कोई व्यक्ति केवल अपने समुदाय का प्रतिनिधित्व करे। लेकिन यदि एक व्यक्ति दूसरे समुदाय का प्रतिनिधित्व करने की माँग करे तो उस पर पाबन्दी भी लगाई जानी चाहिए। उन्होंने कहा है–"मेरी राय में इस बात की बहुत आवश्यकता है कि हम किसी उम्मीदवार के दूसरों का प्रतिनिधित्व करने के अधिकार पर रोक लगाएँ।"[78] प्रतिनिधित्व करने के लिए उन्होंने कुछ अनिवार्य शर्तें मानी थीं। उन्होंने माना था–"किसी का प्रतिनिधित्व करने के अधिकार की पूर्व शर्त में एक खास सामाजिक दृष्टिकोण हुआ करता है। ऐसा नहीं कहा जा सकता कि ऐसी शर्त अनावश्यक है क्योंकि उम्मीदवार के जनता के प्रति सामाजिक दृष्टिकोण की तुलना में उसके रुझान और उसके तजुर्बे प्रतिनिधित्व करने की उसकी इच्छा में ज्यादा महत्त्व के नहीं हैं। सच तो यह है कि खालिस रुझान और कोरे अनुभव यदि वे सही ढंग के सामाजिक दृष्टिकोण वाले नहीं हैं तो भारी तबाही का काम कर सकते हैं। इसमें कोई शक नहीं कि उच्च वर्गों का निम्न वर्गों के प्रति सामाजिक दृष्टिकोण ठीक तरह का नहीं है। निस्संदेह, यह हमेशा कहा जाता है कि वे भारत में बौद्धिकता की दृष्टि से सर्वश्रेष्ठ समुदाय के लोग हैं। लेकिन इतने ही जोर से उनके विरुद्ध यह दलील भी दी जा सकती है कि उच्च वर्गों के लोगों ने अपनी बौद्धिक शक्तियों का इस्तेमाल कभी भी निम्न वर्गों की सहायता और सेवा में नहीं किया। इसके विपरीत, उन्होंने यदि जनता को अपने से भिन्न नस्ल की नहीं माना है तो कम से कम उसे भिन्न सामाजिक स्तर की अवश्य मान कर हमेशा उससे घृणा की है, उसका अपमान किया है और उसे कभी अपनायत नहीं दी। इसलिए कोई भी एक वर्ग दूसरे वर्ग का प्रतिनिधित्व करने का अधिकार नहीं रखता, फिर भारत में उच्च दर्ग के लोग तो इस अधिकार को पाने के बिलकुल भी हकदार नहीं ठहरते। उन्होंने अपने जीवन व्यवहार के जरिए खुद को पक्षपात में खोए रहने वाले गैर-मिलनसार वर्ग का बना लिया है। उन्होंने कभी आम जनता की अभिलाषाओं के साथ अपना एकाकार नहीं किया–ऐसा मानो कि उन्हें आम जनता से कुछ लेना-देना नहीं है वल्कि वे आम जनता के हितों के विरोधी भी हैं। इसलिए यह माँग अनुचित नहीं कही जा सकती कि एक उम्मीदवार जो दूसरों का प्रतिनिधित्व करने के लिए खड़ा हुआ है वह ऐसा होना चाहिए जो अपने मतदाताओं के लक्ष्यों, उद्देश्यों और प्रेरणाओं में सहभागी हो।"[79] दूसरे, बौद्धिकता की ऊँचाई प्रतिनिधित्व करने के मूल सिद्धान्त के विरोध में पड़ती है। प्रतिनिधित्व का मतलब यही है कि जैसा समाज है उसका वैसा ही प्रतिनिधित्व किया जाए। वौद्धिकता में ऊँचा होने के कारण बहुसंख्यक समुदाय का व्यक्ति अल्पसंख्यक समुदाय का प्रतिनिधित्व करने का अधिकार नहीं पा जाता। शर्त में केवल यही हो सकता है कि अल्पसंख्यक समुदाय का श्रेष्ठ बौद्धिक पुरुष अल्पसंख्यक समुदाय का प्रतिनिधित्व करे। इसे डा. अम्बेडकर ने पिछड़े समुदायों का 'प्राकृतिक आदर्शवाद' कहा है।[80]

उन्होंने लिखा है—"ब्राह्मण नेता किसी भी अर्थ में जनता का नेता नहीं है। ज्यादा से ज्यादा वह केवल अपनी जाति का नेता है।"[81]

डा. अम्बेडकर ने लिखा है कि यदि मुक्त व्यापार की बात उठती है तो उसके बारे में एक ब्राह्मण, एक मुसलमान और एक मराठा बहस कर सकते हैं। लेकिन इनमें से किसी भी वर्ग का व्यक्ति अछूतों के हितों के लिए अपनी आवाज बुलन्द नहीं कर सकता क्योंकि इनमें से कोई भी अछूत वर्ग का व्यक्ति नहीं है। अस्पृश्यता एक विशेष और निश्चित हित को जन्म देती है जिसके बारे में केवल अछूत ही आवाज उठा सकते हैं। इसलिए होना यह चाहिए कि अछूतों की शिकायतों को रखने वाले लोग अछूतों में से होने चाहिए जो शिकायतों के निवारण के लिए एक मजबूत शक्ति वन सकें।[82] बंबई विधान सभा में 'इण्डस्ट्रियल डिस्प्यूट्स बिल' पर बहस करते समय उन्होंने कर्मचारियों की यूनियन के बारे में इस बात को काफी मजबूत शब्दों में रखा था। समस्या यह थी कि बिल के अनुसार फैक्ट्रियों में एक ही यूनियन को मान्यता दिए जाने का प्रावधान था। ऐसी स्थिति में डा. अम्बेडकर ने प्रश्न रखा था—"मान लो कि अछूत समुदाय के कुछ कर्मचारी हैं। वे एक यूनियन के सदस्य बनने के लिए तैयार हैं लेकिन वे इस बात पर भी जोर देते हैं कि यूनियन उनके समुदाय के फायदे को बढ़ाने के लिए भी कुछ सामाजिक उद्देश्य और सामाजिक लक्ष्य रखे। वे चाहते हैं कि उन्हें कुछ दूसरी सुविधाएँ मिलनी चाहिए तथा अन्य वर्गों के श्रमिक उनकी इस माँग से सहमत नहीं हैं। ऐसी स्थिति में कोई यूनियन कैसे बन सकती है?"[83]

पहले ही कहा जा चुका है कि डा. अम्बेडकर साम्प्रदायिक प्रतिनिधित्व को बुरा नहीं मानते। उल्टा वे सिद्ध करते हैं कि भारत के संदर्भ में साम्प्रदायिक प्रतिनिधित्व तथा स्वाधीनता दोनों एक ही बात हैं।[84] इस मामले में वे राष्ट्रवाद के भुलावे में कभी नहीं आए। उन्होंने माना है—"भारतीय लोगों के पास सच्चे अर्थों का राष्ट्र नहीं है। यहाँ राष्ट्र अस्तित्व में नहीं है बल्कि उसका निर्माण किया जाना है। ऐसी स्थिति में अन्य लोगों को मेरी इस बात से सहमत हो जाना चाहिए कि एक भिन्न और पृथक समुदाय को दबा कर राष्ट्र निर्माण करने का कोई अच्छा तरीका नहीं कहा जा सकता।"[85] यहाँ कुल मिला कर यह कहा जा सकता है कि कोई राजनैतिक प्रतिनिधि अपने तीन परस्पर-विरोधी कर्तव्य पूरे किया करता है :

1. अपने प्रति कर्तव्य,
2. अपने वर्ग के प्रति कर्तव्य, और
3. अपने मतदाताओं के प्रति कर्तव्य जिन्होंने उसे चुना है।[86]

डा. अम्बेडकर का मानना है कि कोई भी प्रतिनिधि अपने मतदाताओं के हितों की तुलना में अपने वर्ग के हितों को ज्यादा वरीयता देता है।[87]

डा. अम्बेडकर के सामने यह प्रश्न बार-बार आया था कि साम्प्रदायिकता राष्ट्र विरोधी है। इसे पहले जाँचा जा चुका है कि डा. अम्बेडकर ऐसा नहीं मानते। लेकिन

उनके सामने साम्प्रदायिक प्रतिनिधित्व के बारे में एक दूसरा सवाल रखा जाता था कि यह सामाजिक भेदों को बढ़ाता है और उन्हें मजबूत बनाता है। डा. अम्बेडकर ने इस प्रश्न का व्यावहारिक और तार्किक जवाब दिया है। उन्होंने माना है कि यदि समाज में पहले से मौजूद सामाजिक भेद न होते तो ऐसा आरोप लगाना उचित था। पर चूंकि भारतीय समाज में सामाजिक भेद पहले से ही वास्तविक और व्यापक रूप में मौजूद हैं इसलिए इस प्रकार के आरोप और अन्देशे की समीचीनता नहीं बनती। उलटे उन्होंने बताया है कि साम्प्रदायिक प्रतिनिधित्व समाज विभाजन के बुरे प्रभावों से बचाव का काम करता है। वे कहते हैं कि साम्प्रदायिक प्रतिनिधित्व समाज विभाजन को स्थायी बनाने के बजाय उसे समाप्त करता है। उन्होंने इसका तर्क इस प्रकार रखा है–"जबकि साम्प्रदायिक निर्वाचन समाज विभाजन के समरूप होगा तो उसका मुख्य प्रभाव यह होगा कि विधान सभाओं में विभिन्न जातियों के लोगों को एक साथ बैठने का मौका मिलेगा जो अन्यथा उन्हें सुलभ नहीं है। इस प्रकार विभिन्न जातियों के लोग जो अब तक सामाजिक रूप से अलग-थलग पड़े रह कर समाज-विरोधी तक हो जाते हैं, विधान सभा की हिस्सेदारी की एक नई प्रक्रिया से साझेदारी के नए जीवन में फेंक दिए जाएँगे। साझेदारी के ऐसे जीवन की सक्रिय प्रक्रिया हिस्सेदारों की मानसिक प्रवृत्तियों और उनके दृष्टिकोणों को बिना प्रभावित किए नहीं छोड़ेगी। आज एक जाति या एक धार्मिक समूह खुद में एक दृष्टिकोण होता है। जब तक हर जाति और हर समूह के लोग अलग-अलग पड़े रहते हैं तब तक उनके दृष्टिकोण पुराने बने रहते हैं। लेकिन जैसे ही विभिन्न जातियाँ और समूह आपस के सम्पर्क में आते हैं तथा एक दूसरे के प्रति सहयोग करना शुरू करते हैं, पुराने विचारों का पुनर्समाजीकरण अवश्यम्भावी है। यदि हिन्दू मुसलमानों और ईसाइयों आदि के प्रति अपने दृष्टिकोण में पुनर्समाजी हो जाएँ तथा मुसलमान और ईसाई आदि हिन्दुओं के प्रति अपने दृष्टिकोण में पुनर्समाजी हो जाएँ या सवर्ण हिन्दू अछूतों के प्रति अपने दृष्टिकोण में पुनर्समाजी हो जाएँ तो जाति प्रथा और समाज का विभाजन गायब हो जाएगा। यदि यह माना जाए कि जाति प्रथा एक दृष्टिकोण है और दृष्टिकोण के सिवा कुछ नहीं है तो यह उस समय विलीन हो जाना चाहिए जब जाति से जुड़ा इसका प्रतीक खत्म हो जाएगा। लेकिन वर्तमान में विभिन्न जातियों और समूहों से जुड़े स्थायी दृष्टिकोण तभी मिटेंगे जब विभिन्न समूह आपस में मिलेंगे और समान कार्यों में भाग लेंगे। स्वभावों और दृष्टिकोणों में ऐसे परिवर्तन केवल क्षणिक काल के लिए नहीं रहेंगे बल्कि उनका इस परिषद भवन से बाहर के सामूहिक जीवन पर भी भारी असर पड़ेगा। ऐसे मिले-जुले सामूहिक कार्यों के लिए जितने अवसर दिए जाएँगे उतना ही अधिक लाभ होगा। इससे पुनर्समाजीकरण बड़े स्तर पर होगा जो अपने परिणाम में जातियों और समूहों का जल्दी विच्छेद करने में सहायक होगा। इस प्रकार जो लोग साम्प्रदायिक प्रतिनिधित्व को यह कह कर नकारते हैं कि यह वर्तमान सामाजिक विभाजन को और

भी स्थायी और पक्का बना देगा, इस पर पुनर्विचार करके इसे सामाजिक विभाजन को विलीन करने का एक तेज रसायन जानने लगेंगे।''[88] यह बिलकुल सही बात है कि लोग एक-दूसरे के सम्पर्क में आएँगे तथा एक-दूसरे की बात सुनेंगे और बहस करेंगे तो इसके परिणाम अच्छे निकलेंगे। इससे सामाजिक परिवर्तन के दौरान होने वाली हिंसा पर भी रोक लगेगी। सम्यक हितों और उचित दावों से सम्बन्धित सामाजिक मतभेदों को सुलह-मशविरे और बहस-मुँह-भासे से सुलझा लिया जाएगा।

जो अब तक प्रतिनिधित्व के बारे में चर्चा की गई है वह राजनीति से सम्बन्धित है। लेकिन लोक प्रशासन के क्षेत्र में भी डा. अम्बेडकर के ये ही तर्क काम देते हैं। लोक प्रशासन में उनकी माँग उनकी राजनैतिक माँगों से भिन्न नहीं है। गवर्नर जनरल के सामने अनुसूचित जातियों की माँगों को रखते समय लोक सेवाओं में इनके प्रतिनिधित्व के अभाव को उन्होंने राजनैतिक माँगों में सम्मिलित किया था।[89] उन्होंने लोक प्रशासन के महत्त्व को दर्शाते हुए लिखा है–''अल्पसंख्यक समुदायों के लिए लोक सेवाओं में प्रवेश पाना एक महत्त्वपूर्ण सवाल होता है लेकिन अनुसूचित जातियों के लिए तो यह इतना मर्मस्पर्शी है कि उनके जीवन और मरण का प्रश्न बना हुआ है।''[90] उन्हें जब पता चला कि पंजाब की जनगणना में अछूतों की जनसंख्या कम की गई है तो उन्होंने इसका कारण यह बताया कि ऐसा इसलिए हुआ क्योंकि जनगणना से जुड़ी प्रशासनिक सेवाओं में अछूतों का कोई स्थान नहीं है।[91] उन्होंने अनुसूचित जातियों को मात्र सेवाओं में नहीं वल्कि देश की शक्तिशाली लोक सेवाओं में दाखिल करने की वकालत की थी। उन्होंने लिखा था–''अनुसूचित जातियों की दशा और उनके सामाजिक स्तर तब ऊपर उठेंगे जब अनुसूचित जातियों के प्रतिनिधि दफ्तरों के क्लर्क बनने के वजाय बड़े ओहदों के प्रशासक बनाए जाएँगे। ऐसे कार्यकारी पद नीति-कौशल के पद होते हैं। इन पदों पर आसीन प्रशासकों द्वारा राज कार्यों के लिए नए निर्देश दिए जाते हैं।''[92] उन्होंने राजस्व और पुलिस अधिकारियों की महत्ता को बताते हुए कहा था कि वे अछूतों की मुश्किलों को दूर करने में ज्यादा महत्त्वपूर्ण भूमिका अदा कर सकते हैं।[93] डा. अम्बेडकर ने अनुसूचित जातियों के लोक सेवाओं में प्रतिनिधित्व की बात नीचे लिखे शब्दों में बहुत जोरदार ढंग से रखी थी–''प्रशासन की शक्ति में आजकल कानून बनाने की शक्ति भी शामिल रहती है। कोई भी कानून आजकल पूर्ण और पर्याप्त नहीं है। ज्यादातर मामलों में प्रशासन को अधिनियमों के तहत नियम बनाने की कानूनी शक्ति प्रदान की जाया करती है। दूसरे, कानून लाभकारी है या नहीं यह इस बात पर निर्भर करता है कि उसे कितने प्रभावकारी ढंग से और कितनी ईमानदारी से लागू किया जाता है। इसलिए अच्छे कानूनों से अच्छा प्रशासन ज्यादा महत्त्वपूर्ण है। अच्छे कानूनों का कोई मतलब नहीं है यदि प्रशासन खराब है। इसलिए अनुसूचित जातियों के लिए प्रशासन उनके जीवन और मरण का गम्भीर प्रश्न बन कर खड़ा हो जाता है क्योंकि वे अच्छे कानूनों की तुलना में अच्छे

प्रशासन को तरजीह देते हैं।"[94] आगे डा. अम्बेडकर ने पूछा है—"क्या आजकल का प्रशासन अच्छा प्रशासन कहा जा सकता है? अनुसूचित जातियाँ वर्तमान प्रशासन के बारे में अपनी क्या राय रखती हैं?" इन प्रश्नों का खुद उत्तर देते हुए उन्होंने लिखा है—"इसमें कोई सन्देह नहीं कि अनुसूचित जातियों की यह सामान्य धारणा है कि पूरे भारत में सारा प्रशासन उनके प्रति अपने दृष्टिकोण में दुश्मनी का, बेइन्साफी का और भ्रष्टाचार का है। वास्तव में अनुसूचित जातियों के ज्यादातर दुःख और उत्पीड़न इसीलिए पैदा होते हैं क्योंकि लोक सेवकों की कलम में दी गई स्वविवेक निर्णय की ताकत लगभग सभी मामलों में अनुसूचित जातियों को नीचे बनाए रखने के लिए उनके खिलाफ इस्तेमाल की जाती है।....और ऐसा तब तक होता रहेगा जब तक प्रशासन के कार्मिक और कारिन्दे उन वर्गों से लिए जाते रहेंगे जो अनुसूचित जातियों के सदा से खिलाफ रहे हैं और उन्हें दबाने में विश्वास रखते हैं। इसलिए इस विषय में इससे ज्यादा सशक्त दलील दूसरी नहीं हो सकती कि अनुसूचित जातियों के सामान्य लोगों के लाभ और कल्याण के लिए उन्हें लोक सेवाओं में दाखिल करने के प्रश्न पर गहराई से विचार किया जाना चाहिए।"[95]

लोक सेवाओं में प्रतिनिधित्व के बारे में महत्त्वपूर्ण सवाल यह बनता है कि यह प्रतिनिधित्व कितना हो। इस बारे में हिन्दुस्तान के कानून निर्माण के इतिहास में काफी ऊहापोह रही है। चाहे वह राजनीति का क्षेत्र हो या प्रशासन का, दोनों क्षेत्रों में डाक्टर अम्बेडकर का दिया गया हल एक समान है। उनकी एक कसौटी थी—अपर्याप्तता और आधिपत्य की दोनों अतियों को छोड़ा जाना चाहिए।[96] उन्होंने 1946 में लिखी अपनी पुस्तक 'व्हाट कांग्रेस एण्ड गांधी हैव डन टू दि अनटचेबल्स' में तालिका दे कर लोक सेवाओं में विभिन्न समुदायों की स्थिति रखी थी। उनमें कुछ को यहाँ पुनः देखा जा सकता है।

तालिका[97]

क्र. सं.	समुदाय	कुल जनसंख्या का प्रतिशत	राजपत्रित पद: कुल पदों की संख्या=2,200 — पदों पर नियुक्त	राजपत्रित पद: कुल पदों का प्रतिशत	गैर-राजपत्रित पद: रु. 100,00 से अधिक वेतन वाले कुल पदों की संख्या=7,500 — पदों पर नियुक्त	कुल पदों का प्रतिशत	गैर-राजपत्रित पद: रु. 35,00 से अधिक वेतन वाले कुल पदों की संख्या=20,782 — पदों पर नियुक्त	कुल पदों का प्रतिशत
(1)	(2)	(3)	(4)	(5)	(6)	(7)	(8)	(9)
1.	ब्राह्मण	3	820	37	3,280	43.73	8,812	42.4
2.	अगड़े गैर-ब्राह्मण	22	620	27	–	–	–	–
3.	दलित वर्ग	14	25	1.5	39	.52	144	.69
4.	पिछड़ा वर्ग	50	50	2	–	–	–	–

गैर-राजपत्रित पदों के बारे में डा. अम्बेडकर ने गैर-ब्राह्मणों की जानकारी अगड़े गैर-ब्राह्मणों और पिछड़े वर्गों की संयुक्त रूप से दी है इसलिए उन्हें विभक्त करना सम्भव नहीं रह गया है। फिर भी राजपत्रित पदों में देखा जा सकता है कि दलित वर्ग की ब्राह्मणों के मुकाबले में तथा दलित और पिछड़े वर्ग की अगड़ों और ब्राह्मणों के रूप में संयुक्त स्थिति क्या है। डा. अम्बेडकर ने इंडियन सिविल सर्विस के विवरण तत्कालीन गवर्नर जनरल के सम्मुख रखे थे जो इस प्रकार हैं:[98]

तालिका-1

1942 में आई. सी. एस. में साम्प्रदायिक प्रतिनिधित्व

क्र. सं.	समुदाय	कुल	यूरोपियों को सम्मिलित करते हुए कुल 1056 का प्रतिशत	यूरोपियों को सम्मिलित न करते हुए कुल 568 का प्रतिशत
(1)	(2)	(3)	(4)	(5)
1.	हिन्दू	363	34.4	63.2
2.	अनुसूचित जाति	1	शून्य	शून्य

तालिका-2

प्रतियोगिता और नामितकरण के द्वारा आई. सी. एस. की स्थिति

क्र. सं.	समुदाय	प्रतियोगिता द्वारा	नामितकरण द्वारा	कुल
(1)	(2)	(3)	(4)	(5)
1.	हिन्दू	332	31	363
2.	अनुसूचित जाति		1	1

तालिका-3

आई. सी. एस. के अनुपात की तुलना में जनसंख्या का प्रतिशत

क्र. सं.	समुदाय	यूरोपियों को सम्मिलित न करते हुए आई. सी. एस. में अनुपात	जनसंख्या का अनुपात	जनसंख्या के अनुपात की तुलना में सर्विस अनुपात की अधिकता या कमी
(1)	(2)	(3)	(4)	(5)
1.	हिन्दू	63.2	50.00	+13.2
2.	अनुसूचित जाति		13.5	—13.5

यहाँ सभी स्थितियों में देखा जा सकता है कि अनुसूचित जातियों का लोक सेवाओं में प्रतिनिधित्व एकदम अपर्याप्त है तथा ब्राह्मणों और सवर्ण हिन्दुओं का

प्रतिनिधित्व आधिपत्य का है।

डा. अम्बेडकर ने आनुपातिक प्रतिनिधित्व की दलील रखी थी। यह आनुपातिक प्रतिनिधित्व अनुसूचित जातियों की संख्या, उनकी आवश्यकताओं और उनके महत्त्व को ध्यान में रख कर तय किया जाता है।[99] किसी भी अल्पसंख्यक समुदाय को सेवाओं में प्रतिनिधित्व का अधिकार देते समय उन्होंने इसकी सीमा यह रखी थी कि यह प्रतिनिधित्व किसी भी हालत में उस समुदाय की जनसंख्या के अनुपात से ज्यादा न हो जाए।[100] लोक सेवाओं में अनुसूचित जातियों के प्रतिनिधित्व का कानूनी इतिहास चार चरणों में देखा जा सकता है। ये चार चरण इस प्रकार हैं :

1. 1934 में अनुसूचित जातियों का लोक सेवाओं में नियुक्ति का रास्ता खोला गया था लेकिन तब उनके प्रतिनिधित्व के लिए कोई विशेष लक्ष्य निर्धारित नहीं किया गया था।[101]
2. 1943 के संकल्प के अनुसार आरक्षण का यह कोटा 8.33 प्रतिशत का रखा गया था।[102]
3. 15 जून, 1946 के संकल्प के अनुसार यह कोटा 8.33 प्रतिशत से बढ़ा कर 12.5 प्रतिशत किया गया था।[103]
4. 1970 में यह प्रतिशत 12.5 से बढ़ा कर 15 कर दिया गया था।[104]

इस प्रतिनिधित्व को कानून की भाषा में आरक्षण की संज्ञा दी गई है। लेकिन एक सवाल अभी भी बचा रहता है कि यह आरक्षण कब तक चलेगा। डा. अम्बेडकर ने इसकी कोई निश्चित तारीख नहीं दी है। लेकिन उन्होंने इस प्रश्न को बिना उत्तर दिए भी नहीं छोड़ा है। उनका जवाब अस्पृश्यता की समस्या से जुड़ा हुआ है और अस्पृश्यता सवर्ण हिन्दुओं की मानसिकता की चीज है।

डा. अम्बेडकर अछूतों की राजनैतिक और प्रशासनिक लड़ाई के जन्मदाता और अपने समय में उसके चैम्पियन भी रहे थे। उन्होंने सरकार के सामने अनुसूचित जातियों की माँगें जोरदार ढंग से रखीं और उनमें से कुछ उनके जीवन काल में मनी भी हैं। कहने का मतलब यह है कि वे अच्छी तरह जानते थे कि अछूतों को आरक्षण आदि की सुविधाएँ दिलवाने में उनके तर्क क्या रहे थे। वे इस बात को स्वीकार करते हैं कि इस माँग में उनका मुख्य तर्क अस्पृश्यता का है। वे लिखते हैं—"अछूतों को राजनीति के क्षेत्र में, शिक्षा के क्षेत्र में और लोक सेवाओं के क्षेत्र में जो विशेष अधिकार प्राप्त हुए हैं उनका आधार उनके प्रति बरती गई अस्पृश्यता का है। जिस दिन वे अछूत नहीं रह जाएँगे उस दिन उनके विशेष अधिकारों को चुनौती दी जा सकती है। यदि अस्पृश्यता समाप्त हो जाती है तो तब वे मात्र गरीब और पिछड़े कहे जाएँगे। गरीब और पिछड़े होने के नाते वे उन विशेष अधिकारों को प्राप्त करने के अधिकारी नहीं रह जाएँगे जो उन्हें अस्पृश्यता की वजह से मिल रहे हैं।"[105]

अगला सवाल यह है कि क्या अस्पृश्यता मिटाई जा सकती है? डा. अम्बेडकर

इस सवाल का जवाब देने से पहले इसे दो भागों में बाँट देते हैं और पूछते हैं कि अस्पृश्यता कैसे मिटाई जा सकती है। वे लिखते हैं–"यदि अस्पृश्यता की समस्या केवल राजनैतिक और आर्थिक अधिकारों के हनन की बात होती तो इसका हल कानूनों के जरिए और संवैधानिक तरीकों से खोजा का सकता था। लेकिन राजनैतिक और आर्थिक अधिकारों का हनन हिन्दुओं के समाज मनोविज्ञान के कारण है। अस्पृश्यता की समस्या सीधे हिन्दुओं के सामाजिक व्यवहार से पैदा होती है।"[106] इसके समाप्त होने की शर्त बताते हुए डा. अम्बेडकर आगे लिखते हैं–"अस्पृश्यता केवल तभी समाप्त हो सकती है जब हिन्दू अपनी मानसिकता बदलेंगे। इसलिए मूल समस्या यह हो जाती है कि हिन्दुओं को अपना जीवन दर्शन बदलने के लिए कैसे समझाया जाए। यह एक छोटा और सरल कार्य नहीं है कि एक समूचे राष्ट्र को उसका प्रचलित जीवन दर्शन छोड़ने को कहा जाए। इसके अलावा हिन्दू जिस जीवन दर्शन के अभ्यस्त हैं वह ऐसा जीवन दर्शन है जिसे उनके धर्म से अनुमति मिली है–कुछ भी हो, वे ऐसा विश्वास अवश्य करते हैं। इस प्रकार उनके जीवन दर्शन को बदलने का मतलब लगभग उनके धर्म को बदलने के बराबर है।"[107]

डा. अम्बेडकर अस्पृश्यता के निवारण के लिए लिखते हैं कि यह तभी समाप्त हो सकती है जब हिन्दू अपने दिलों में यह महसूस करें कि जो अछूतों के जीवन की त्रासदी है वह हिन्दुओं का अपराध है।[108] हिन्दुओं के आर्थिक मनोविज्ञान में अपराधबोध की यह क्रान्ति कब तक घटित हो जाएगी इस बारे में भविष्यवाणियाँ करते रहने को उन्होंने खुद हिन्दुओं पर छोड़ दिया है। वैसे, डा. अम्बेडकर के चिन्तन के अनुसार यह आरक्षण कभी तक भी रहे, इसमें कोई बुराई नहीं है। लोकतांत्रिक सरकारों की लोकसेवाओं में विभिन्न समुदायों का आनुपातिक प्रतिनिधित्व रहना ही चाहिए, चाहे वह आरक्षण के माध्यम से हो या बिना आरक्षण के माध्यम से हो। आरक्षण समाप्त करने का मतलब यह नहीं हो जाएगा कि तब अनुसूचित जातियों का लोक सेवाओं में प्रतिनिधित्व क़म हो जाएगा या यह उस प्रतिनिधित्व को कम करने के उद्देश्य से किया जाएगा।

प्रतिनिधित्व के क्षेत्र में डा. अम्बेडकर के दर्शन में एक आखिरी सवाल समानता और असमानता का रह जाता है। यह जानना बहुत जरूरी है कि वे इस बारे में क्या कहते हैं। उन्होंने जीवन भर राष्ट्रीय जीवन में समानता का युद्ध लड़ा था लेकिन अनुसूचित जातियों के लिए विशेष आरक्षण की सुविधा की वकालत करने के लिए उन पर असमानता के पक्षधर होने का आरोप भी लगाया जा सकता है। वैसे, यदि यह मान लिया जाए कि वे समानता और असमानता के शाब्दिक अर्थों की गहराई में जा कर इनके व्यावहारिक अर्थ भी जानते हैं, तो ऐसा आरोप लगाने की कोई गुंजाइश नहीं रह जाती। वे समानता और असमानता को समाज में इनके परिणामों से जानना चाहते थे।

असल में, डा. अम्बेडकर भारतीय समाज को अच्छी तरह से जानते थे। वे इस समाज के केवल किताबी जानकार नहीं थे बल्कि इस समाज की बुराइयों को उन्होंने खुद देखा और सहा था। वे जानते थे कि जिस समाज में उनका जन्म हुआ है वह पहले से ही घोर असमानताओं की बीमारियों से ग्रसित है। उन्हें असमानताओं के ऐसे समाज में समानता के सिद्धांत का प्रचार कर के उसे लागू करवाना था। इस काम में वे सैद्धान्तिक लोगों के साथ अनावश्यक तर्कों में नहीं पड़ते। कहना चाहिए कि उन्होंने व्यवहार से अलग-थलग पड़े तर्क के दोषों को अच्छी तरह समझ लिया था। उन्होंने लिखा था कि मानवता का वर्गीकरण किया जाना संभव नहीं है। इसलिए राजनेताओं को कोई मोटा सिद्धान्त पकड़ लेना चाहिए और यह मोटा सिद्धान्त यह है कि सब लोगों को समान दृष्टि से देखना चाहिए। फिर ऐसा इसलिए न किया जाए कि वे वास्तव में समान हैं बल्कि इसलिए किया जाए क्योंकि उनमें छाँट और वर्गीकरण असम्भव है।[109]

डा. अम्बेडकर ने यह बात ब्रिटिश भारत में कही थी कि जाति, मत या रंगभेद के कारण किसी नागरिक को लोक सेवाओं में नियुक्ति पाने से वंचित नहीं रखा जाना चाहिए।[110] स्वतंत्र भारत के संविधान की अपनी योजना देते समय उन्होंने इस सूची में नस्ल तथा वर्ग को भी जोड़ा था।[111] यह समानता के सिद्धान्त की पहली शर्त थी। इसमें केवल यही बात थी कि लोक सेवाओं में आने से किसी को रोका नहीं जाना चाहिए। लेकिन समानता के सिद्धांत की उन्होंने एक दूसरी भी शर्त रखी थी। इस शर्त में नागरिकों को मौलिक अधिकार देते समय उन्होंने उन अधिकारों की व्याख्या की थी। वे लिखते हैं–''पदवी, जन्म, व्यक्ति, परिवार, धर्म या धार्मिक चलन या रिवाज के आधार के किसी भी प्रकार के विशेषाधिकार या निर्योग्यताएँ समाप्त की जाती हैं।''[112] उनके मत में प्रचलित विशेषाधिकारों और निर्योग्यताओं के रहते हुए समानता के सिद्धान्त की प्राप्ति नहीं की जा सकती। विशेषाधिकार और निर्योग्यताएँ खुद असमानता को मान्यता और बढ़ावा देती हैं। दूसरे विश्व युद्ध पर आल इंडिया रेडियो पर 'व्हाई इंडियन लेबर इज डिटरमिण्ड टु विन दि वार' विषय पर अपना भाषण देते समय उन्होंने कहा था–''मजदूर को समानता चाहिए। समानता से मजदूर का तात्पर्य कानून में, लोक सेवा में, सेना में, करारोपण, व्यापार और उद्योग में किसी भी प्रकार के विशेषाधिकारों की समाप्ति से है। असल में, इसका मतलब उन सभी प्रक्रियाओं को समाप्त करने से है जो असमानता की ओर ले जाती हैं।''[113] उन्होंने इस बहस में समानता और निष्पक्षता में भी भेद किया है और कहा है कि 'समानता आवश्यक रूप से निष्पक्षता नहीं है। समाज में निष्पक्षता और न्याय की प्राप्ति के लिए विभिन्न लोगों के साथ असमान व्यवहार किया जाना चाहिए।'[114] उन्होंने आय कर का उदाहरण दे कर बताया है कि ज्यादा धनवानों पर आय कर की ऊँची दर रखी जाती है और कम धनवानों पर नीची दर रखी जाती है। परिवार का उदाहरण रख कर उन्होंने बताया कि

बीमार व्यक्ति की विशेष खुराक रखनी पड़ती है। समानता के सिद्धान्त का व्यवहार यह कहता है कि समानता की प्राप्ति के लिए असमानता का रास्ता अपनाना पड़ सकता है। डा. अम्बेडकर ने सुझाया है कि जब सच्ची समानता की प्राप्ति के लिए कोरी समानता का रास्ता झूठा पड़ता हो तो असमानता के सही तरीके को अपनाने में किसी सैद्धान्तिक झिझक की जरूरत नहीं है। असली उद्देश्य समानता का कोरा तर्क नहीं बल्कि समानता की व्यवहार में प्राप्ति का है। यह मान कर कि धनी वर्ग निर्धनों के खिलाफ रहता है, गरीबों के हित में कुछ विशेष कानून बनाना बुरी बात नहीं है।[115]

संदर्भ

1. डा. बाबा साहेब अम्बेडकर : राइटिंग्स एण्ड स्पीचेज, खंड 8, पृ. 335
2. वही, पृ. 327
3. वही, पृ. 342
4. वही, खंड 5, पृ. 375
5. वही, पृ. 374
6. वही, खंड 8, पृ. 108
7. वही, पृ. 108
8. मिस्टर गांधी एण्ड दि एमन्शिपेशन ऑफ दि अनटचेबल्स, बी. आर. अम्बेडकर, पृ.13
9. डा. बाबा साहेब अम्बेडकर : राइटिंग्स एंड स्पीचेज, खंड 5, पृ. 109
10. वही, खंड 1, पृ. 256
11. मिस्टर गांधी एण्ड दि एमन्शिपेशन ऑफ दि अनटचेबल्स, बी. आर. अम्बेडकर
12. डा. बाबा साहेब अम्बेडकर : राइटिंग्स एण्ड स्पीचेज, खंड 8, पृ. 123
13. वही, पृ. 356
14. वही, खंड 9, पृ. 206
15. वही, खंड 2, पृ. 580
16. वही, पृ. 580
17. वही, पृ. 551
18. वही, पृ. 551; वही, पृ. 176
19. स्टेट्स एण्ड माइनरिटीज, बी. आर. अम्बेडकर, पृ. 48
20. डा. बाबा साहेब अम्बेडकर : राइटिंग्स एण्ड स्पीचेज, खंड 2, पृ. 465
21. वही, खंड 7, पृ. 11
22. वही, पृ. 242
23. मिस्टर गांधी एण्ड दि एमन्शिपेशन ऑफ दि अनटचेबल्स, बी. आर. अम्बेडकर, पृ. 56
24. डा. बाबा साहेब अंम्बेडकर : राइटिंग्स एण्ड स्पीचेज, खंड 9, पृ. 216
25. मिस्टर गांधी एण्ड दि एमन्शिपेशन ऑफ दि अनटचेबल्स, बी. आर. अम्बेडकर, पृ. 56
26. वही, पृ. 57
27. डा. बाबा साहेब अम्बेडकर : राइटिंग्स एण्ड स्पीचेज, खंड 2, पृ. 498
28. वही, पृ. 672
29. वही, खंड 7, पृ. 242
30. वही, खंड 2, पृ. 533
31. मिस्टर गांधी एंड दि एमन्शिपेशन ऑफ दि अनटचेबल्स, पृ. 38-9
32. डा. बाबा साहेब अम्बेडकर : राइटिंग्स एण्ड स्पीचेज, खंड 2, पृ. 503
33. वही, पृ. 465
34. मिस्टर गांधी एण्ड दि एमन्शिपेशन ऑफ दि अनटचेबल्स, बी. आर. अम्बेडकर, पृ. 50

35. डा. बाबा साहेब अम्बेडकर : राइटिंग्स एण्ड स्पीचेज, खंड 2, पृ. 533
36. स्टेट्स एण्ड माइनरिटीज, बी. आर. अम्बेडकर, पृ. 58
37. वही, पृ. 59
38. डा. बाबा साहेब अम्बेडकर : राइटिंग्स एण्ड स्पीचेज, खंड 2, पृ. 513
39. स्टेट्स एण्ड माइनरिटीज, बी. आर. अम्बेडकर, पृ. 63
40. वही, पृ. 61
41. डा. बाबा साहेब अम्बेडकर : राइटिंग्स एण्ड स्पीचेज, खंड 8, पृ. 266
42. वही, खंड 2, पृ. 363
43. वही, पृ. 255
44. वही, पृ. 255
45. वही, पृ. 255
46. वही, पृ. 529
47. वही, पृ. 194
48. वही, पृ. 256
49. रानाडे, गांधी एण्ड जिन्ना, बी. आर. अम्बेडकर, पृ. 41
50. डा. बाबा साहेब अम्बेडकर : राइटिंग्स एण्ड स्पीचेज, खंड 2, पृ. 446
51. वही, खंड 10, पृ. 441
52. वही, खंड 1, पृ. 268
53. वही, पृ. 268
54. वही, पृ. 268
55. वही, खंड 2, पृ. 363
56. वही, पृ. 256
57. वही, पृ. 533
58. वही, पृ. 256
59. स्टेट्स एण्ड माइनरिटीज, बी. आर. अम्बेडकर, पृ. 67
60. डा. बाबा साहेब अम्बेडकर : राइटिंग्स एण्ड स्पीचेज, खंड 2, पृ. 358
61. वही, पृ. 358
62. वही, पृ. 530
63. स्टेट्स एण्ड माइनरिटीज, बी. आर. अम्बेडकर, पृ. 67
64. वही, प्रस्तावना, पृ. 1
65. वही, प्रस्तावना, पृ. 2
66. डा. बाबा साहेब अम्बेडकर : राइटिंग्स एण्ड स्पीचेज, खंड 2, पृ. 465
67. वही, खंड 10, पृ. 423
68. स्टेट्स एण्ड माइनरिटीज, बी. आर. अम्बेडकर, पृ. 46
69. डा. बाबा साहेब अम्बेडकर : राइटिंग्स एण्ड स्पीचेज, खंड 8, पृ. 393
70. वही, खंड 1, पृ. 597
71. वही, पृ. 247
72. वही, खंड 2, पृ. 346
73. वही, पृ. 609
74. वही, पृ. 514
75. स्टेट्स एण्ड माइनरिटीज, बी. आर. अम्बेडकर, पृ. 55
76. डा. बाबा साहेब अम्बेडकर : राइटिंग्स एण्ड स्पीचेज, खंड 2, पृ. 551
77. मिस्टर गांधी एण्ड दि एमन्शिपेशन ऑफ दि अनटचेबल्स, बी. आर. अम्बेडकर, पृ. 25
78. डा. बाबा साहेब अम्बेडकर : राइटिंग्स एण्ड स्पीचेज, खंड 2, पृ. 349
79. वही, खंड 2, पृ. 349
80. वही, पृ. 349
81. वही, खंड 1, पृ. 267-68
82. वही, खंड 1, पृ. 256
83. वही, खंड 2, पृ. 225
84. वही, खंड 1, पृ. 270
85. मिस्टर गांधी एण्ड दि एमन्शिपेशन ऑफ दि अनटचेबल्स, बी. आर. अम्बेडकर, पृ. 32
86. वही, पृ. 26
87. वही, पृ. 26

88. डा. बाबा साहेब अम्बेडकर : राइटिंग्स एण्ड स्पीचेज, खंड 1, पृ. 266-67
89. वही, खंड 10, पृ. 405
90. वही, पृ. 416
91. मिस्टर गांधी एण्ड दि एमन्शिपेशन ऑफ दि अनटचेबल्स, बी.आर. अम्बेडकर, पृ. 9
92. डा. बाबा साहेब अम्बेडकर : राइटिंग्स एण्ड स्पीचेज, खंड 10, पृ. 426
93. वही, खंड 5, पृ. 120
94. वही, खंड 10, पृ. 417
95. वही, पृ. 417
96. वही, खंड 2, पृ. 363
97. वही, खंड 9, पृ. 207
98. डा. बाबा साहेब अम्बेडकर : राइटिंग्स एण्ड स्पीचेज, खंड 10, पृ. 418-19
99. मिस्टर गांधी एण्ड दि एमन्शिपेशन ऑफ दि अनटचेबल्स, बी. आर. अम्बेडकर, पृ. 17
100. स्टेट्स एण्ड माइनरिटीज, बी. आर. अम्बेडकर, पृ. 29
101. डा. बाबा साहेब अम्बेडकर : राइटिंग्स एण्ड स्पीचेज, खंड 8, पृ. 470
102. वही, पृ. 475
103. वही, खंड 10, पृ. 398
104. ब्रोचर आन रिजर्वेशन फार शेड्यूल्ड कास्टस एण्ड शेड्यूल्ड ट्राइब्स इन सर्विसेज, बाटा के. डे., पृ. xvi, 2
105. डा. बाबा साहेब अम्बेडकर : राइटिंग्स एण्ड स्पीचेज, खंड 5, पृ. 391-92
106. वही, पृ. 144
107. वही, पृ. 144
108. वही, पृ. 144
109. एन्निहिलेशन आफ कास्ट, बी. आर. अम्बेडकर, पृ. 56-7
110. डा. बाबा साहेब अम्बेडकर : राइटिंग्स एण्ड स्पीचेज, खंड 2, पृ. 579
111. स्टेट्स एण्ड माइनरिटीज, बी. आर. अम्बेडकर, पृ. 20
112. वही, पृ. 15
113. डा. बाबा साहेब अम्बेडकर : राइटिंग्स एण्ड स्पीचेज, खंड 10, पृ. 37
114. वही, खंड 2, पृ. 230
115. वही, पृ. 568

अध्याय - चार

लोकतंत्र और राज्य समाजवाद

क. सरकार और अन्य परिभाषाएँ

सरकार राज्य की संस्था है। इसमें दो राय नहीं कि राज्य की यह सबसे बड़ी संस्था है। खुद समाज के लिए इसका बेहद महत्त्व होता है। लेकिन कोई भी सरकार अपनी मनमानी से नहीं चला करती। जिन लोगों पर सरकार शासन किया करती है उन लोगों से इसका गहरा सम्बन्ध रहता है। कोई भी सरकार निरंकुश नहीं रह सकती। सरकार के कई रूप हो सकते हैं लेकिन डाक्टर अम्बेडकर ने अपने चिन्तन में केवल लोकतंत्रात्मक सरकार को स्थान दिया है। ऐसी सरकार के बारे में वे लिखते हैं कि 'सरकार आथोरिटी के आज्ञापालन पर आधारित होती है।'[1] इस आज्ञापालन के बारे में जेम्स ब्राइस के उद्धरणों का सहारा ले कर डा. अम्बेडकर ने आगे बताया है कि राज्य के निर्माण में बल प्रयोग का काफी महत्त्व होता है लेकिन यह उसका सबसे महत्त्वपूर्ण घटक नहीं है। विभिन्न राजनैतिक समुदायों को खड़े करने में, उन्हें ढालने में, उनके विस्तार तथा उन्हें आपस में जोड़े रखने के लिए बल के बजाय आज्ञापालन अधिक महत्त्व की चीज होती है। आज्ञापालन की यह इच्छा तथा सरकार के आदेशों के अनुसार कर्त्तव्य पालन करना नागरिकों तथा समूहों के मनोवैज्ञानिक कारणों पर निर्भर करता है। आज्ञापालन का दृष्टिकोण पाँच बातों से तैयार होता है—उद्यमहीनता, सम्मान, सहानुभूति, भय और विवेक। इनमें भी जेम्स ब्राइस के अनुसार सम्मान और सहानुभूति ज्यादा महत्त्वपूर्ण सिद्ध होते हैं।[2] एक दूसरे स्थल पर डा. अम्बेडकर ने कहा है कि 'सरकार विश्वास पर आधारित होती है और विवेक पर नहीं।'[3] तुलना की दृष्टि से यहाँ भी वे एक तरह से जेम्स ब्राइस का विरोध नहीं कर रहे हैं। लेकिन इस विषय पर अपनी महत्त्वपूर्ण प्रकाशित पुस्तक 'स्टेट्स एण्ड माइनरिटीज' में वे लोकतन्त्रात्मक सरकार की परिभाषा को और भी छोटी, पर अर्थ में विस्तृत करते हुए लिखते हैं—"सरकार को अवश्य ही शासितों की स्वीकृति की होना चाहिए।"[4]

डा. अम्बेडकर के लिए लोकतन्त्रात्मक सरकार का समाज से गहरा सम्बन्ध

ठहरता है। ऐसे समय वे लोकतन्त्र को सरकार से अधिक महत्त्व देते हैं। सरकार के रूप राजतन्त्र, कुलीनतन्त्र और तानाशाही के भी हो सकते हैं। सरकार लोकतन्त्रात्मक भी हो सकती है लेकिन डा. अम्बेडकर का उद्देश्य इतने भर से पूरा नहीं हो जाता। वे अपने चिन्तन में लोकतन्त्रात्मक सरकार के प्रतिनिधि रूप, वयस्क मताधिकार और समय-समय पर होने वाले चुनावों से सन्तुष्ट नहीं होते। उन्होंने वहुत पहले अपनी पुस्तक 'रानाडे, गांधी एण्ड जिन्ना' में लिखा था कि 'एक लोकतन्त्रात्मक सरकार अपने पीछे एक लोकतन्त्रात्मक समाज की अपेक्षा रखती है'[5] लेकिन उनके मरणोपरान्त छपने वाली उनकी सर्वाधिक चर्चित पुस्तक 'रिडल्स इन हिन्दुइज्म' में इसका ज्यादा खुलासा मिलता है। इसकी 22वीं पहेली का नाम 'ब्रह्म इज नाट धर्म : व्हाट गुड इज ब्रह्म?' है। इसमें वे मूल प्रश्न उठाते हैं और कहते हैं–"लोकतन्त्र सरकार के एक रूप के सिवा भी बहुत कुछ है। यह समाज के संगठन का एक रूप है।"[6] किसी समाज के लोकतन्त्रात्मक स्वरूप का होने के लिए उन्होंने दो अनिवार्य शर्तें बताई हैं। पहली, समाज का वर्गों में परतीकरण नहीं होना चाहिए। दूसरी, व्यक्तियों और समूहों में सतत क्रमबद्धता या पारस्परिक हितों को मान्यता देने की सामाजिक आदत बन जानी चाहिए।[7] इस प्रकार, कोई भी सरकार लोकतन्त्रात्मक नहीं कही जा सकती यदि उसके समाज का रूप और उसकी रचना लोकतन्त्रात्मक नहीं है।

अपने दार्शनिक विचारों में डाक्टर अम्बेडकर उन चिन्तकों के दर्शन की काट करते हैं जिन्होंने लोकतन्त्रात्मक सरकार को प्रतिनिधि सरकार के रूप में केवल चुनावों तक सीमित कर दिया है। ऐसे चिंतन की वे कुछ कमियाँ बताते हैं। पहली कमी यह है कि 'ऐसे लोग यह मान कर चलते हैं कि सरकार समाज से बिलकुल भिन्न और अलग कोई चीज होती है।'[8] इसके जवाब में डाक्टर अम्बेडकर कहते हैं कि सरकार समाज की अनेक संस्थाओं में से एक संस्था है जिसे उसने अपने सामूहिक और सामाजिक जीवन के कुछ काम करने के लिए सौंप रखे हैं। दूसरी कमी यह है कि 'ऐसे लोग यह नहीं मानते कि सरकार का काम समाज के अन्तिम उद्देश्यों, लक्ष्यों और इच्छाओं को चरितार्थ करने का है और यह तभी संभव है जब खुद उस सरकार का समाज लोकतन्त्रात्मक स्वरूप का हो। यदि समाज लोकतन्त्रात्मक नहीं है तो सरकार भी लोकतन्त्रात्मक नहीं हो सकती।'[9] इसमें डा. अम्बेडकर का मानना है कि जहाँ सरकार शासकों और शासितों के दो वर्गों में बँटी हुई होती है, अनिवार्य रूप से ऐसी सरकार शासक वर्ग की बन कर रह जाती है। उनकी तीसरी कमी यह होती है कि 'ऐसे लोग यह भूल जाते हैं कि कोई सरकार अच्छी या बुरी होगी, या लोकतन्त्रात्मक या अलोकतन्त्रात्मक होगी, यह बात बड़ी सीमा तक इस पर निर्भर करती है कि कानून के प्रशासन को चलाने वाली लोक सेवा की मशीन कैसी है।'[10] इसके बारे में डाक्टर अम्बेडकर लिखते हैं कि यह बात उस सामाजिक माहौल पर निर्भर करती है जिसमें लोक सेवक पलते और बड़े होते हैं। यदि सामाजिक माहौल अलोकतान्त्रिक है

तो उसकी सरकार अलोकतान्त्रिक स्वरूप की होने के लिए बाध्य हो जाती है। चौथी कमी यह है कि ऐसे लोग एक अच्छी सरकार का अर्थ ठीक तरह से नहीं जानते। डाक्टर अम्बेडकर लिखते हैं कि 'अच्छी सरकार का मतलब अच्छे कानूनों और अच्छे प्रशासन से होता है। इसके सिवा अच्छी सरकार का कोई दूसरा अर्थ नहीं निकाला जा सकता।'[11] लेकिन जिन लोगों को शासन और सत्ता सौंपी जाती है यदि वे तमाम जनता के या विशेष रूप से दलित जनता के फायदे के बजाय उसमें अपने वर्ग का फायदा देखने लगते हैं तो ऐसे लोगों से बनी सरकार अच्छी सरकार नहीं कही जा सकती।

इस प्रकार डाक्टर अम्बेडकर सरकार के लोकतन्त्रात्मक स्वरूप को सच्चा और गहरा अर्थ देते हैं। वे मानते हैं कि लोकतन्त्र की सफलता समाज के लोगों की मानसिकता पर निर्भर होती है। यदि लोगों की मानसिकता लोकतन्त्रात्मक स्वरूप की नहीं है तो उनसे बनी लोकतन्त्रात्मक सरकार बड़ी जल्दी एक खतरनाक सरकार बन जाती है। ऐसे शासक कानून और न्याय का अपने वर्ग के हित में निर्माण और उसकी व्याख्या करने लगते हैं। जो व्यक्ति उनकी जाति के नहीं होते उनके साथ प्रशासन में भेद रखा जाने लगता है। ऐसी सरकार जनता की सरकार नहीं रह जाती बल्कि एक खास वर्ग की सरकार बन जाती है। इसी कारण अलोकतन्त्रात्मक समाज की कच्ची नींव पर खड़ी ऐसी लोकतन्त्रात्मक सरकारें बड़ी जल्दी धराशायी हो जाती हैं। इसीलिए डा. अम्बेडकर सावधानी बरतते हुए लिखते हैं–"लोकतंत्र राजनैतिक मशीन से अधिक कुछ है। यह समाज व्यवस्था से भी अधिक कुछ है। यह लोगों का मानसिक दृष्टिकोण और उनका जीवन दर्शन है।"[12] इसकी ज्यादा व्याख्या के लिए उन्होंने फ्रांसीसी क्रान्ति के तीन शब्दों–समता, स्वतंत्रता और भ्रातृत्वता–में से भ्रातृत्वता पर तमाम जोर दिया है। भारत के प्राचीन समाज दर्शन की खोज में वे इस भाईचारे को बौद्ध दर्शन की 'मैत्री' का नाम देते हैं।[13]

जीवन दर्शन के सम्बन्ध से डाक्टर अम्बेडकर लोकतन्त्र का एक और नया पक्ष उजागर करते हैं। लोकतन्त्र का यह पक्ष विशेष रूप से भारतीय या हिन्दू सन्दर्भ का है। यहाँ डा. अम्बेडकर को हिन्दुओं के अध्यात्म से भय लगता है। उनके अनुसार इस अध्यात्म को कार्यरूप में परिणत करते समय पुनर्जन्म का सिद्धान्त सामने आता है जो लोकतन्त्र के विपरीत विचारधारा है। इसमें वे सर अलेक्जेण्डर कार्डयू के सशक्त और सारगर्भित शब्द उद्‌धृत करते हैं जो इस प्रकार हैं–"सबसे पहले यह पूछा जाना चाहिए कि क्या लोकतन्त्र का विचार भारत के लोगों के मनों में फैले हुए दर्शन के अनुरूप है। आधुनिक लोकतन्त्रात्मक राज्य का मूलभूत सिद्धान्त व्यक्ति के मूल्य को मान्यता देना और यह मानना है कि हर व्यक्ति का केवल एक जन्म होता है, जिससे हर व्यक्ति को अपने जीवन में अधिकतम विकास के लिए पूर्ण अवसर प्रदान किया जाए। लेकिन भारत के प्रचलित जीवन दर्शन को इसमें से एक भी शर्त स्वीकार्य नहीं

है। इसके विपरीत, यहाँ ऐसा माना जाता है कि हर व्यक्ति का वर्तमान जीवन उसके पिछले अनेक जन्मों की शृंखला में एक कड़ी है और हर व्यक्ति के वर्तमान जीवन का सामाजिक स्तर उसके पिछले जन्मों के अच्छे-बुरे कर्मों का फल है। इसीलिए समाज की जैविक व्यवस्था में उसके स्थान का निर्धारण निश्चित और अपरिवर्तनीय है। इस प्रकार, सरलता से यह निष्कर्ष निकाला जा सकता है कि लोकतन्त्र के मूल विचार भारत के जनमानस में हजारों सालों से चले आ रहे लोक-विश्वास के एकदम विरुद्ध बैठते हैं।"[14] डा. अम्बेडकर सर अलेक्जेण्डर कार्डयू को आगे उद्धृत करते हैं–"हर व्यक्ति के वर्तमान जीवन में उसका सामाजिक स्तर उसके पिछले जन्मों के कर्मों का फल है–के सिद्धान्त से जाति प्रथा का घनिष्ठ सम्बन्ध ठहरता है। इस जाति प्रथा का असर समाज में गैर-परिवर्तन का है जो किसी भी हालत में बदला नहीं जा सकता। इस प्रकार ब्राह्मण के घर में जन्मा व्यक्ति जीवन पर्यन्त ब्राह्मण के सिवा कुछ नहीं हो सकता तथा अछूत के घर में जन्मा व्यक्ति मरणोपरान्त भी अछूत के सिवा कुछ नहीं कहलाया जा सकता। ऐसी स्थिति में अवसर की समानता का सिद्धान्त कारगर नहीं रह जाता। भारतीय जनमानस को ऐसा विचार न मान्य है और न स्वीकार्य ही है।"[15]

इस जगह पर ला कर डा. अम्बेडकर अपने प्रशासनिक दर्शन में एक नया सन्दर्भ उठाते हैं। यह 'सत्ता' और 'इच्छा शक्ति' के सम्बन्ध का है। वे कहना चाहते हैं कि कई बातें सरकार की क्षमता में होती हैं लेकिन वह उन्हें फिर भी नहीं किया करती। इसके लिए वे लिखते हैं–"प्रश्न सत्ता का नहीं बल्कि इच्छा शक्ति का है।"[16] वे मानते हैं कि कोई सरकार कानून से ही नहीं चलती बल्कि वह लोगों के रिवाजों को भी अपने प्रशासन में स्थान देती है। वे लिखते हैं–"कानून के मुकाबले में रिवाज कोई कम शक्तिशाली चीज नहीं है। यह सच है कि राज्य कानून को अपनी पुलिस शक्ति के बल पर लागू करता है, परन्तु रिवाज यदि प्रचलन में नहीं है तो उसे लागू नहीं करता। लेकिन व्यावहारिक जगत में इस बात से कोई खास फर्क नहीं पड़ता। रिवाज को जनता उससे भी ज्यादा कारगर ढंग और सख्ती से लागू करती है, जितने कारगर ढंग से राज्य कानून को लागू करता है। ऐसा इसलिए है क्योंकि संगठित समाज के पास लोगों को मजबूर करने वाली शक्तियाँ राज्य की मजबूर करने वाली शक्तियों से ज्यादा ताकतवर होती हैं।"[17] खुद विधायिका के बारे में डा. अम्बेडकर लिखते हैं कि 'एक विधायिका कुछ सामाजिक शर्तों की उपज होती है तथा उसकी शक्तियाँ उतनी ही होती हैं जितनी समाज उसके लिए निर्धारित करता है।'[18] भारत में ये सामाजिक शक्तियाँ ही हैं कि कानून बना लेने के बाद कई मामलों में सरकार के सामने उन्हें लागू करने की समस्या ज्वलन्त रूप में सामने आ जाती है।

ख. राज्य समाजवाद का आदर्श

किसी भी शासन का प्रशासन इस बात पर निर्भर करता है कि उसका आदर्श क्या है।

आदर्श के अनुरूप ही लोक सेवकों की छाँट की जाया करती है, उसी के अनुरूप प्रशिक्षण के माध्यम से वे तैयार किए जाया करते हैं और उसी के अनुरूप उनके लिए संगठन के ढाँचे खड़े किए जाया करते हैं। कम से कम डा. अम्बेडकर आदर्शों के मामले में कुछ भी अँधेरे में रखना नहीं चाहते थे। वे दलित जनता की राजनीति कर रहे थे इसीलिए उन्हें अँधेरे की राजनीति में कुछ फायदा नहीं था। वे ज्यादा से ज्यादा चीजों को उजाले में रख कर देखना चाहते थे। जब हिन्दू अँग्रेजों से अपनी राजनीतिक लड़ाई लड़ रहे थे तो उन्होंने हिन्दुओं से पूछा था कि अंग्रेजों से वे अपनी आजादी की लड़ाई लड़ रहे हैं या उनसे राजनैतिक सत्ता प्राप्त करने की लड़ाई लड़ रहे हैं। उन्होंने साफ शब्दों में कहा था–"यदि हिन्दू स्वतंत्रता का युद्ध लड़ रहे हैं तो उन्हें अपने युद्ध के उद्देश्य प्रकट करने चाहिए।"[19] खुद अपनी स्वतंत्रता की लड़ाई के उद्देश्य उन्होंने अपनी पुस्तकों में बार-बार उजागर किए हैं। उनके उद्देश्यों की यह यात्रा उनके विचारों में कल्याणकारी राज्य के सिद्धान्त से चल कर राज्य समाजवाद के आदर्श तक पहुँची है। वैसे ऐसा लगता ही है कि आरम्भ में वे कल्याणकारी राज्य का सिद्धान्त प्रतिपादित कर रहे थे, वास्तव में उनके राज्य समाजवाद का जन्म उनके आरम्भिक विचारों में ही हो चुका था। उनकी राजनैतिक चतुराई केवल यह थी कि सही बात को सही समय पर कहते थे। जब वे अपनी पुस्तक 'स्टेट्स एण्ड माइनरिटीज' में राज्य समाजवाद पर खुल कर सामने आए तो उन्होंने हिन्दुस्तान के अपने समकालीन समाजवादियों और साम्यवादियों को बहुत पीछे छोड़ दिया था।

कल्याणकारी राज्य के सिद्धान्त की बात डा. अम्बेडकर ने गोल मेज सभा की अपनी बहसों में रखी थी। तब उन्होंने कहा था–"इतिहास में एक समय था जब लोग यह मानते थे कि सरकार का मुख्य कार्य अराजकता और पुलिस से सम्बन्धित था। लेकिन मैं सोचता हूँ कि अब समय बदल गया है। अब हम मानते हैं कि सरकार का कार्य पुलिस राज्य के साथ जनकल्याण का भी है।"[20] यह बात उन्होंने बम्बई विधान सभा में 'मैटरनिटी बेनेफिट बिल' पर बोलते समय कही थी कि 'जनता के कल्याण की हिफाजत रखना सरकार का प्रमुख काम है।'[21] उन्होंने इसी सभा में सरकार को याद दिलाते हुए कहा था कि शिक्षा, जनस्वास्थ्य, चिकित्सा सुविधा तथा जल प्रदाय की आवश्यक सेवाओं के अलावा सरकार के दूसरे भी महत्त्वपूर्ण कार्य बढ़ गए हैं। ये कार्य बेरोजगारी भत्ते, बीमारी के बीमे, वृद्धावस्था पेंशन, प्रसूति लाभ तथा आश्रितों के लिए अकाल मृत्यु में दिए जाने वाले लाभों के हैं। उन्होंने तत्कालीन सरकार को इन नए कामों के लिए वित्तीय साधन जुटाने में बजट की टालमटोल बताने से रोका था। उन्होंने आगाह किया था–"मेरा इस बात से कोई सरोकार नहीं कि क्या हम आज सरकार के इन कर्त्तव्यों को निभाने में समर्थ हैं या नहीं। मेरे कहने का मतलब यह है कि यह बहुत जरूरी है कि हम यह जान लें कि हमारे कर्त्तव्य क्या हैं और हमारे ऊपर वे कौन-सी जिम्मेदारियाँ हैं जिनमें हमें अन्तिम रूप से पड़ना पड़ेगा।"[22] उस

समय भी डा. अम्बेडकर समाज की ज्यादा से ज्यादा आर्थिक और सेवा संबंधी गतिविधियों को सरकार के क्षेत्र में लाना चाहते थे। इसके लिए उन्होंने अपना तर्क प्रस्तुत किया था कि समाज की ज्यादा से ज्यादा गतिविधियाँ सरकारी क्षेत्र में क्यों लाई जाएँ। इसी सभा में बजट पर बहस करते समय उन्होंने कहा था–"धनवान व्यक्ति सरकार के भरोसे पर नहीं रहता। एक धनी व्यक्ति को किसी स्कूल की जरूरत नहीं है क्योंकि वह अपने बेटे को बिना स्कूल या कॉलेज में भेजे घर पर ही स्कूल मास्टर को रख कर उसे बी. ए. और एम. ए. की शिक्षा दिलवा सकता है। धनी व्यक्ति को किसी डिस्पेन्सरी की जरूरत नहीं है क्योंकि वह बीमारी की हालत में डाक्टर को 30 रुपए पर बुला कर अपनी, अपनी पत्नी की और अपने बच्चों की चिकित्सा करवा सकता है। यह गरीब आदमी है जिसे जन सेवाओं की ज्यादा आवश्यकता है।"[23] फिर डा. अम्बेडकर ने यूरोप की सरकारों के ढंग की समाज सेवाओं से भी भारत के संदर्भ में अपनी असहमति प्रकट की थी। उन्होंने कहा था कि मुझे मालूम नहीं कि इस सभा के कितने सदस्य मेरी बात से सहमत होंगे लेकिन मैं इस बात को दृढ़ता से मानता हूँ कि 'सरकार का मुख्य कर्त्तव्य गरीबी की समस्या का हल प्रस्तुत करना है।'[24] उनके अनुसार, ऐसा नहीं हो सकता कि कोई भी जिम्मेदार सरकार इस समस्या के रहते हुए चुप बैठी रहे और इसे गम्भीरता से न ले। 'इण्डस्ट्रियल डिस्प्यूट्स बिल' पर बोलते समय उनका समाजवाद खुल कर प्रकट हो जाता है। वे प्राइवेट मिल मालिकों के बारे में बोलते हुए कहते हैं–"मेरी समझ में नहीं आता कि एक मिल मालिक या कोई भी उद्योगपति अपना सालाना बजट प्रस्तुत करने के लिए कानून के द्वारा बाध्य क्यों नहीं किया जाता।"[25] इसके लिए उन्होंने अपने पक्ष में तर्क रखा था–"ऐसा क्यों है कि एक मिल मालिक या उद्योगपति जो अपनी कमाई केवल अपनी पूंजी के बल पर नहीं बढ़ाता बल्कि उसमें मजदूर के पसीने का भी योगदान होता है, अपने प्रबंध के विवरण देने के लिए कानून के द्वारा मजबूर नहीं किया जाता?"[26] जब सरकार का एक वार्षिक बजट होता है, उस पर बहस होती है और उसमें कमियाँ देखी जाती हैं तो प्राइवेट नियोक्ताओं के लिए भी देश के सामने अपने वार्षिक बजट पेश करने की कानूनी अनिवार्यता होनी चाहिए।

यहाँ तक डा. अम्बेडकर के चिन्तन की आरम्भिक बातें हुईं जो कम महत्त्वपूर्ण नहीं हैं। लेकिन उनके दार्शनिक विचार उनकी पुस्तक 'स्टेट्स एण्ड माइनरिटीज' में एक जगह एकत्रित हो गए हैं। 'एन्निहिलेशन आफ कास्ट' के बाद उनके चिन्तन की दृष्टि से यह उनकी सबसे महत्त्वपूर्ण कृति है। इसमें उन्होंने लिखा है–"आधुनिक प्रशासन की जिम्मेदारी अन्दरूनी सीमाओं में शान्ति बनाए रखने की तथा जनता की आर्थिक समृद्धि के लिए आवश्यक संसाधनों को अपने हाथ में लेने की है।"[27] राज्य के इस कार्यकलाप को उन्होंने खुद 'राज्य समाजवाद' का नाम दिया है और इसकी तीन मुख्य बातें बताई हैं:

1. मूल उद्योग राज्य के स्वामित्व में होंगे।
2. बीमे पर राज्य का एकाधिकार रहेगा।
3. कृषि राज्य का उद्योग मानी जाएगी।

डा. अम्बेडकर के राजनैतिक लोकतन्त्र का भवन चार मुख्य खम्भों पर खड़ा है। वे इस प्रकार हैं :

"1. व्यक्ति अपने आपमें एक साध्य है।
2. व्यक्ति के किसी को न दिए जा सकने वाले कुछ निजी अधिकार होते हैं जिनकी उसे संविधान द्वारा गारण्टी दी जानी चाहिए।
3. व्यक्ति से ऐसी अपेक्षा नहीं रखी जाएगी कि किसी विशेष अधिकार की प्राप्ति की शर्त में उसे अपने संवैधानिक अधिकारों में से कोई छोड़ना पड़ेगा।
4. राज्य अपनी शक्तियाँ प्राइवेट व्यक्तियों को दूसरों पर शासन करने के लिए डेलिगेट नहीं करेगा।"[२४]

यहाँ चौथी बात ज्यादा महत्त्वपूर्ण हो जाती है। ऐसा लगता है मानो चौथी बात पहली बात की विरोधी है लेकिन डाक्टर अम्बेडकर के लिए ऐसा नहीं है। उन्होंने पहली और चौथी बातों में सन्तुलन बना कर रखा है। जब वे व्यक्ति की स्वतंत्रता की बात करते हैं तो प्रत्येक व्यक्ति की स्वतंत्रता की बात करते हैं। व्यक्ति की आजादी के नाम पर उन्होंने एक व्यक्ति को दूसरे व्यक्ति का गला काटने के लिए नहीं छोड़ दिया है। वैसी स्थिति में व्यवस्था ही क्या रहेगी? डा. अम्बेडकर के अनुसार किसी भी समाज की राजनैतिक या आर्थिक व्यवस्था में शासन केवल सरकार के पास रहना चाहिए। डेलिगेशन के नाम पर व्यक्ति पर दोहरे, तिहरे और चौहरे शासन उन्हें पसन्द नहीं हैं। कोई एक व्यक्ति स्वतंत्रता के नाम पर दूसरे का शासक न बन जाए। जब एक व्यक्ति दूसरे व्यक्ति पर शासन करता है तो उस स्थिति में यदि पहले व्यक्ति को स्वतंत्रता मिलती है तो दूसरे की स्वतंत्रता छिनती है। पूछा जा सकता है कि जिस स्वतंत्रता में स्वतंत्रता का हनन होता है वह स्वतंत्रता कैसे कही जा सकती है। जो चिन्तक सरकार द्वारा अपनी शक्तियों को प्राइवेट लोगों को डेलिगेट करने की वकालत करते हैं उनके जवाब में डाक्टर अम्बेडकर समाज की सही तस्वीर खींचते हैं जो एक कवि की सी विषय वस्तु हो कर बड़ी कष्टप्रद और हृदय विदारक बन गई है। वे पूछते हैं—"कितने लोगों को अपनी जीविका कमाने के लिए अपने संवैधानिक अधिकारों को छोड़ना पड़ता है? कितने लोगों को प्राइवेट नियोक्ताओं से शासित होने के लिए खुद को दबाना पड़ता है?" वे कहते हैं—"उनसे पूछो जो बेरोजगार हैं कि क्या उनके लिए मौलिक अधिकारों का कोई मूल्य है। यदि एक बेरोजगार आदमी के सामने काम के घण्टे के बिना शर्त और थोड़े वेतन वाले एक रोजगार तथा यूनियन में शामिल होने की पाबन्दी तथा उसके बोलने, एसोसिएशन, और धर्म की स्वतंत्रता

के विकल्प रखे जाते हैं तो उसकी छाँट किस बात की होगी। ऐसी स्थिति में उसका चुनाव अन्य क्या हो सकता है? भूख का भय, घर छिनने का भय, किसी भी प्रकार की बचत खत्म होने का भय, बच्चों को स्कूल से दूर ले जाने की मजबूरी का भय, जीवन यापन को दान खाते पर चलाने का भय, मरने के बाद जनता के पैसे पर जलने या दफन होने का भय–ये सारी वे वातें हैं जो मौलिक अधिकारों के सामने भारी पड़ती हैं। इस प्रकार बेरोजगार लोग अपने रोजगार के विशेषाधिकार को प्राप्त करके जीवित रहने की सुरक्षा के सामने अपने मौलिक अधिकारों को छोड़ने के लिए बाध्य हो जाते हैं।''[29]

डा. अम्बेडकर ने संवैधानिक निजाम के वकीलों की आलोचना करते हुए लिखा है कि वे वकील यह मानते हैं कि एक बार संविधान में मौलिक अधिकारों को दाखिल कर लेने के बाद उनकी गारण्टी भी व्यक्तियों को खुद-ब-खुद मिल जाती है। ऐसे वकील स्वतंत्रता की परिभाषा यह कह कर निकालते हैं कि जहाँ राज्य लोगों के आर्थिक और सामाजिक मामलों में दखल देनी आरम्भ करता है तो उससे बची हुई चीज स्वतंत्रता है। उनके अनुसार इस बचे हुए क्षेत्र को जितना बड़ा कर दिया जाए तथा राज्य की दखल कम से कम कर दी जाए तो स्वतंत्रता की उतनी अधिक प्राप्ति होती है। लेकिन डा. अम्बेडकर पूछते हैं कि यह स्वतंत्रता किस को और किस के लिए होती है। वे इसका खुद उत्तर देते हैं कि निश्चित रूप से यह स्वतंत्रता मकान मालिक की होती है कि वह कितना भी किराया बढ़ा सके, यह स्वतंत्रता पूँजीपतियों की होती है कि वे चाहे जितने काम के घण्टे बढ़ा दें और चाहे जितना वेतन कम कर दें। इसीलिए वे कहते हैं कि 'एक आर्थिक व्यवस्था में, जिसमें लाखों लोग काम पर लगे हों, किसी न किसी को ऐसे नियम बनाने पड़ेंगे जिससे कि मजदूर काम करें और उद्योग की उन्नति होती रहे। यदि राज्य इन नियमों का निर्माण नहीं करता तो प्राइवेट नियोक्ता ऐसा करेंगे। इसका मतलब यह निकलता है कि राज्य के नियन्त्रण के बाहर जो स्वतंत्रता है उसका दूसरा नाम प्राइवेट नियोक्ताओं की तानाशाही है।'[30]

लोकतन्त्र की आत्मा 'एक मनुष्य, एक वोट' के सिद्धान्त की है। लोगों के राजनैतिक जीवन में यह सिद्धान्त एक बहुत बड़ी घटना है परन्तु डा. अम्बेडकर इस सिद्धान्त से पूरी तरह सन्तुष्ट नहीं हैं। उन्होंने लिखा है कि इसने समाज की आर्थिक संरचना का मसला एकदम छोड़ दिया है। इसलिए धनवान व्यक्ति लोगों के आर्थिक जीवन को जैसा चाहें बदल डालते हैं। उन्होंने राज्य समाजवाद के नाते चाहा है कि नए संविधानों को समाज की राजनैतिक संरचना के साथ-साथ समाज की आर्थिक संरचना में भी दखल करनी चाहिए। डा. अम्बेडकर ने ऐसा कहा नहीं है लेकिन उनके कहने का अर्थ यही है कि जैसे राजनीति में एक मनुष्य की एक वोट होती है उसी प्रकार अर्थशास्त्र में भी हर मनुष्य के लिए एक रुपए का मूल्य एक ही रुपया होना चाहिए।

इसके साथ-साथ भारत में राज्य समाजवाद को डा. अम्बेडकर दलित जातियों के हित संरक्षण की विशेष जिम्मेदारी सौंपना चाहते हैं। उन्होंने चाहा था कि दलितों की और अस्पृश्यता की समस्या को सरकार की मुख्य समस्या माना जाए। इस समस्या के समाधान की जिम्मेदारी वे स्थानीय या प्रान्तीय स्तर की सरकारों को नहीं देना चाहते। उन्होंने कहा था—"मैं चाहता हूँ कि इस समस्या को राष्ट्रीय समस्या घोषित किया जाए जिसके निपटान में सारा भारत रुचि ले।"[31]

संदर्भ

1. डा. बाबा साहेब अम्बेडकर : राइटिंग्स एण्ड स्पीचेज, खंड 8, पृ. 299
2. वही, पृ. 300
3. वही, खंड 2, पृ. 446
4. स्टेट्स एण्ड माइनरिटीज, बी. आर. अम्बेडकर, पृ. 61
5. रानाडे, गांधी एण्ड जिन्ना, बी. आर. अम्बेडकर, पृ. 27
6. डा. बाबा साहेब अम्बेडकर : राइटिंग्स एण्ड स्पीचेज, खंड 4, पृ. 281
7. वही, पृ. 281
8. वही, पृ. 282
9. वही, पृ. 282
10. वही, पृ. 282
11. वही, पृ. 282
12. वही, पृ. 283
13. वही, पृ. 283
14. वही, खंड 2, पृ. 443-44
15. वही, पृ. 444
16. वही, खंड 8, पृ. 399
17. वही, खंड 5, पृ. 283
18. वही, खंड 1, पृ. 264
19. मिस्टर गांधी एण्ड दि एमन्शिपेशन ऑफ दि अनटचेवल्स, बी.आर.अम्बेडकर, पृ. 63
20. डा. बाबा साहेब अम्बेडकर : राइटिंग्स एंड स्पीचेज, खंड 2, पृ. 627
21. वही, खंड 2, पृ. 166
22. वही, पृ. 14
23. वही, पृ. 19
24. वही, पृ. 19
25. वही, पृ. 231
26. स्ट्रेटस एण्ड माइनरिटीज, बी. आर. अम्बेडकर, पृ. 33
27. वही, पृ. 21-2
28. वही, पृ. 39
29. वही, पृ. 40
30. वही, पृ. 40-41
31. डा. बाबा साहेब अम्बेडकर : राइटिंग्स एण्ड स्पीचेज, खंड 2, पृ. 627

अध्याय - पाँच

लोक प्रशासन

क. प्रशासन के विशेषण

राज्य के तीन अंग—विधायिका, कार्यपालिका और न्यायपालिका होते हैं। इन तीनों के माध्यम से कानून का राज चलता है। विधायिका कानून का निर्माण करती है, कार्यपालिका उसे अंजाम देती है और भूल-चूक के समय न्यायपालिका कार्यपालिका के कामों की कानून सम्मत व्याख्या करती है। इस विभाजन में सबसे पहले आवश्यकता बनती है कि अच्छे कानूनों का निर्माण किया जाए। दूसरे स्तर पर यह बात सामने आती है कि उन कानूनों को ईमानदारी से लागू किया जाए। तीसरे स्तर पर न्यायपालिका का काम केवल कानून की और उसके क्रियान्वयन की व्याख्या करना है। न्यायपालिका न कानून का निर्माण कर सकती है और न उसे खुद लागू किया करती है। यदि विधायिका अच्छे कानून का निर्माण करे और कार्यपालिका उसे ईमानदारी से लागू न करे तो एक तरफ से विधायिका के कानून निर्माण की शक्ति फेल हो जाती है। यदि कार्यपालिका कानून के अनुसार सही काम करे तो फिर न्यायपालिका का कोई खास महत्त्व नहीं रह जाता। तभी राज्य के इन तीन अंगों की तुलना करते समय डा. अम्बेडकर ने माना है कि इनमें से कार्यपालिका ही मुख्य है।[1] इसमें प्रशासन का सीधा सम्बन्ध कार्यपालिका से है। यह कहा जा सकता है कि प्रशासन कार्यपालिका के अधीन रहता है। कार्यपालिका के हाथ-पाँव प्रशासन ही है। प्रशासन सरकार की सबसे बड़ी संस्था है। यह सरकार की मशीन का दारोमदार पुर्जा है।

आधुनिक युग में प्रशासन के कार्य सीमित नहीं रह गए हैं। अब प्रशासन कानून और पुलिस तक सीमित नहीं रह गया है। दिन-ब-दिन यह अनेक रूपों में जनता के रोजमर्रे की जिन्दगी से जुड़ता जा रहा है। कर-वूसली इसका दूसरा पारम्परिक काम है लेकिन अब यह देश के और समाज के आर्थिक विकास में भी गम्भीरता से जुड़ गया है। अपने कार्यों, अधिकारों और कर्त्तव्यों के ऐसे बहुआयामी चरित्र के कारण

अब प्रशासन मात्र प्रशासन नहीं रह गया है। इसका सही स्वभाव जानने के लिए चिन्तकों ने इसके साथ नए-नए विशेषण जोड़ कर अपना काम चलाया है। ऐसे विशेषणों का एक पूरा इतिहास खड़ा हो सकता है। भारत में आधुनिक प्रशासन के जन्मदाता अँग्रेज रहे थे। उन्होंने विदेशी परंपरा के अनुसार इस देश में जो प्रशासन खड़ा किया उसे डा. अम्बेडकर ने बार-बार 'ब्यूरोक्रेसी' कहा है। इसके अर्थ को स्पष्ट करने में उन्होंने एक तुलना का लाभ उठाया है। ब्रिटिश भारत की बम्बई विधान सभा में खड़े हो कर वे कहते हैं—"ब्यूरोक्रेसी शब्द का इस्तेमाल मैं उस रूप में कर रहा हूँ, मेरे सामने वाले लोगों की इसके जिस अर्थ से अच्छी जानकारी है। इसका मतलब है कि एक तरफ ब्यूरोक्रेसी और दूसरी तरफ काँग्रेस पार्टी।"[2] इन दिनों सरकार को ही ब्यूरोक्रेसी कहा जाता था। यहाँ डा. अम्बेडकर ने ब्यूरोक्रेसी को सरकार के अर्थ में ही प्रयोग किया है। तब सरकार से मतलब यह था कि कानून को लागू करने के साथ-साथ कानून की समयानुसार व्याख्या करना भी उसी का काम था। राज्य के ज्यादा से ज्यादा काम ब्यूरोक्रेसी के हाथ में थे। हिन्दुस्तान की कोई पक्की और मुकम्मिल विधायिका नहीं थी। कानून का निर्माण सात समन्दर पार की संस्था ब्रिटेन की संसद करती थी। इतनी दूर बैठी ब्रिटिश संसद की भारतीय ब्यूरोक्रेसी पर कोई सीधी और खास पकड़ नहीं थी। ब्रिटेन की संसद भारत के लिए बनाए गए कानूनों में पूरापन नहीं लाती थी। भारतीय समाज से जुड़े केवल ऊपर-ऊपर के मसलों पर सामान्य कानून बना दिए जाते थे। उन कानूनों का अगला विस्तार ब्यूरोक्रेसी के स्वविवेक की शक्ति के भरोसे छोड़ दिया जाता था। इस तरह से भारत सरकार के रूप में तत्कालीन ब्यूरोक्रेसी अपनी शक्तियों में सर्वेसर्वा थी और उस पर निकट का कोई संसदीय अंकुश नहीं था। जब भारत में विधान सभाएँ बनीं तो अपेक्षा यह रखी गई थी कि आगे कानून में ब्यूरोक्रेसी के स्वविवेक के लिए कुछ नहीं छोड़ा जाएगा। वास्तव में बहस इस बात पर थी कि 'जनोपयोग' क्या है। तत्कालीन ब्यूरोक्रेसी का अपने पक्ष में तर्क था—"सरकार चाहती थी कि 'जनोपयोगी सेवा' की परिभाषा तय करने के लिए उसे उसके स्वविवेक पर छोड़ दिया जाए। वे यह पसन्द नहीं करते थे कि खुद अधिनियम में इसकी परिभाषा दी जाए और न ही वे यह स्पष्ट करना चाहते थे कि उनके दिमाग में 'जनोपयोगी सेवाओं' के बारे में क्या विचार है। वे कहते थे कि 'जनोपयोगी' और उसका महत्त्व हर केस की अलग स्थिति पर निर्भर करता है। इसमें परिस्थितियों के अनुसार बदलाव हो सकता है। एक समय पर कोई चीज जनोपयोगी नहीं हो पर दूसरे समय पर वह जनोपयोगी बन सकती है। उन्होंने सोचा कि उनकी मान्यता वाले समाज में यह आवश्यक है कि हर मसले को समय के बहाव पर छोड़ दिया जाए ताकि कोई भी अपरिभाषित शब्द सरकार के विवेकानुसार समय-समय पर अलग-अलग परिभाषित होता रहे।"[3] ब्यूरोक्रेसी के इस विचार के विपरीत कांग्रेस पार्टी का विचार था कि 'ब्यूरोक्रेसी के स्वविवेक के लिए कुछ भी नहीं

छोड़ा जाना चाहिए।'[4] इस अर्धवाक्य में 'ब्यूरोक्रेसी' शब्द आया है लेकिन इसे पूरा वाक्य बनाते समय डा. अम्बेडकर ने यह भी कहा है–"कुछ भी गवर्नमेण्ट के स्वविवेक पर नहीं छोड़ा जाना चाहिए।"[5]

डा. अम्बेडकर चाहते थे कि यदि भारत के मंत्रियों के हाथ में सत्ता आती है तो ब्यूरोक्रेसी पर फर्क पड़ना चाहिए। अंग्रेजों के जमाने की यह ब्यूरोक्रेसी दो वर्गों से मिल कर वनी थी। इस ब्यूरोक्रेसी में कुछ भारतीय लोग थे और कुछ यूरोप के लोग थे। डा. अम्बेडकर ने माना था कि जहाँ तक कानून और व्यवस्था को चलाने की बात है यदि ब्यूरोक्रेट भारतीय मूल का है तो उसमें और उसके भारतीय मंत्री में व्यक्तिगत समानता होगी जिसका मतलब साम्प्रदायिकता हो सकता है। यदि ब्यूरोक्रेट यूरोप के मूल का है तो उसके बारे में ज्यादा से ज्यादा यही कहा जा सकता है कि वह तटस्थ रहेगा। लेकिन इस तटस्थता का कोई लाभ नहीं है क्योंकि किसी के तटस्थ होने से यह गारण्टी अपने आप नहीं मिल जाती कि वह व्यक्ति निष्पक्ष भी होगा। इसके विपरीत जो व्यक्ति तटस्थ होता है उसके भी अपने हित और पूर्वाग्रह हुआ करते हैं और यदि उसके ऐसे कोई निजी हित नहीं होते तो इसका मतलब यह है कि वह व्यक्ति वस्तुस्थिति से अनभिज्ञ है।[6]

डा. अम्बेडकर ने 'रिजीम ऑफ दि ब्यूरोक्रेट' और 'रिजीम ऑफ दि मिनिस्टर' को एक-दूसरे के विरुद्ध रख कर देखा था।[7] उनका सोचना था कि एक मंत्री विधान सभा की पकड़ में रहता है। लेकिन मंत्री के बिना का एक ब्यूरोक्रेट किसी की पकड़ में नहीं रहता। वे अल्पसंख्यक समुदाय की दृष्टि से ब्यूरोक्रेट के बजाय मंत्री का शासन चाहते थे। उनका यह भी कहना था कि ब्यूरोक्रेट के नाम पर एक ईमानदार व्यक्ति को बिना उस पर निगरानी रखे छोड़ना ठीक नहीं है। इससे अच्छा यह है कि मंत्री के रूप में एक गैर-ईमानदार व्यक्ति पर निगरानी रख कर उससे काम चलाया जाए। उनकी दृष्टि में कुछ कम काबलियत के अधिकारी जिन पर नियंत्रण और प्रभाव रखा जा सके ज्यादा अच्छा काम कर सकते हैं बजाय इसके कि मानवता के सर्वोत्तम व्यक्तियों को विना किसी जिम्मेदारी के और बिना उन पर किसी अंकुश के उन्हें स्वतंत्र छोड़ दिया जाए।[8] इसीलिए डा. अम्बेडकर भारत की 'ब्यूरोक्रेटिक फार्म आफ गवर्नमेण्ट' को जनता की सरकार द्वारा बदलवाना चाहते थे।[9] वे ब्यूरोक्रेटिक गवर्नमेण्ट को सरकार का सर्वोत्तम रूप नहीं मानते। ब्रिटिश भारत की ब्यूरोक्रेटिक गवर्नमेण्ट के साथ अपने तजुर्बों के कारण वे उसकी प्रशंसा नहीं करते थे। वे मानते थे कि ऐसी ब्यूरोक्रेटिक सरकार एक जिम्मेदार सरकार की विरोधी होती है। इससे सरकार और जनता के बीच एक खाई और संघर्ष बना रहता है।[10]

यहाँ डा. अम्बेडकर की दृष्टि से ब्रिटिश ब्यूरोक्रेसी का थोड़ा खुलासा और किया जा सकता है। अल्पसंख्यक समुदाय की दृष्टि से ब्रिटिश ब्यूरोक्रेसी की वे सख्त आलोचना करते हैं। गोल मेज सभा के आरंभिक अधिवेशन में भाग लेते समय उन्होंने

जो कहा था उनके चिन्तन को समझने के लिए वे बहुत महत्त्व के शब्द हैं। वे बोलते हैं—"हम अंग्रेजों पर उदासीनता या सहानुभूति के अभाव का आरोप नहीं लगाते। हम जो देखते हैं वह यह है कि वे हमारी समस्या को समझने में पूर्णतया नाकाबिल हैं।"[11] इस प्रकार डा. अम्बेडकर उदासीनता के बजाय उन पर काम करने के अयोग्य होने का आरोप लगाते हैं। उन्होंने उस सभा में ही अंग्रेज़ों की इस अक्षमता का विश्लेषण किया था। इस विश्लेषण में उन्होंने बताया था कि 'पहली बात उनमें चरित्र, प्रेरणा और हितों की अपनी आन्तरिक सीमा है जो किसी भी शासक कौम में हुआ करती है। वे अपने चरित्र, प्रेरणा और हितों के खिलाफ नहीं जा सकते।'[12] दूसरी बात, उन्हें उनकी आथोरिटी के सामने बाहरी विरोध का खतरनाक डर बना रहता है। यही कारण है कि वे सदा इस बात से भयभीत रहते हैं कि यदि उन्होंने भारत के सामाजिक और। आर्थिक जीवन की परम्परागत शैली में हस्तक्षेप किया तो उन्हें भारी विरोध का सामना करना पड़ सकता है।[13] तभी डा. अम्बेडकर पूछते हैं कि ऐसी दो सीमाओं में जकड़ी हुई सरकार अनुसूचित जातियों के अल्पसंख्यक समुदाय के लिए किस मर्ज की दवा है। उन्होंने कहा था—"हमें एक ऐसी सरकार चाहिए जिसके अधिकारी यह अच्छी तरह जानते हों कि कहाँ हुक्म बरदारी खत्म होगी और कहाँ से विरोध आरम्भ हो जाएगा, और जो जीवन के सामाजिक और आर्थिक ढाँचों में बिना घबराहट के सुधार करना चाहेंगे जिसकी न्याय और औचित्य की दृष्टि से बेहद आवश्यकता है। यह भूमिका ब्रिटिश सरकार कभी नहीं निभा पाएगी।"[14] दलित जातियों के प्रतिनिधि के नाते उन्होंने इसी गोल मेज सभा में अपना भाषण जारी रखते हुए निम्नलिखित ऐतिहासिक शब्द भी कहे थे—"जहाँ तक हमारी विशेष कठिनाइयों का सवाल है भारत की ब्यूरोक्रेटिक सरकार अपनी पूरी नेकनीयती के बावजूद उनके निराकरण के लिए शक्तिहीन ही बनी रहेगी। हम मानते हैं कि हमारे सिवा कोई भी हमारी शिकायतों का हल नहीं निकाल पाएगा और खुद हम भी उनका हल तब तक नहीं दे सकेंगे जब तक हमें राजनैतिक शक्ति न दी जाए। लेकिन हमें राजनैतिक सत्ता में कोई हिस्सेदारी नहीं मिल सकती जब तक ब्रिटिश सरकार इसी रूप में कायम रहती है। यह केवल स्वराज के संविधान में सम्भव हो सकता है कि हमें राजनैतिक सत्ता प्राप्त करने का अवसर प्राप्त हो जिसके बिना हम अपने लोगों की मुक्ति कदापि नहीं ला सकते।"[15]

डा. अम्बेडकर के ब्रिटिश भारत के समय में लोक सेवाओं के भारतीयकरण की माँग बड़े जोर-शोर से उठ रही थी। डा. अम्बेडकर इस माँग के खिलाफ नहीं थे लेकिन उन्होंने भारतीयकरण के इस नारे में दलित वर्गों को भी सम्मिलित करने की माँग रखी थी।[16] उच्च लोक सेवाओं के भारतीयकरण में उन्हें यूरोप के बाद ब्राह्मणों और सवर्णों के एकाधिकार होने का खतरा दीखता था। उन्होंने बार-बार इस देश की प्रशासनिक बनावट के आंकड़े सामने रखे। उन आंकड़ों के आधार पर उन्होंने निष्कर्ष निकाला कि सवर्ण हिन्दू केवल जनसख्या की दृष्टि से ही बहुसंख्यक समुदाय में नहीं हैं बल्कि

प्रशासन के क्षेत्र में भी वे बहुसंख्यक समुदाय में हैं। फिर वे यह हमेशा मानते रहे-कि सवर्ण हिन्दुओं का बहुसंख्यक समुदाय अनुसूचित जातियों के अल्पसंख्यक समुदाय के साथ सदैव शत्रुतापूर्ण व्यवहार करता है।[17] इसीलिए उन्होंने गोल मेज सभा की बैठकों में कहा था–"मुझे बेहद डर है कि भारतीयकरण नादिरशाही सिद्ध हो कर न रह जाए।"[18] उन्होंने भारतीयकरण का पक्ष लिया था लेकिन यह भी चाहा था कि इस प्रक्रिया की रफ्तार कुछ धीमी रखी जाए ताकि जैसे-जैसे लोक सेवाओं में से यूरोप के लोग कम होते जाएँगे वैसे-वैसे उसमें भारत के पिछड़े वर्गों के लोग शामिल होते जाएँ। डा. अम्बेडकर का यही डर उनकी पुस्तक 'स्टेट्स एण्ड माइनरिटीज' में भी उभर कर सामने आता है जब वे उसमें लिखते हैं–"अछूत अपने चारों ओर हिन्दुओं की बड़ी जनसंख्या से घिरे हुए होते हैं। हिन्दुओं की यह जनसंख्या उनके प्रति शत्रुता का व्यवहार करती है और उनके खिलाफ किसी भी प्रकार के अन्याय और ज्यादती ढाने में शर्म नहीं करती। इन ज्यादतियों के समाधान के लिए जो उनके आए दिन जीवन की घटनाएँ बन गई हैं, अछूतों को प्रशासन की मदद की जरूरत पड़ती है। लेकिन इस प्रशासन की बनावट और इसका चरित्र कैसा है? संक्षेप में, भारत का प्रशासन पूर्णतया सवर्ण हिन्दुओं के हाथ में है। इस पर उनका एकाधिकार है। नीचे से ऊपर तक इस पर उनका नियंत्रण काबिज रहता है। कोई एक विभाग नहीं है जिसमें इनका आधिपत्य न हो। वे पुलिस में, मजिस्ट्रेसी में, राजस्व सेवाओं में, मूल बात यह है कि वे प्रशासन के किसी भी क्षेत्र में अपना प्रभुत्व बनाए रखते हैं। यहाँ याद रखने की दूसरी बात यह है कि प्रशासन के क्षेत्र में सवर्ण हिन्दू अछूतों के प्रति वैसा ही आक्रामक, समाज विरोधी और विद्वेषी दृष्टिकोण रखते हैं जैसा सवर्ण हिन्दू उनके प्रति प्रशासन से बाहर के क्षेत्र में रखते हैं। उनका एकमात्र उद्देश्य अछूतों के प्रति भेदभाव बरतना है। अपने इस उद्देश्य की प्राप्ति के लिए वे उन्हें केवल कानून के फायदे उठाने से ही नहीं रोकते बल्कि अत्याचार और ज्यादती के खिलाफ कानून के संरक्षण भी नहीं लेने देते। नतीजा यह निकलता है कि अछूत हिन्दू जनता और हिन्दू-बहुल प्रशासन के दो पाटों के बीच में पिसने को छोड़ दिए जाते हैं। उनमें से एक उनके खिलाफ अन्याय करता है तथा दूसरा पीड़ितों की सहायता करने के बजाय अन्यायी की रक्षा करता है।"[19] इन्हीं कारणों से डा. अम्बेडकर लोक सेवाओं के भारतीयकरण में काफी सोच-समझ से काम लेना चाहते थे।

डा. अम्बेडकर प्रशासन के एक अन्य विशेषण पर भी अपने विचार प्रकट करते हैं। यह विशेषण अंग्रेजी में 'एफिशिएण्ट एडमिनिस्ट्रेशन' कहा जाता है जिसका हिन्दी में 'कुशल प्रशासन' अनुवाद किया जा सकता है। वास्तव में किसी भी समाज को अपनी सरकार से कुशल प्रशासन की अपेक्षा रहा करती है। जनता चाहा करती है कि उसका सरकार से संबंधित काम कम से कम समय में हो जाए। काम को जल्दी निपटाने के लिए जरूरी है कि प्रशासकों और कार्मिकों का सारा ध्यान अपने काम के

प्रति लगा रहे। इसका मतलब यह है कि उन्हें अपने निजी कामों में उलझे रहने से फुर्सत या निजात मिलनी चाहिए। यह तभी सम्भव है जब उन्हें पूरा वेतन मिले। प्रशासन के कुशल होने से डा. अम्बेडकर का यही तात्पर्य था। ये उन्होंने हाउस आफ कामन्स की समिति के शब्द अपने पक्ष में रखे थे।[20] लेकिन जब कोई विचारक कुशल प्रशासन पर ही सारा ध्यान केन्द्रित करने लगता है तो वैसी स्थिति में डा. अम्बेडकर को उसमें सन्देह होने लगता है। सवर्ण हिन्दू उनके सामने ऐसा ही तर्क रखते थे।[21] कुशल प्रशासन के साथ-साथ वे इसमें प्रशासनिक क्षमता और प्रशासनिक चरित्र के शब्द भी जोड़ देते थे। यहाँ डा. अम्बेडकर चरित्र, क्षमता और कुशलता में से किसी बात का विरोध नहीं करते लेकिन जहाँ उनका विरोध है वह जाति और मत की बात को ले कर है। डा. अम्बेडकर के अनुसार यदि प्रशासन में केवल क्षमता, चरित्र और कुशलता पर ध्यान दिया जाए परन्तु प्रशासकों की जाति और उनके मत-सिद्धान्त पर ध्यान न दिया जाए तो इससे इच्छित और सुविचारित परिणाम सामने नहीं आ सकते। आखिर कुशलता की जाँच किस प्रकार की जाती है? इस जाँच का तरीका प्रतियोगी परीक्षाओं का होता है।[22] प्रतियोगिताओं में सम्मिलित होने की पात्रता के लिए शिक्षा की एक न्यूनतम योग्यता रखी जाया करती है। लेकिन होता यह है कि न्यूनतम योग्यता पर ध्यान नहीं दिया जाता और उच्चतम योग्यता के लोग प्रतियोगी परीक्षाओं में बाजी मार ले जाते हैं। डा. अम्बेडकर ऐसी प्रतियोगी परीक्षाओं के आधार पर निकाले गए कुशलता के परिणामों को सही नहीं मानते। इस बहस में पड़ कर डा. अम्बेडकर कुशल प्रशासन के साथ-साथ 'अच्छा प्रशासन' और 'स्वप्रशासन' के दो नए विशेषणों पर भी विचार करते हैं। वे इन तीनों में स्वप्रशासन पर यकीन रखते हैं। स्वप्रशासन में प्रशासन अच्छा और कुशल भी हो जाता है। उन्हें डर है कि सर्वोच्च शैक्षिक योग्यता पर आधारित अच्छा प्रशासन साम्प्रदायिक प्रशासन भी हो सकता है। उनके अनुसार, केवल सवर्ण हिन्दू ही उच्च से उच्च शिक्षा प्राप्त करते हैं इसलिए ऐसे आधार पर प्रशासन में उन्हीं की भरमार हो सकती है। जहाँ तक कुशल प्रशासन की शर्त है तो उनके अनुसार वह शिक्षा की न्यूनतम अर्हता के नाते पूरी हो जाती है।[23]

डा. अम्बेडकर ने कहा था कि प्रशासन के भारतीयकरण की माँग कुशल प्रशासन को ध्यान में रख कर नहीं की गई थी बल्कि एक अच्छे प्रशासन को ध्यान में रख कर की गई थी[24] जो अन्त में स्वप्रशासन में अपनी सन्तुष्टि पाती है। उन्होंने कहा था कि जहाँ तक कुशल प्रशासन की बात है, तो इसमें कोई अन्य सबूत जुटाने की आवश्यकता नहीं रह जाती कि यूरोप की ब्यूरोक्रेसी संभावित सर्वोत्तम कुशल प्रशासन की कही जा सकती है। लेकिन फिर भी इस सर्वोत्तम कुशल प्रशासन में वे कमियाँ मानी जाती हैं जो एक मानवीय प्रशासन में नहीं होनी चाहिए।[25] यही भारतीयकरण का तर्क है जिसकी आखिरी पूर्ति में पिछड़े वर्गों को भी लोक सेवा में सम्मिलित होने की अनुमति मिलनी चाहिए।

एक अन्य तर्क से भी डा. अम्बेडकर ने शिक्षा और कुशलता पर आधारित प्रशासन को पूर्ण प्रशासन नहीं माना। यह तर्क प्रशासन के कर्त्तव्यों और अधिकारों के विस्तार का है। उनके अनुसार प्रशासन की महत्ता मात्र प्रशासनिक नहीं रह गई है–असल में आधुनिक प्रशासन राजनेताओं के कर्त्तव्य के कानून निर्माण का काम भी करता है। राजनेताओं के लिए शिक्षा का कोई न्यूनतम स्तर निर्धारित नहीं है। उनका काम राजनैतिक और कानून के निर्माण का होता है। यदि उनका यह काम किसी प्रशासक को डेलिगेट किया जाता है तो उतने अर्थों में वह प्रशासक राजनेता का काम करता है और जिसमें शिक्षा की न्यूनतम अर्हता की बात शामिल नहीं रहती। वे लिखते हैं–"आधुनिक युग में प्रशासन राज्य के कानून को जानने की दृष्टि से कानूनों का मात्र पारायण नहीं करता। ज्यादातर आजकल समय की कमी के कारण या किसी अन्य सुभीते से किसी विशेष कानून को लागू करने के लिए एक सरकारी विभाग को उसमें नियम निर्माण की असीम शक्तियाँ भी सौंपी जाती हैं। इस तरह के मामलों में प्रशासन कानून के कार्यान्वयन तक सीमित नहीं रह जाता। उसके कामों में नियम निर्माण का और उन्हें लागू करने का काम भी शामिल रहता है। डेलीगेशन के माध्यम से विधायिका का यह काम आधुनिक सरकारों की एक आम पहचान हो गई है और आगे यह दिनोंदिन बढ़ती जाएगी। यह बिना किसी हिचक के स्वीकार किया जाना चाहिए कि जनता के कल्याण को प्रभावित करने वाली नियम बनाने की इतनी अधिक ताकत एक विशेष वर्ग से आने वाले प्रशासकों के हाथ में देना खतरे से खाली नहीं है। फिर यदि उसमें यह स्थिति भी हो कि ऐसा प्रशासक वर्ग बाकी जनता के हितों के खिलाफ भी हो, उनमें चल रही भावनाओं से सहानुभूति न रखता हो, उनकी चाहतों, उनके दुःखों, उनकी जरूरतों और उनकी इच्छाओं के साथ एकाकार न हो कर उनकी अभिलाषाओं के प्रति विद्वेषी भाव भी रखता हो तो यह और भी खतरे की बात हो जाती है। फिर ऐसे प्रशासक वर्ग के लिए शिक्षा की कसौटी पर सर्वश्रेष्ठ उतरना कोई खास बात नहीं रह जाती।"[26]

डा. अम्बेडकर ने अपने लोक प्रशासन के चिन्तन में प्रशासन का एक अन्य विशेषण खोजा है जो उनके लिए ज्यादा महत्त्व का है। यह उनका 'सिम्पैथेटिक एडमिनिस्ट्रेशन' अर्थात सहानुभूतिपूर्ण प्रशासन का सिद्धान्त है। उन्होंने लिखा है कि अनुसूचित जातियों का कल्याण पूर्णतया एक सहानुभूतिपूर्ण प्रशासन पर निर्भर करता है। उन्होंने इसकी शर्त भी बताई है कि यदि भारतीय प्रशासन को सहानुभूतिपूर्ण होना है तो लोक सेवकों को राष्ट्रीय जीवन के विभिन्न वर्गों के प्रतिनिधि होना चाहिए, उनमें भी उन्हें विशेषकर अनुसूचित जातियों के प्रतिनिधि होना चाहिए।[27] ऐसा प्रशासन मात्र कुशल प्रशासन नहीं होगा बल्कि समाज के सभी वर्गों के लिए विश्वसनीय प्रशासन भी होगा। उसकी संरचना में उच्च पदों पर पदासीन अछूतों के प्रतिनिधि भी होने चाहिए जिससे उनका भी उसमें विश्वास बना रहेगा।[28] ऐसे

प्रशासन को डा. अम्बेडकर एक अन्य विशेषण 'उत्तरदायी प्रशासन' से भी संबोधित करते हैं जो अपने कार्यों के लिए देश की चुनी हुई संसद के समक्ष जवाबदेह रहेगा।[29] राज भाषा की दृष्टि से उन्होंने ऐसे प्रशासन को 'बहुभाषी प्रशासन' कहा है।[30] ऐसे प्रशासन को वे भ्रष्टाचार, रिश्वत, भाई-भतीजेवाद और पक्षपात से रहित स्वच्छ प्रशासन भी कहते हैं।[31] एक अन्य स्थल पर इसे वे प्रशासन की सत्यनिष्ठा और ईमानदारी भी कहते हैं।[32]

ख. पुलिस और मजिस्ट्रेसी

लोक प्रशासन का अध्ययन कई रूपों में किया जा सकता है। लेकिन इस क्षेत्र में डा. अम्बेडकर के चिन्तन को अच्छी तरह से समझने के लिए पहले पुलिस और मजिस्ट्रेसी को लिया जा सकता है। उनके मस्तिष्क में पुलिस और मजिस्ट्रेसी सबसे महत्त्वपूर्ण हो उठती हैं। जैसा कि यह भली भाँति ज्ञात हो चुका है कि उनका मुख्य काम अनुसूचित जातियों को समाज में सम्मान और बराबरी दिलाने का था, उनके इस उद्देश्य की पूर्ति में पुलिस और मजिस्ट्रेसी की भारी भूमिका सिद्ध होती है। उन की बराबर माँग रही, और वह काफी हद तक पूरी भी हुई, कि पुलिस और मजिस्ट्रेसी में अनुसूचित जातियों का कारगर और प्रभावशाली प्रतिनिधित्व रहना चाहिए। यहाँ उस कारण और व्यवहार को अच्छी तरह जान लिया जाए जो उनकी इस प्रकार की माँगों के आधार थे।

यह सत्य अनेक बार उजागर किया जा चुका है कि सवर्ण हिन्दुओं और अनुसूचित जातियों का पारस्परिक सम्बन्ध सामाजिक सौहार्द का नहीं है। अक्सर इनमें जातिवादी झगड़े होते रहते हैं। इनमें सवर्ण हिन्दू अनुसूचित जातियों पर किसी भी बहाने ज्यादतियाँ ढाते रहते हैं। डा. अम्बेडकर के समय में इन ज्यादतियों में कोई रुकावट या कमी नहीं थी। कमी थी तो केवल यह कि उस समय की प्रेस ऐसे केसों को प्रकाश में नहीं लाती थी। फिर भी डा. अम्बेडकर ने अखबारों और पत्रिकाओं से पूरे भारत में घटित हुए ऐसे केसों के अम्बार इकट्ठे कर रखे थे। उन्होंने एक बार बम्बई विधान सभा में कहा था कि उनके पास ऐसे केसों की इतनी लम्बी सूची है कि वे विधान सभा में महीनों तक उन्हें ही पढ़ते रह सकते हैं।[33] हिन्दू समाज में सछूतों और अछूतों के बीच सदियों से चले आ रहे इस संघर्ष को उन्होंने 'मनहूस संघर्ष' की संज्ञा दी है। इसमें विशेष बुरी बात यह है कि यह संघर्ष समान लोगों के बीच का संघर्ष नहीं है। वे लिखते हैं—"यह संघर्ष हिन्दुओं और अछूतों के बीच है जिनमें हिन्दू आर्थिक और सामाजिक रूप में ताकतवर हैं तथा अछूत आर्थिक और जनसंख्या की दृष्टि से कमजोर हैं। ज्यादातर हिन्दू लोग अछूतों को कई कारणों से दबाने में सफल हो जाते हैं। हिन्दू अपनी तरफ पुलिस और मजिस्ट्रेसी को पाते हैं। अछूतों और हिन्दुओं के झगड़े में अछूत कभी भी पुलिस से रक्षा और मजिस्ट्रेट से न्याय नहीं पा

सकते। पुलिस और मजिस्ट्रेसी सामाजिक रूप से अपने कर्त्तव्य के बजाय अपने वर्ग से प्यार करते हैं।"[34] ऐसी स्थिति में अछूत क्या कर सकते हैं? किसी भी ऐसे झगड़े में अपनी रक्षा के लिए वे पुलिस के पास ही जा सकते हैं क्योंकि राज्य की आन्तरिक शक्ति पुलिस में निहित रहती है। परन्तु यहाँ पुलिस उल्टे अत्याचारी का पक्ष ले जाती है।[35] ऐसा इसलिए होता है क्योंकि देश की पुलिस और मजिस्ट्रेसी में अछूतों का कोई प्रतिनिधित्व नहीं है। यह यहाँ तक होता है कि गाँव वालों द्वारा हरिजनों के प्रति की गई कोई भी ज्यादती पुलिस का ध्यान तक आकर्षित नहीं कर पाती।[36] हिन्दुओं के प्रति पुलिस की तरफदारी इतनी अधिक होती है कि बिलकुल सच्चे केसों में पुलिस यदि कोई जाँच-पड़ताल करती है तो अपने जाति-भाइयों को बचाने के लिए उन्हें 'अनडिटेक्टेबल' कह कर छोड़ देती है।[37] गाँवों के झगड़े में छोटे पुलिस कार्मिक प्रायः सवर्ण हिन्दुओं का पक्ष लेते हैं। इससे गाँवों में सवर्णों का किसी को बेकायदे मौत के घाट उतारने का कानून चलता रहता है। डा. अम्बेडकर ने अपने समय के अनेक उदाहरण दे कर बताया है कि यहाँ पुलिस की देखरेख में गाँवों में रोज अछूतों के खिलाफ जलियांवाले काण्ड होते रहते हैं।[38] जब जी चाहता है सवर्ण हिन्दू दलित वर्गों के पशुओं को काँजी हाउस में ले जाते हैं, उन पर शारीरिक हमले करके और रोजमर्रे की चीजों की खरीद-फरोख्त के लिए उनकी बाजार तक आने-जाने की सुविधा बन्द करके उनका जीवन दूभर कर देते हैं। ऐसे कठोर सामाजिक बहिष्कार के समय भी पुलिस अछूतों के दुःख-दर्द सुनने की कोई परवाह और कानकुब्ज नहीं करती। उन्होंने एक अन्य उदाहरण दे कर बताया है कि खुद गाँव के मुन्सिफ ने पोंगल के उत्सव पर हरिजन युवकों द्वारा स्वच्छ कपड़े पहनने पर एतराज किया और उनकी कमीज आदि उतरवाई।[39] कहने का मतलब यह है कि यदि हिन्दू समाज अपनी अस्पृश्यता और जाति प्रथा वाली पुरानी चातुर्वर्ण्य व्यवस्था को कायम रखने की कोशिश करता है तो राज्य के हिन्दू अधिकारी भी उसे बचाने में कोई कोर-कसर नहीं छोड़ते। दोनों ने मिल कर अछूत विरोधी पुरानी व्यवस्था को शाश्वत बना रखा है।[40] इन्हीं बातों की रोकथाम के लिए डा. अम्बेडकर ने 'स्टेट्स एण्ड माइनरिटीज' के प्रस्तावित अनुच्छेद-2 के सेक्शन-3 के क्लाउज-2 में अल्पसंख्यक समुदाय की सुरक्षा के लिए प्रावधान रखा था—"सामाजिक और राजकीय अत्याचार के विरुद्ध सुरक्षा।"[41]

ग. न्यायाधीश

भारत में एक न्यायपालिका का विकास हुआ है। इसके विकास में डा. अम्बेडकर का भी योगदान रहा है। विशेषकर इसे स्वतंत्र बनाने में उन्होंने काफी संघर्ष किया था। लेकिन ऐसा नहीं है कि भारत की न्यायिक व्यवस्था से वे सन्तुष्ट हो गए थे। वे इसमें अनेक सुधार सुझाते रहे थे। उनका महत्त्वपूर्ण सुधार न्यायालय के बजाय न्याय के कर्ताधर्ता खुद न्यायाधीश के बारे में है। उन्होंने बम्बई विधान सभा में 'ग्राम पंचायत

बिल' पर बोलते हुए कहा था—"न्यायाधिकारी को दीवानी और फौजदारी के मुकदमों पर न्याय देने से पहले तीन अपेक्षाओं को पूरा करना चाहिए। उसे कानून का ज्ञान होना चाहिए, उसे अपने दृष्टिकोण में निष्पक्ष होना चाहिए तथा उसे अपने काम में स्वतंत्र होना चाहिए।"[42]

यहाँ जिस बात पर विशेष बहस की जानी है वह न्यायाधीश के दृष्टिकोण की निष्पक्षता की है। क्या भारत में उनके निष्पक्ष होने की संभावना है? डा. अम्बेडकर इसका नकार में उत्तर देते हैं। वे कहते हैं—"ऐसे लोग जो जाति प्रथा की संकीर्णता में फँसे हैं, ऐसे लोग जो प्राचीन काल के पूर्वाग्रहों से ग्रसित हैं, ऐसे लोग जो समानता के सिद्धान्त का उपहास करते हैं और जीवन में वर्गीकरण के कायल हैं, ऐसे लोग जो ऊँच-नीच की भावना में विश्वास रखते हैं—क्या ऐसे लोगों से हम न्याय की आशा कर सकते हैं? महोदय, मैं इस आशा के विपरीत हूँ और निवेदन करता हूँ कि हम से यह अपेक्षा रखना कि हम ऐसे पंचों के हाथ में अपना जीवन, अपनी स्वतंत्रता और अपनी सम्पत्ति सौंप देंगे, एकदम व्यर्थ है।"[43]

डा. अम्बेडकर मान कर चलते हैं कि इस देश के लोगों में जातिवाद और साम्प्रदायिकता कूट-कूट कर भरी हुई है। सवाल उठता है कि जातिवाद और साम्प्रदायिकताएँ बुरी चीजें हैं पर इनसे बचने का उपाय क्या है। यह बात मानी हुई है कि ये दोनों चीजें भारतीय समाज में सर्वत्र मौजूद हैं लेकिन प्रश्न यही है कि इन पर आक्रमण आदर्श को ले कर किया जाए या व्यवहार को ले कर इन पर हमला किया जाए। यदि आदर्श के स्तर पर बुराई मान कर इन पर आक्रमण किया जाता है तो दिक्कत यह होती है कि वह आक्रमण आदर्श तक ही सीमित रह जाता है। तब व्यवहार में जातिवाद और साम्प्रदायिकता की बुराई बराबर प्रचलन में बनी रहती है। इस देश ने ऐसा दर्शन भी ईजाद कर रखा है जो आदर्श की पारमार्थिक सत्ता का व्यावहारिक सत्ता से कोई सम्बन्ध नहीं बनने देता। इसे वेदान्त कहते हैं। इसमें जातिवाद और साम्प्रदायिकता को पारमार्थिक सत्ता की दृष्टि से अस्तित्व में ही नहीं माना जाता। यदि कुछ अस्तित्वमान दीखता है तो उसे 'मिथ्या' कह कर उसकी व्याख्या कर दी जाती है। इस 'मिथ्या' का मतलब यह है कि जब जातिवाद और साम्प्रदायिकता अस्तित्व में नहीं हैं तो इनसे लड़ना बेकार है। वेदान्त के ऐसे ज्ञान से जातिवाद और साम्प्रदायिकता अपने आप रफू-चक्कर हो गई मान ली जाती हैं और मनुष्य को मात्र कहने से ज्ञान से मुक्ति मिल जाती है। दूसरा तरीका यह है कि व्यावहारिक स्तर पर जातिवाद और साम्प्रदायिकता के अस्तित्व को माना जाए और इन्हें सब लोगों में व्यापक किया जाए। बुराई यह नहीं है कि समाज में जातिवाद और साम्प्रदायिकता हैं बल्कि असली बुराई यह है कि इस जातिवाद और साम्प्रदायिकता का एक वर्ग को लाभ मिलता है और दूसरे को इनका नुकसान उठाना पड़ता है। जो वर्ग जातिवाद और साम्प्रदायिकता के प्रति जागरूक रहता है वह इनका लाभ उठाता

है और जो इनके प्रति सोया हुआ रहता है उस वर्ग को इनका नुकसान भुगतना पड़ता है। इस शोधकार्य के आरम्भ में कहा जा चुका है कि आदर्श के स्तर पर डा. अम्बेडकर ने जातिवाद और साम्प्रदायिकता को काफी कोसा है लेकिन शुरू से ही इनकी बुराइयों से वे व्यावहारिक स्तर पर भी लड़ना चाहते हैं। तभी उन्होंने बम्बई विधान सभा की बहसों में शामिल होते हुए कहा था कि साम्प्रदायिकता इस देश के संविधान की सजावट होगी।[44]

अगला सवाल जो डा. अम्बेडकर ने उठाया है वह यह है कि क्या साम्प्रदायिकता के इस सिद्धान्त को न्यायाधिकारियों के मामले में भी सही माना जाए। उन्होंने अपने विरोधी से कहा था—"यदि मेरे माननीय मित्र मुझे इस बात का विश्वास दे सकें कि हमारी वर्तमान न्यायपालिका गैर-साम्प्रदायिक है, कि एक ब्राह्मण जज एक वादी ब्राह्मण और एक प्रतिवादी ब्राह्मण के केस में ही मात्र एक ब्राह्मण की तरह निर्णय देता है, तो मैं उनकी बात मानने को तैयार हो सकता हूँ। लेकिन मुझे मालूम है कि हमारी न्यायपालिका किस तरह की है। मैं ऐसी कहानियों के अम्बार खड़े कर सकता हूँ जिनमें मेरी जानकारी के अनुसार न्यायपालिका ने अपनी गरिमा का दुरुपयोग किया और उसे बेचा है।"[45] वह केसों के निपटाने में अपनी सांप्रदायिक भावना से गाइड होती है।[46] डा. अम्बेडकर के इस कथन पर कुछ सदस्यों ने आपत्ति की तो उन्होंने अपने कथन की इस प्रकार व्याख्या की थी—"मैं इस प्रश्न का उत्तर दे रहा था कि क्या न्यायपालिका साम्प्रदायिक भावना से ग्रसित होती है या नहीं। मेरा उन्हें जवाब यह था कि जिस प्रकार के सामाजिक माहौल में हम रह रहे हैं उसका अनिवार्य परिणाम साम्प्रदायिकता का है।"[47] उन्होंने अपने पक्ष में दलील दी कि इस मूल तर्क को दण्ड प्रक्रिया संहिता ने भी मान्यता दी है। दण्ड प्रक्रिया संहिता में एक धारा है जो पार्टियों को इस बात की अनुमति देती है कि वे जज के पूर्वाग्रह के कारण अपने मुकदमों को बदलवा सकती हैं। दण्ड प्रक्रिया संहिता में एक प्रावधान ऐसा भी है कि जो जज को ऐसे केस लेने से रोकता है जिनमें उस जज का कोई हित हो।[48]

डा. अम्बेडकर खुद एक बैरिस्टर थे। उनका न्याय व्यवस्था के व्यवहार से गहरा सम्बन्ध रहा था। अपना एक निजी अनुभव बताते हुए वे कहते हैं कि कुछ सवर्ण लोगों ने महार जाति के लोगों को बुरी तरह मारा-पीटा। गहरी चोट के चिकित्सीय साक्ष्य मौजूद थे। इसमें सवर्णों के नौ लोग अभियुक्त थे। "इन नौ लोगों ने मेरे पास खबर भिजवाई कि वे चोट खाए हुए महारों को रु. 300/- दे कर समझौता करना चाहते हैं। मैंने गलती से महारों को समझौता न करने की सलाह दी। लेकिन कानून ने क्या किया? उस प्रथम श्रेणी के मजिस्ट्रेट ने क्या किया? यह जान कर किसी के आश्चर्य का ठिकाना न रहा कि मजिस्ट्रेट ने सभी अभियुक्तों को बरी कर दिया।"[49] एक दूसरे स्थल पर डा. अम्बेडकर ने निष्कर्ष निकाला है कि मनु के धर्म के अछूत विरोधी आदेश हिन्दू जजों के मन में अभी तक घर किए हुए हैं। उन्होंने कहा है कि

मनुस्मृति के कानूनों ने जजों के दिमागों को रोगग्रस्त बना रखा है। कलकत्ते के एक ऐसे केस का उदाहरण रखते हुए वे लिखते हैं–"किसी नवीन डोम नाम के एक अछूत पर बकरी की चोरी के लिए मुकदमा चलाया गया। उसका कोई अपराध नहीं पाया गया। उसने शिकायती के खिलाफ मान-हानि का मुदकमा दायर किया। मजिस्ट्रेट ने उसके मुकदमे को यह कह कर खारिज कर दिया कि चूंकि वह एक नीची जाति का व्यक्ति है इसलिए उसकी कोई मान-प्रतिष्ठा नहीं है। इसमें हाई कोर्ट को दखल करनी पड़ी और उसने मजिस्ट्रेट को निर्देश दिए कि वे अपने विचार में गलत हैं क्योंकि दण्ड संहिता के सामने सब लोग समान हैं।"[50] लेकिन डा. अम्बेडकर हाई कोर्ट के निर्णय से सन्तुष्ट हो कर भी सन्तुष्ट नहीं हुए। उन्होंने एक समाज दार्शनिक के नाते अगला सवाल यह किया है–"मूल प्रश्न यह है कि मजिस्ट्रेट के दिमाग में यह विचार कहाँ से आया कि एक अछूत की कोई मान-प्रतिष्ठा नहीं होती?" उन्होंने आगे स्वयं इस प्रश्न का उत्तर देते हुए लिखा है–"निश्चित रूप से मनुस्मृति की शिक्षाओं से।"[51]

इस प्रकार डा. अम्बेडकर का अछूत समुदाय चारों तरफ से बेसहारा हो कर रह जाता है। यहाँ उनके कुछ और शब्द रखे जा सकते हैं जिससे उनके चिन्तन को समझने में ज्यादा मदद मिलेगी। वे लिखते हैं–"अछूतों का बेसहारापन इस बात से ज्यादा बढ़ जाता है कि उनके लिए पुलिस से रक्षा और न्यायालयों से न्याय पाना एकदम असम्भव है। पुलिस सवर्ण हिन्दुओं में से होती है और मजिस्ट्रेसी भी सवर्ण हिन्दुओं में से ही होती है। पुलिस और मजिस्ट्रेसी सवर्ण हिन्दुओं के जातिभाई और रिश्तेदार होते हैं। वे सवर्ण हिन्दुओं के अछूत विरोधी मनोभावों और पूर्वाग्रहों से ओतप्रोत रहते हैं। यदि एक अछूत किसी सवर्ण हिन्दू के खिलाफ शिकायत ले कर पुलिस अधिकारी के पास जाता है तो पुलिस-रक्षा के बजाय वह वहाँ अपने लिए ढेर सारी गालियाँ सुनता है। या तो उसे शिकायत लिखे बिना बाहर खदेड़ दिया जाता है और यदि उसकी शिकायत दर्ज भी की जाती है तो इस प्रकार झूठी दर्ज की जाती है ताकि बाद में सवर्ण हमलावर मुकदमे में बचने में सफल हो सकें। यदि वह अपराधियों के खिलाफ मजिस्ट्रेट के न्यायालय में मुकदमा दायर करता है तो दिए जाने वाले फैसले को पहले ही समझा जा सकता है। गाँव वालों की मिली-भगत के कारण वह सवर्णों में से कोई गवाह नहीं ले सकेगा। यदि वह अछूतों में से गवाह पेश करता है तो मजिस्ट्रेट यह कह कर कि वे पक्षपाती गवाह हैं और स्वतंत्र गवाह नहीं हैं, उनकी गवाही को स्वीकार नहीं करेगा। यदि वे स्वतन्त्र गवाह भी हैं तो भी मजिस्ट्रेट के पास अभियुक्तों को बहाल करने का सीधा रास्ता यह कहने का है कि उसे गवाह सच्चे नहीं लगे। ऐसा वह बेधड़क कह सकता है क्योंकि उसे अच्छी तरह मालूम है कि उच्च न्यायाधिकरण इस सुस्थापित नियम के तहत अपना काम करता है कि अपील कोर्ट को मजिस्ट्रेट की उन खोजों को बदलने की कोशिश नहीं करनी चाहिए जो उसने गवाही के दौरान पाई हैं।"[52]

इसका मतलब यही है कि अधिकारीगण अछूत विरोधी और हिन्दू समर्थक बने रहते हैं। उन पर भ्रष्ट होने का आरोप लगाया जाता है लेकिन अछूतों के संबंध में डा. अम्बेडकर उन्हें भ्रष्ट से ज्यादा वर्ग पक्षपाती मानते हैं। वे लिखते हैं—"पुलिस और मजिस्ट्रेट कभी-कभी भ्रष्ट हो जाते हैं। लेकिन यदि वे मात्र भ्रष्ट होते तो स्थिति इतनी खराब नहीं हो सकती थी क्योंकि एक भ्रष्ट अधिकारी किसी भी पार्टी द्वारा खरीदा जा सकता है। लेकिन भारी मुसीबत इस बात की है कि पुलिस और मजिस्ट्रेट अक्सर भ्रष्ट से भी अधिक पक्षपाती होते हैं। उनकी हिन्दुओं के प्रति यह पक्षधरता और अछूतों के प्रति यह दुश्मनी अछूतों को पुलिस की रक्षा और कोर्ट का न्याय नहीं पाने देती। साथ ही, एक के प्रति पक्षधरता तथा दूसरे के प्रति इस दुश्मनी का कोई इलाज नहीं है। इसका आधार सामाजिक और धार्मिक नफरत है जो हर हिन्दू में जन्मजात होती है। पुलिस और मजिस्ट्रेट की प्रेरणाएँ, उनके हित तथा उनके पालन-पोषण उन्हें अछूतों के हितों में उठ रही भावनाओं से सहानुभूतिपूर्ण नहीं होने देते। उनकी अछूतों की चाहतों, उनके दुःखों, उनकी लालसाओं और उनकी इच्छाओं से समानता नहीं होती। परिणामस्वरूप, वे खुल कर उनकी आकांक्षाओं के विरोधी और दुश्मन होते हैं, आगे बढ़ने में उनकी सहायता नहीं करते, उन पर अपनी सत्ता, ओथोरिटी, प्रतिष्ठा और गरिमा बनाए रखने में दिमाग लगाते हैं। दोनों के बीच में किसी प्रकार के झगड़े में वे अछूतों के विद्रोह को दबाने में हिन्दुओं के एजेण्टों की तरह काम करते हैं। वे खुल कर और बिना किसी झिझक के अछूतों को अच्छा सबक सिखाने के सारे हिन्दुओं के घृणित प्रयास में अच्छी-बुरी किसी भी तरीके की अपनी सक्रिय हिस्सेदारी निभाते हैं।"[53]

यहाँ डा. अम्बेडकर कानून की व्याख्या पर भी अपनी अँगुली उठाते हैं। वे लिखते हैं—"इसमें सबसे बुरी बात यह है कि यह सारा अन्याय और अत्याचार कानून की सीमाओं के भीतर किया जाता है। कानून का लेशमात्र भी उल्लंघन किए बिना एक हिन्दू बड़े मजे में कह सकता है कि वह अछूत को नौकरी नहीं देगा, वह उसे कोई चीज नहीं बेचेगा, वह उसे जमीन से बेदखल कर देगा और वह अपने खेतों से उसके पशु नहीं गुजरने देगा। कानून को इस बात की कोई चिन्ता नहीं है कि वह किस अभिप्राय से ऐसा करता है। कानून यह नहीं देखता कि इससे अछूत को क्या क्षति पहुँचती है। पुलिस अपनी शक्ति और ओथोरिटी का दुरुपयोग कर सकती है। वह जानबूझ कर रिकार्ड को झूठा दर्ज कर सकती है। वह उस बात को दर्ज कर सकती है जो कही नहीं गई है या जो कही गई बात से बिलकुल भिन्न है। वह प्रमाणों और साक्ष्यों को उन लोगों पर उजागर कर सकती है जिनमें उसकी रुचि है। वह गिरफ्तार करने से मना कर सकती है। वह केस को बिगाड़ने के लिए सौ बातें कर सकती है और यह सब कुछ वह बिना पकड़ में आने के भय के कर सकती है। कानून की खामियाँ अनेक हैं और वह उनसे अच्छी तरह वाकिफ होती है। मजिस्ट्रेट ने उसे

स्वविवेक की असीम शक्तियाँ दे रखी हैं। वह उनका इस्तेमाल करने के लिए स्वतंत्र है। किसी मुकदमे का निर्णय गवाह द्वारा दिए जाने वाले साक्ष्य पर निर्भर करता है लेकिन मुकदमे का असली निर्णय इस बात पर निर्भर करता है कि गवाहियाँ विश्वसनीय हैं या नहीं। यह मजिस्ट्रेट की ताकत में है कि वह एक गवाह का विश्वास कर सकता है और दूसरे गवाह का विश्वास नहीं कर सकता। वह एकतरफा विश्वास करने में पूरी मनमानी दिखा सकता है, पर यह उसका विवेकाधिकार है जिसमें कोई हस्तक्षेप नहीं कर सकता। ऐसे अनगिनत मुकदमे हैं जिनमें मजिस्ट्रेटों द्वारा विवेकाधिकार का अछूतों के खिलाफ इस्तेमाल किया गया है। अछूतों की गवाहियाँ कितनी भी सच्ची हों, मजिस्ट्रेटों ने यह कहने का एक साधारण नियम निकाल रखा है—मैं गवाहियों का विश्वास नहीं करता और कोई उसके इस विवेकाधिकार पर प्रश्नचिह्न लगाने वाला नहीं है। फिर यह भी मजिस्ट्रेट के विवेकाधिकार की बात है कि क्या सजा दी जाए। कुछ अपील के केस होते हैं और कुछ बिना अपील के केस होते हैं। अपील आगे न्याय पाने का एक रास्ता है। लेकिन इस रास्ते को मजिस्ट्रेट द्वारा बिना अपील की सजा दे कर बन्द किया जा सकता है।''[54] ऐसी स्थिति में डा. अम्बेडकर लाचार हो कर कहते हैं—''एक पूरे समाज को सजा देने का कोई कानूनी तरीका नहीं होता जो कानून का खुला उल्लंघन करने के लिए संगठित हो गया है।''[55]

बम्बई विधान सभा में 'बम्बई पुलिस एक्ट संशोधन बिल' पर बोलते समय डा. अम्बेडकर ने अपने अनुभव रखे थे। बिल पर बहस करते समय उन्होंने कहा था—''मैं अच्छी तरह जानता हूँ, मैं इस मामले में पुलिस कमिश्नर और माननीय गृह मंत्री से ज्यादा जानता हूँ कि गरीब लोग मवालियों और दादाओं द्वारा किस प्रकार सताए जाते हैं। मुझे यह भी मालूम है कि उन बेचारे गरीबों के लिए इन मवालियों और दादाओं के शिकार होने से निजात पाना कितना असम्भव है क्योंकि वे और भी अधिक सताए जाने के भय से न्यायालय भी नहीं जा सकते।''[56] डा. अम्बेडकर ने इस भय का एक अन्य उदाहरण इस प्रकार दिया है—''मुझे दलित वर्ग के एक व्यक्ति का केस कोर्ट में लड़ना था, लेकिन मुझे यह देख कर आश्चर्य हुआ कि वह आदमी कोर्ट के पीछे दीवार से बाहर एक छोटी सी खिड़की के साथ खड़ा था और अन्दर नहीं आया। उसने कहा—जहाँ तक आपकी बात है वह सब ठीक है लेकिन जब आप यहाँ से चले जाओगे तो कोर्ट में मेरे अन्दर जाने के कारण यहाँ मेरा सामाजिक निष्कासन हो जाएगा।''[57] डा. अम्बेडकर ने आगे बताया कि यह मेरा निजी अनुभव है लेकिन बम्बई हाई कोर्ट ने भी ऐसा एक परिपत्र जारी किया है कि दलित वर्गों को कोर्ट में अन्दर जाने की अनुमति मिलनी चाहिए। इस परिपत्र से समझा जा सकता है कि इसका कुछ खास मतलब है।[58] गरीबों के लिए न्यायालय में जाने की एक दूसरी समस्या धन की आती है। यह सच है कि दीवानी और फौजदारी के मामलों के लिए भारत में न्यायालय हैं लेकिन उनमें जाने के लिए किसी के पास साहस होना चाहिए।

इसके लिए किसी के पास वकील जुटाने के लिए, कानूनी खर्चे के लिए तथा मुकदमे और अपील के दौरान अपना गुजारा चलाने के लिए धन होना चाहिए।[59]

डा. अम्बेडकर के मत में निचले न्यायालय ज्यादातर ठीक काम नहीं करते। या तो वे भ्रष्टाचार में लिप्त रहते हैं या फिर धनी वर्ग और जमींदारों के साथ सहानुभूति रखते हैं।[60] निचले न्यायालय अपने के ऊपर अपील न्यायालयों को प्रभावित करते ही हैं।[61] पर वे प्रशासनिक अधिकारियों को भी बाँध कर रखते हैं। डा. अम्बेडकर ने ऐसा एक निजी अनुभव बताया है जिसमें जिलाधीश ने चाहते हुए भी एक सब-जज की कोर्ट के आदेश के उल्लंघन के भय से उनकी प्रशासनिक सहायता करने में अपनी असमर्थता प्रकट की थी।[62] तभी डा. अम्बेडकर न्यायाधीशों पर भी अंकुश रखना चाहते हैं। वे न्यायपालिका का सम्मान करते हैं पर यह भी मानते हैं कि अन्य अधिकारियों की तरह न्यायाधीश भी भ्रष्ट हो सकते हैं। इसलिए उन्हें पद से हटाने का कानून के पास कोई तरीका अवश्य होना चाहिए।[63] उनकी दृष्टि में न्यायाधीश सब से ऊपर नहीं हैं।

घ. सेना और पेशा

सेना राष्ट्र का एक महत्त्वपूर्ण अंग होती है। लोकतंत्र में सेना को गैर-राजनैतिक रखा जाता है लेकिन फिर भी आंतरिक प्रशासन के लिए सेना की बार-बार आवश्यकता पड़ती रहती है। फिर राष्ट्र के भाग्य निर्माण के संक्रांति कालों में सेना की महत्त्वपूर्ण और निर्णायक भूमिका हो जाती है। देश के भारत और पाकिस्तान के दो टुकड़ों में बँटवारे के समय सेना को भी साम्प्रदायिक दृष्टि से देखा जाता था और सेना का भी साम्प्रदायिक विभाजन हुआ था। डा. अम्बेडकर ने कहा है कि राजनैतिक सेना भारत की आजादी के लिए सबसे वड़ा खतरा है लेकिन अन्तिम सवाल यही है कि देश के भीतर भी सरकार की ओथोरिटी के पीछे आखरी ताकत सेना ही होती है। यदि सरकार किसी नीति को लागू करना चाहे और समाज का कोई एक साम्प्रदायिक तबका उस नीति का विरोध करे तो ऐसे में सेना की दृष्टि से संक्रांति काल में स्थिति विगड़ सकती है।[64] डा. अम्बेडकर ने ऐसी स्थिति से निपटने के लिए सुझाया है कि इतने वड़े देश में सेना किसी एक प्रान्त या एक ही समुदाय की नहीं होनी चाहिए। यहाँ सवाल यह नहीं है कि ऐसा जानबूझ कर नहीं किया जाता बल्कि यदि बिना जाने-पहचाने भी इसका परिणाम यही निकलता हो कि सेना एक ही क्षेत्र या एक ही समुदाय की बन गई है तो उस बारे में ध्यान दिया जाना जरूरी है। इसलिए सेना की भर्ती सारे प्रान्तों और सभी समुदायों के लोगों में से की जानी चाहिए। ऐसा करने से सैनिक तानाशाही द्वारा राजनैतिक सत्ता हथियाने की संभावना पर भी रोक लगती है।[65]

अछूतों के प्रतिनिधि की दृष्टि से डा. अम्बेडकर का तर्क है कि सेना में निम्न जातियों के लोगों की भर्ती होनी चाहिए। असल में 1892 में ब्रिटिश सरकार ने सेना में महारों की भर्ती पर रोक लगा दी थी। इस पर महाराष्ट्र के तत्कालीन अछूतों ने काफी आपत्ति की थी और सरकार को विरोध में ज्ञापन दिए थे। डा. अम्बेडकर सेना में महारों की भर्ती पर लगी रोक का कारण सामाजिक बताते हुए लिखते हैं—"ऐसा इसलिए नहीं हुआ कि मराठा बेहतर सैनिक थे बल्कि इसलिए हुआ क्योंकि मराठों का धार्मिक पक्षपात उन्हें निम्न जातियों के सैनिक अफसरों के अधीन काम करने से रोकता था।"[66] डा. अम्बेडकर मानते हैं कि ऐसा बिलकुल नहीं था कि महार जाति के लोग सेना में भर्ती होने के अन्यथा अयोग्य हो गए थे। उल्टे डा. अम्बेडकर ने लिखा है कि ईस्ट इण्डिया कंपनी के दिनों से ही सैनिक सेवा में अछूतों का एकाधिकार बना हुआ था।[67] उन्होंने इसके प्रमाण में 1859 में इंडियन आर्मी कमीशन को दिए मार्क्स ट्वीडलेडले के नोट के शब्द उद्धृत किए हैं। मार्क्स ट्वीडलेडले के शब्द इस प्रकार हैं—"यह कभी नहीं भुलाया जाना चाहिए कि भारत को निम्न जातियों की सहायता के द्वारा जीता गया था।"[68]

डा. अम्बेडकर सेना को एक आवश्यकता और पेशा मानते हैं। इसके सिवा सेना का गठन सरकार की नीति पर निर्भर करता है। इसके कुछ भौगोलिक कारण भी होते हैं। पहली बात यही है कि कोई भी राष्ट्र या कोई भी समाज विना सेना के कुछ नहीं कर सकता। सेना का रखना हर राष्ट्र के लिए अनिवार्य होता है। ऐसा कभी नहीं हो सकता कि कोई राष्ट्र बिना सेना के रह जाए। किसी राष्ट्र को इस दृष्टि से कमजोर भी नहीं कहा जा सकता। खुद लोगों के लिए सेना पेशा और जीविका का साधन बन जाती है। पेशा पीढ़ी-दर-पीढ़ी चला करता है। इस बारे में डा. अम्बेडकर लिखते हैं—"लोग अपने पुरखों के पेशों को अपनाया करते हैं भले ही वे पेशे उन्हें अच्छे लगते हों या अच्छे न लगते हों। इसलिए जब लोग नए पेशों को अख्तियार नहीं करते तो इसका जरूरी अर्थ यह नहीं है कि वे उन नए पेशों के योग्य नहीं हैं। लोगों के नए पेशों पर न जाने का मतलब यही होता है कि वे उनके पुरखों से चले आए कदीमी पेशे नहीं हैं।"[69] यहाँ डा. अम्बेडकर मार्शल और गैर-मार्शल वर्गों के विभाजन को मनमाना और कृत्रिम भेद मानते हैं। इस विभाजन की वे हिन्दुओं के जाति-सिद्धान्त से तुलना करते हैं जिसमें योग्यता के बजाय जन्म को मान्यता दी जाती है।[70] वे लिखते हैं—"किसी भी नस्ल के लोग सदा के लिए वीरोचित गुणों से रहित नहीं रह सकते। मार्शल स्पिरिट कोई जन्मजात गुण नहीं है। यह केवल प्रशिक्षण का मामला है और कोई भी व्यक्ति इसके लिए प्रशिक्षित किया जा सकता है।"[71] डा. अम्बेडकर उदाहरण दे कर बताते हैं कि युद्ध काल और शांति काल में सेना का गठन अलग-अलग होता है। युद्ध काल में मार्शल और गैर-मार्शल नस्लों का भेद मिटा दिया जाता है। तब आवश्यकतानुसार सारे लोगों को युद्ध पर भेजने की कोशिश की जाती

है। लेकिन शांति काल में पुनः मार्शल और गैर-मार्शल कौमों का भेद खड़ा कर दिया जाता है। तब सेना पुनः लोगों के पेशे और जीवन कैरियर की बात बन जाती है।[72] इस प्रकार मनुष्य के कोई भी ऐसे गुण आवश्यकता, इस्तेमाल और प्रशिक्षण की चीजें होती हैं। डा. अम्बेडकर ने इस बारे में गोपाल कृष्ण गोखले के ऐतिहासिक शब्द उद्धृत किए हैं जो उन्होंने हिन्दुओं के सम्बन्ध से अंग्रेज सरकार से कहे थे। शब्द इस प्रकार हैं–"हमारे प्रशासनिक और सैनिक गुण धीरे-धीरे नष्ट हो जाएँगे क्योंकि उन गुणों का कोई इस्तेमाल नहीं है और अन्त में हमारा भाग्य हमारे ही देश में लकड़हारों और शक्कों के भविष्य से बँध कर रह जाएगा।"[73] डा. अम्बेडकर ने गोखले के इन्हीं शब्दों का लाभ अपने पक्ष में अनुसूचित जातियों के सम्बन्ध में उठाया है। जहाँ तक सरकार की नीति की बात है तो वह स्वयं चाहा करती है कि क्या किया जाए। उन्होंने अपनी पुस्तक 'पाकिस्तान आर दि पार्टिशन आफ इंडिया' में ब्रिटिश सरकार पर आरोप लगाया था कि वह जानबूझ कर सेना में कुछ क्षेत्रों और समुदायों को पक्षपात की नीति अपना कर ज्यादा प्रतिनिधित्व देती थी।

संदर्भ

1. डा. वावा साहेब अम्बेडकर : राइटिंग्स एण्ड स्पीचेज, खंड 2, पृ. 171-72
2. वही, पृ. 212
3. वही, पृ. 212
4. वही, पृ. 212
5. वही, पृ. 212
6. वही, पृ. 330
7. वही, पृ. 330
8. वही, पृ. 355
9. वही, पृ. 355, 503
10. वही, पृ. 328
11. वही, पृ. 504
12. वही, पृ. 505
13. वही, पृ. 505
14. वही, पृ. 505
15. वही, पृ. 505
16. वही, पृ. 401
17. वही, पृ. 252-53
18. वही, पृ. 516
19. स्टेट्स एण्ड माइनरिटीज, बी. आर. अम्बेडकर, पृ. 46-7
20. डा. बाबा साहेब अम्बेडकर : राइटिंग्स एण्ड स्पीचेज, खंड 2, पृ. 174
21. मिस्टर गांधी एण्ड दि एमन्शिपेशन ऑफ दि अनटचेबल्स, बी. आर. अम्बेडकर, पृ. 22
22. वही, पृ. 40
23. वही, पृ. 43
24. डा. बाबा साहेब अम्बेडकर : राइटिंग्स एण्ड स्पीचेज, खंड 2, पृ. 398
25. वही, पृ. 398
26. वही, पृ. 395
27. वही, खंड 10, पृ. 426
28. मिस्टर गांधी एण्ड दि एमन्शिपेशन आफ दि अनटचेबल्स, पृ. 21
29. डा. बाबा साहेब अम्बेडकर : राइटिंग्स एण्ड स्पीचेज, खंड 8, पृ. 325
30. वही, खंड 2, पृ. 194

31. सोर्स मैटिरियल आन डा. बाबा साहेब अम्बेडकर एण्ड दि मूवमेण्ट ऑफ अनटचेबल्स, पृ. 386
32. डा. बाबा साहेब अम्बेडकर : राइटिंग्स एण्ड स्पीचेज, खंड 2, पृ. 186
33. डा. बाबा साहेब अम्बेडकर : राइटिंग्स एण्ड स्पीचेज, खंड 2,
34. स्टेट्स एण्ड माइनरिटीज, बी. आर. अम्बेडकर, पृ. 64; मिस्टर गांधी एण्ड दि एमन्शिपेशन ऑफ दि अनटचेबल्स, बी. आर. अम्बेडकर, पृ. 46-7
35. डा. बाबा साहेब अम्बेडकर : राइटिंग्स एण्ड स्पीचेज, खंड 2, पृ. 446
36. वही, खंड 5, पृ. 122; खंड 2, पृ. 358
37. वही, खंड 5, पृ. 122
38. वही, खंड 2, पृ. 456
39. वही, खंड 5, पृ. 119
40. वही, खंड 5, पृ. 107
41. स्टेट्स एण्ड माइनरिटीज, बी. आर. अम्बेडकर, पृ. 14
42. डा. बाबा साहेब अम्बेडकर : राइटिंग्स एण्ड स्पीचेज, खंड 2, पृ. 108
43. वही, पृ. 109
44. वही, पृ. 115
45. वही, पृ. 115
46. वही, पृ. 116
47. वही, पृ. 120
48. वही, पृ. 120
49. वही, पृ. 254
50. वही, खण्ड 5, पृ. 285-86
51. वही, पृ. 286
52. वही, पृ. 268-69
53. वही, पृ. 270
54. वही, पृ. 106-107, 270-71
55. वही, पृ. 271
56. वही, खण्ड 2, पृ. 139
57. वही, पृ. 469
58. वही, पृ. 269
59. स्टेट्स एण्ड माइनरिटीज, बी. आर. अम्बेडकर, पृ. 37
60. डा. बाबा साहेब अम्बेडकर : राइटिंग्स एण्ड स्पीचेज, खंड 2, पृ. 553
61. वही, खंड 5, पृ. 105
62. वही, पृ. 251
63. वही, खंड 2, पृ. 589
64. वही, खंड 8, पृ. 364-65
65. वही, पृ. 84
66. वही, खड 1, पृ. 262
67. वही, पृ. 261
68. वही, पृ. 261
69. वही, खंड 8, पृ. 76
70. वही, पृ. 76
71. वही, पृ. 77
72. वही, पृ. 71
73. वही, खंड 1, पृ. 269

अध्याय - छह

निराकरण और समाधान

क. शिक्षा नीति

किसी भी समुदाय के जीवन में शिक्षा का बहुत महत्त्व होता है। उसका विकास शिक्षा की कीली पर घूमता है। शिक्षा सभ्यता और संस्कृति की मापक है। इससे यह पता चलता है कि विकास की दृष्टि से किसी समुदाय की क्या स्थिति है और वह किधर तथा कितनी रफ्तार से जा रहा है। लेकिन शिक्षा एक हथियार ही है। यह मनुष्य की बौद्धिकता का प्रतिस्थापन नहीं है। ऐसा नहीं माना जा सकता कि यदि कोई व्यक्ति शिक्षित नहीं है तो वह एक मनुष्य के रूप में बुद्धिमान भी नहीं है। यदि सभी लोगों को अशिक्षित रखा जाए तो उनकी बुद्धिमत्ता तब भी बची रहती है। चूंकि शिक्षा एक अतिरिक्त हथियार है इसलिए बुद्धिमान मनुष्य इसे प्राप्त करके अधिक शक्तिशाली हो जाते हैं।

जब डा. अम्बेडकर राजनीति पर बोलते हैं तो वे शिक्षा से अधिक मनुष्य की मूल बुद्धिमत्ता पर भरोसा करते हैं। इसीलिए उन्होंने प्रतिनिधि सरकार के लिए वयस्क मताधिकार की बात रखी है। उनका तर्क अनुसूचित जातियों के हितों को ध्यान में रख कर आया है लेकिन ऐसा तर्क मनुष्य मात्र पर लागू किया जा सकता है। वे कहते हैं—"मेरा विचार है कि हर कोई मनुष्य यह समझने के लिए कि वह खुद क्या चाहता है, पर्याप्त रूप से बुद्धिमान होता है। इस मामले में साक्षरता की कोई खास मान्यता नहीं है। एक मनुष्य निरक्षर हो कर भी बहुत बुद्धिमान हो सकता है।"[1]

ऊपर के उद्धरण का मतलब यह कदापि नहीं है कि डा. अम्बेडकर साक्षरता और शिक्षा के महत्त्व को नकार रहे हैं। इसके विपरीत, उन्होंने शिक्षा और उच्च शिक्षा को समाज के जीवन में बहुत महत्त्व दिया है। खुद उन्होंने अपने समय की विश्व की सर्वोच्च शिक्षा पाई थी। उनके कहने का मतलब केवल यही है कि शिक्षा मनुष्य की बुद्धिमत्ता को जन्म नहीं देती। मनुष्य जैविक रूप में बुद्धिमान पहले पैदा होता है और बौद्धिकता के विकास के लिए शिक्षा बाद में प्राप्त करता है। यह उनका शिक्षा के क्षेत्र

में जैविक मानववाद का सिद्धान्त है। मनुष्य जैविक रूप में बुद्धिमान पैदा होता है लेकिन वाद में उसे शिक्षा प्राप्त करने के लिए लगातार प्रयत्न ही नहीं बल्कि कठोर संघर्ष करना चाहिए।

शिक्षा यदि सर्व-जन-सुलभ हो तो एक बात है लेकिन भारत के समाज में ज्यादातर ऐसा नहीं रहा है। यहाँ प्राचीन काल में चातुर्वर्ण्य व्यवस्था लागू रही है। उस व्यवस्था में शिक्षा वर्ग-शिक्षा थी। उसमें शूद्र और अन्त्यज को शिक्षा प्राप्त करने का अधिकार नहीं है और यह मनाही साफ-साफ धर्म ग्रन्थों के संस्कृत श्लोकों में लिख कर की गई है। डा. अम्बेडकर लिखते हैं—"शिक्षा एक छोटे से वर्ग तक सीमित थी। यह कभी भी वहुजनों का अधिकार और अवसर नहीं रही। वस्तुतः चातुर्वर्ण्य व्यवस्था में एक ही वर्ग शिक्षा प्राप्त कर सकता था और बाकी जनता इससे वंचित रखी गई थी।"[2] एक अन्य स्थल पर उन्होंने लिखा है—"यह महसूस किया जाना चाहिए कि लिखने और पढ़ने का वेदों के अध्ययन से सीधा संबंध है। लिखना और पढ़ना स्वतंत्र और विशेष अधिकार प्राप्त लोगों के लिए आवश्यक था। वेद न पढ़ने वालों के लिए लिखना और पढ़ना आवश्यक नहीं था। इस प्रकार लिखना और पढ़ना वेदों से जुड़ गया था। इसका नतीजा यह निकला कि वेदों के पढ़ने और पढ़ाने के लिए दिए गए कुछ लोगों को अधिकार और अधिकांश लोगों के लिए वेदों को पढ़ने की मनाहियों का मनु का सिद्धान्त लिखने और पढ़ने की कला से जुड़ कर रह गया था। जिन लोगों को वेदों के अध्ययन का अधिकार मिला था उन्हें ही लिखने और पढ़ने का अधिकार मिला था। जिन्हें वेदों के अध्ययन का अधिकार नहीं था उनके लिखने और पढ़ने का अधिकार छीन लिया गया था। इसलिए कहा जा सकता है कि मनु के विधान के अनुसार लिखना और पढ़ना थोड़े से उच्च वर्गों का अधिकार बन गया था तथा अधिकांश निम्न वर्गों का भाग्य निरक्षरता के अंधकार से बँध कर रह गया था।"[3] डा. अम्बेडकर ने महाराष्ट्र में ब्राह्मणों के पेशवा काल की स्थिति इस प्रकार रखी है—"पेशवाओं के राज्य में दलित वर्ग शिक्षा के क्षेत्र से पूर्णतया बाहर था।"[4]

राज्य की शिक्षा सम्बन्धी एक महत्त्वपूर्ण नीति हुआ करती है। ऐसा नहीं है कि कोई वर्ग शिक्षा अपने आप प्राप्त कर लेता है। इसमें राज्य का पूरा-पूरा हाथ होता है कि किस वर्ग को शिक्षा दी जाए और किस वर्ग को इससे वंचित रखा जाए। डा. अम्बेडकर लिखते हैं कि पेशवाओं के ब्राह्मणी राज्य की तुलना में ब्रिटिश शासन आने पर दलित वर्गों के मन में अनेक आशाएँ जगी थीं। कारण यह था कि पहले, पेशवाओं के धर्मतंत्र की तुलना में ब्रिटिश राज लोकतांत्रिक था, दूसरे, दलित वर्गों ने अंग्रेजों को उनकी भारत विजय में सहायता की थी। इसलिए स्वाभाविक रूप से उनका विश्वास था कि बदले में अंग्रेज भी उनकी मदद करेंगे।"[5] लेकिन एक लम्बे समय तक अंग्रेजों ने भारतीय लोगों को शिक्षा देने के बारे में अपनी चुप्पी साधे रखी। यद्यपि प्रशासन के उच्च अधिकारी अपने नैतिक कर्त्तव्य और प्रशासनिक जरूरतों के नाते जनता में

ज्ञान का प्रसार करने के बारे में भूल में नहीं थे, लेकिन फिर भी 1813 तक राज्य की शिक्षा सम्बन्धी कोई सार्वजनिक घोषणा नहीं की गई,[6] और अंग्रेज सरकार ने बाद में जो घोषणा की उसके अनुसार शिक्षा को उच्च वर्गों के लिए सुरक्षित कर दिया।[7] डा. अम्बेडकर अंग्रेजों की इस शिक्षा नीति को खोज सके थे। उन्होंने बम्बई प्रेजीडेंसी की बोर्ड आफ एजुकेशन की 1850-51 की रिपोर्ट से कुछ पैरे उद्धृत किए हैं। वे इस प्रकार हैं :

"8 वाँ पैरा

1830 में माननीय कोर्ट ने मद्रास को इस प्रकार लिखा—"शिक्षा में सुधार जो लोगों की नैतिक और बौद्धिक दशा का स्तर ऊँचा उठाने में मदद करते हैं, ये वे सुधार हैं जो उच्च वर्गों की शिक्षा से सम्बन्धित हैं—ऐसे लोगों की शिक्षा से जिनके पास फुर्सत है और जो देशवासियों के दिमागों पर स्वाभाविक असर रखते हैं। उन वर्गों का शिक्षा का स्तर उठा कर आप अन्ततः समुदाय के लोगों में ज्यादा प्रभावकारी परिवर्तन ला सकोगे बनिस्पत इस आशा के कि बहुजन समाज को सीधे शिक्षा दे कर लाभ प्राप्त करना चाहिए। आप हमारी इस चिन्ता से खूब वाकिफ हैं कि हम देशीय लोगों में से ऐसे लोगों का ग्रुप अपनी इच्छा पर तैयार करना चाहते हैं जो अपनी आदतों और अपनी योग्यताओं के कारण भारत सरकार के लोक प्रशासन में जो अब तक उनका स्थान रहा है, उससे ज्यादा भागीदार बनें और अपने देश के ऊँचे ओहदों पर काम करें।"[6]

22 वाँ पैरा

इसमें कोई सन्देह नहीं कि यदि बम्बई के दलित वर्गों में से ऐसा ग्रुप तैयार किया जाता है तो वे बोर्ड की सेवा में रत प्रोफेसरों और अध्यापकों द्वारा किसी भी अन्य समुदाय की तुलना में अधिक बौद्धिकता में प्रशिक्षित किए जा सकते हैं। और इतनी ऊँची योग्यता पा कर, जो उन्हें मिलेगी, देशीय लोगों के लिए खुले ऊँचे से ऊँचे पद जैसे न्यायाधीश, ग्राण्ड जूरी, 'हर मैजेस्टीज कमीशन ऑफ दि पीस' को प्राप्त करने में उन्हें कोई नहीं रोक सकेगा। कुछ दयालु हृदय के लोग सोचते हैं कि यह अंग्रेज सरकार की हददर्जे की अनुदारता और कमजोरी होगी यदि वह दलित वर्गों की ऐसी नियुक्तियों से उत्पन्न होने वाली हिन्दू समुदाय के मन में घृणा बढ़ने के भय के सामने झुक जाती है। वे चाहते हैं कि जाति प्रथा की बुराई पर खुला आक्रमण किया जाना चाहिए।"[9]

"23वाँ पैरा

लेकिन यहाँ एलफिन्सटन महोदय, जो भारत भूमि में इस पक्ष के बेहद

उदार और दरिया-दिल प्रशासक रहे हैं, के विचार सही दिशा में काम करने के लिए पढ़े जा सकते हैं। वे कहते हैं—"यह कहा जाता है कि मिशनरी लोग निम्न जातियों के लोगों को अपने सबसे अच्छे अनुयायी मानते हैं लेकिन हमें इस बात में बहुत सावधानी बरतनी चाहिए कि इस तरह के निम्न जातियों के लोगों को कितना प्रोत्साहित किया जाए। वे सबसे अधिक तिरस्कृत लोग ही नहीं हैं बल्कि समाज के बड़े विभाजन में उनकी संख्या भी सबसे कम है। डर लगता है कि यदि हमारी शिक्षा प्रणाली सब से पहले उनमें अपनी जड़ें जमाती है तो वह आगे प्रसारित नहीं हो सकेगी। हम एक ऐसे नए वर्ग के साथ होंगे जो उपयोगी ज्ञान में बाकी सबसे श्रेष्ठ होगा लेकिन बाकी जातियों से घृणित और तिरस्कृत भी होगा। ऐसा करना तब तो ठीक रहेगा यदि हम अपनी सत्ता को सेना के बल पर बनाए रखने से सन्तुष्ट होना चाहते हैं या जनसंख्या के एक भाग को मोहित करना चाहते हैं लेकिन वह शिक्षा को विस्तृत आधार देने के हमारे हर प्रयास के खिलाफ होगा।"[10]

आज शिक्षा में ब्राह्मण वर्ग छाया हुआ है। लेकिन डा. अम्बेडकर बताते हैं कि यह अंग्रेज सरकार की सोची-समझी शिक्षा नीति का फल है। इस बारे में उन्होंने अंग्रेज सरकार की नीति के प्रमाण प्रस्तुत किए हैं जिसमें उस समय के भारत में अंग्रेजों ने चार उच्च वर्ग माने थे जो इस प्रकार हैं:

1. भू-स्वामी और जागीरदार;
2. वणिक वर्ग;
3. सरकार के उच्च अधिकारी;
4. ब्राह्मण।

पुराने भू-स्वामियों, जागीरदारों और सैनिकों के बारे में उन्होंने माना था कि ब्रिटिश शासन में वह वर्ग दिनोंदिन नीचे गिरता जा रहा है। इस वर्ग को अपने पूर्वजों के गुणगान करने का झूठा घमण्ड रहता है। वणिक वर्ग के बच्चे धन कमाने के लोभ में स्कूल को जल्दी छोड़ देते हैं और वे शिक्षा के प्रति उदासीन रहते हैं। सरकारी कर्मचारियों का असर केवल सरकार के सम्पर्क में आने वाले लोगों तक सीमित रहता है और सरकार के सम्पर्क में न आने वाले लोगों पर जो संख्या में भी अधिक हैं, उनका कोई असर नहीं है। ऐसी स्थिति में एक ब्राह्मण ही ऐसे लोग बचते हैं जो गरीबी की दृष्टि से समाज में 'भिखारी' के समान मजबूर हैं परन्तु समाज में उनका गहरा प्रभाव है। इसलिए तजुर्बा यह कहता है कि ऊँचे वर्गों के इन गरीब लोगों के लिए शिक्षा के ज्यादा से ज्यादा द्वार खोले जाने चाहिए।[11]

डा. अम्बेडकर ने बोर्ड ऑफ कण्ट्रोल के प्रेजीडेण्ट लार्ड एलनबोरो द्वारा कोर्ट ऑफ डाइरेक्टर्स के चेयरमैन को 1858 में लिखे पत्र के अंश उद्धृत किए हैं। कुछ

महत्त्वपूर्ण पैरे इस प्रकार हैं :

"11वाँ पैरा

मुझे विश्वास है कि हमने शायद ही कभी निम्न वर्ग के माता-पिता को अपने बच्चे स्कूल भेजने के लिए प्रेरित किया हो। यदि हम शिक्षा का प्रसार उस प्रकार आगे बढ़ा सकें जिस प्रकार हम चाहते हैं, तो इससे श्रमिक वर्ग को बौद्धिकता में उच्च स्थान प्राप्त करा सकेंगे। परन्तु उस नीति से धनवान लोगों को अज्ञान के अँधेरे में फेंक डालेंगे।

"12 वाँ पैरा

इस प्रकार की शिक्षा से समाज का एक अच्छा रूप बनाने का काम नहीं हो सकेगा।

"13 वाँ पैरा

हमें गरीब ब्राह्मण लोगों की एक असन्तुष्ट जमात खड़ी करनी चाहिए जो हमारे द्वारा दी गई उच्च शिक्षा के बल पर सामान्य जनता पर अपना प्रभुत्व जमा सकें।

"14 वाँ पैरा

शिक्षा और सभ्यता उच्च वर्गों से निम्न वर्गों में उतर सकती हैं और इस प्रकार वह समाज में एक नई शक्ति भर देगी लेकिन वह निम्न वर्गों से उच्च वर्गों में कभी नहीं चढ़ सकती। यदि शिक्षा पूर्णतया निचले वर्गों को दी गई तो इससे जनता में आम घपला हो जाएगा जिसके सबसे पहले शिकार विदेशी लोग होंगे।

"15 वाँ पैरा

यदि हम शिक्षा का प्रसार चाहते हैं तो हमारा काम है कि इसे सबसे पहले उच्च वर्गों को देने की कोशिश करें।"[12]

इस प्रकार डा. अम्बेडकर ने निष्कर्ष निकाला है कि पहली बार में अंग्रेजों की ब्यूरोक्रेसी ने पिछड़े वर्गों को शिक्षा प्राप्त करने की अनुमति नहीं दी तथा दूसरी बार में उस ब्यूरोक्रेसी ने इन्हें शिक्षा प्राप्त करने में कोई मदद नहीं की[13]—अर्थात अंग्रेज सरकार ने इनकी शिक्षा को पूरी तरह नकारा और उपेक्षित रखा है।[14]

डा. अम्बेडकर यह भी मानते थे कि भारत में अंग्रेज सरकार की शिक्षा नीति में साम्प्रदायिक सन्तुलन रहा है। उन्होंने गवर्नर-जनरल को बताया था कि इसी साम्प्रदायिक नीति के तहत अलीगढ़ मुस्लिम यूनिवर्सिटी और बनारस हिन्दू विश्वविद्यालय को समान रूप से तीन-तीन लाख रुपये सालाना सरकार द्वारा अनुदान के रूप में दिए जा रहे हैं। इसी तर्क पर उन्होंने अनुसूचित जातियों की शिक्षा के लिए अनुदान माँगे थे।[15] अपनी पुस्तक 'स्टेट्स एण्ड माइनरिटीज' में उन्होंने अनुसूचित जातियों की सामान्य शिक्षा, उच्च शिक्षा और विदेशी शिक्षा के लिए अलग-अलग धाराएँ रखी

थीं।[16] गवर्नर जनरल के सामने अनुसूचित जातियों की शिकायतें रखते समय उन्होंने सेण्ट्रल एडवाइजरी बोर्ड ऑफ एजुकेशन में इन जातियों के सदस्यों के रूप में दो प्रतिनिधि रखने की माँग भी रखी थी।[17]

किसी समुदाय में शिक्षा का प्रसार तेजी से क्यों होता है? हिन्दू समाज में आधुनिक शिक्षा ने पाँव क्यों जमा लिए हैं? ऐसे प्रश्नों का उत्तर डा. अम्बेडकर यह कह कर देते हैं कि यह तभी संभव हो सका है जब उन्हें सरकारी सेवाओं में प्रवेश पाने का पूरा भरोसा मिला हुआ है।[18] अनुसूचित जातियों में शिक्षा का प्रसार उसी तेजी से होगा जिस तेजी से उन्हें सरकारी नौकरियों में प्रवेश मिलेगा। अनुसूचित जातियों के लिए सरकारी नौकरियों के द्वार खोलना और भी जरूरी हो जाता है क्योंकि व्यापार और उद्योग के अन्य क्षेत्रों में जाने के उनके द्वार पूर्णतया बन्द हैं।[19]

यहाँ प्रतियोगी परीक्षाओं और कुशल प्रशासन का एक बार पुनः जिक्र किया जा सकता है। यहाँ भी डा. अम्बेडकर इस सवाल की समीचीनता पर प्रश्नचिह्न नहीं लगा रहे कि लोक सेवाओं में कुशल प्रशासक पाने के लिए प्रतियोगी परीक्षाओं का तरीका भरोसेमन्द है या नहीं। वे केवल यही प्रश्न पूछ रहे हैं कि यदि प्रतियोगी परीक्षाएँ सभी जातियों और धर्मावलम्बियों के लिए समान रूप से खुली हुई हैं तो क्या इतने भर से अनुसूचित जातियों के लोग लोक सेवाओं में प्रवेश पा सकेंगे। डा. अम्बेडकर खुद इस प्रश्न का उत्तर देते हुए लिखते हैं कि सब कुछ राज्य की शिक्षा व्यवस्था पर निर्भर करता है। पर क्या राज्य की शिक्षा व्यवस्था पर्याप्त रूप से लोकतांत्रिक है? क्या शिक्षा की सुविधाएँ प्रतियोगी परीक्षाओं में हिस्सा लेने के लिए समाज के सारे वर्गों के लिए समान रूप से सुलभ हैं? यदि ऐसा नहीं है तो खुली प्रतियोगिता के नाम पर समाज के ज्यादातर वर्ग लोक सेवाओं में पहुँचने से रह जाएँगे।[20] यहाँ भी डा. अम्बेडकर वही बात दुहराते हैं कि भारत में उच्च शिक्षा पर हिंदुओं का और उनमें भी विशेषकर द्विज हिन्दुओं का एकाधिकार काबिज है। अनुसूचित जातियों में व्याप्त गरीबी के कारण लोक सेवा के उच्च पदों के लिए जरूरी उच्च शिक्षा उनके पास नहीं है और ऊँचे पद ही सरकार की नीति सम्बन्धी बातें तय करते हैं।[21] समाधान में डा. अम्बेडकर इसी बात पर जोर देते हैं कि राज्य की शिक्षा व्यवस्था पर्याप्त रूप से लोकतांत्रिक होनी चाहिए जिससे सभी वर्गों के छँटे हुए अच्छे लोक सेवक सरकार का कामकाज चलाएँ।[22]

ख. लोक सेवा आयोग

लोक सेवा के क्षेत्र में भर्ती का तरीका कम महत्त्वपूर्ण नहीं है; भर्ती करने के नियम होते हैं जिनके अनुसार भर्ती की जानी होती है। लेकिन देखने में यह आता है कि भर्ती करने वाले अधिकारी उन नियमों का पालन नहीं करते। यह सरकारी क्षेत्र की बात है लेकिन गैर-सरकारी क्षेत्र में कोई खास नियम ही नहीं होते। यूँ, सरकारी और

गैर-सरकारी के दोनों क्षेत्रों में समस्या एक सी बनी रहती है। इसके समाधान में डा. अम्बेडकर दो बातें सुझाते हैं :

1. समाज के ज्यादा से ज्यादा कार्यों को सरकार के क्षेत्र में लाया जाए;
2. सरकारी क्षेत्रों के लिए लोक सेवा आयोग की सहायता ली जाए।

असल में, डा. अम्बेडकर के ऐसे विचार क्यों बने थे? इन विचारों के बनने में उनका बचपन तक का तजुर्बा था। उन्होंने प्राइवेट मिल मालिकों के मिलों में भर्ती का तरीका देखा था कि उनमें साम्प्रदायिकता के हिसाब से नियुक्तियाँ की जाती थीं। 1938 में बम्बई विधान सभा में 'इंडस्ट्रियल डिस्प्यूट्स बिल' पर बस करते समय उन्होंने अपने अनुभव इन शब्दों में रखे थे—"मैंने अपने बचपन में इन सारे मिलों में जा कर देखा है। उनमें मेरे परिवार के कुछ लोग काम करते थे। मैं उनके लिए भोजन ले कर जाया करता था। अधिक तो नहीं, लेकिन मैंने कुछ मिलों को अभी कुछ दिन पहले जा कर फिर देखा है। इन सारे मिलों के बारे में जो आश्चर्यजनक बात सामने आती है वह यह है कि वे मिल अपने प्रबंधकों के चचेरे भाइयों के लिए स्वर्ग बन गए हैं। सैंकड़ों निकम्मे लोग ऊँचे पदों पर केवल इसलिए नियुक्त किए जाते हैं कि वे प्रबंधकों के किसी रिश्ते में आते हैं। आप पारसियों के मिलों में जा कर देखेंगे कि उनमें सैंकड़ों पारसियों को नौकरियाँ मिली हुई हैं भले ही मिल को उनकी जरूरत हो या न हो। आप गुजरातियों के प्रबंध वाले मिलों में जा कर देखेंगे कि वहाँ सैकड़ों गुजरातियों को नौकरियाँ मिली हुई हैं भले ही मिल को उनकी भी जरूरत हो या न हो। यहूदियों के मिलों में आप वहाँ आवश्यकता के और बिना आवश्यकता के नौकरी करते हुए सैकड़ों यहूदियों को पाएँगे। प्रबंधकों द्वारा अच्छे मजदूरों की कमाई का अधिकांश भाग इन निठल्ले लोगों के पेट भरने के लिए इस्तेमाल किया जाता है, चाहे ये कुशल काम करने वाले हों या न हों और चाहे मिल को इनकी आवश्यकता हो या न हो।"[23] इस तरह निठल्ले और फालतू लोगों को भर्ती करने से मिल का काम भी ठीक नहीं चलता। ऐसी हालत में देश के उद्योग पर बुरा असर पड़ता है। यह सब इसलिए होता है क्योंकि भर्ती करने के नियम कोई निश्चित और तरीके नहीं हैं। इसलिए डा. अम्बेडकर चाहते हैं कि ऐसी नियुक्तियों पर रोक लगनी चाहिए।

जहाँ तक सरकारी क्षेत्र का सवाल है, डा. अम्बेडकर ने गोल मेज सभा की अपनी प्रभावकारी दलीलों के कारण दलित जातियों के लिए सरकारी क्षेत्रों में नौकरियों के द्वार खुलवा दिए थे। लेकिन सच्चाई यह थी कि सरकारी आदेश के बावजूद नौकरियों में अनुसूचित जातियों के उम्मीदवारों को नहीं लिया जाता था। इस का कारण यह था कि अनुसूचित जातियों की नियुक्तियों के लिए अधिकारियों को विवेकाधिकार दिए गए थे। डा. अम्बेडकर इस बारे में लिखते हैं—"लोक सेवाओं में अनुसूचित जातियों की नियुक्तियाँ अन्य अल्पसंख्यकों की तरह एक निश्चित कोटा तय न किए जाने के कारण नियोक्ताओं के विवेकाधिकार पर छोड़ दी गई हैं।

नियुक्ति अधिकारी प्रायः सवर्ण हिन्दू होते हैं और उनसे यह अपेक्षा नहीं रखी जा सकती कि वे विवेकाधिकार का इस्तेमाल अनुसूचित जातियों के फायदे में करेंगे।''[24] उन्होंने निष्कर्ष निकाला है कि लम्बे काल से चले आ रहे अपने पूर्वाग्रहों के कारण सवर्ण हिन्दुओं के नियुक्ति अधिकारी अनुसूचित जातियों के हित की बात नहीं सोचेंगे।[25] इतना ही नहीं, वे यह भी बताते हैं कि यदि नौकरी देने की बात आती है तो अनुसूचित जाति का व्यक्ति सब से बाद में नियुक्त किया जाता है लेकिन यदि नौकरी से निकालने की बात आती है तो सबसे पहले अनुसूचित जाति का व्यक्ति निकाल दिया जाता है।[26] वे साइमन कमीशन के सामने अपने साक्ष्य में यह भी बताते हैं कि यदि दलित जातियों को नौकरियाँ दी जाती हैं तो अस्पृश्यता की भावना के कारण ऐसे विभागों में दी जाती हैं जो फैक्ट्री के हिसाब से महत्त्वपूर्ण नहीं माने जाते।[27]

अनुसूचित जाति के उम्मीदवारों की नियुक्तियों के मामले में तरह-तरह की अनियमितताओं के बर्ताव के कारण डा. अम्बेडकर ने 1929 में ही सरकार को सुझाव दिया था कि नियुक्तियों के लिए अलग से लोक सेवा आयोग खड़े किए जाने चाहिए। इस मामले में वे उस समय लोक सेवाओं में भर्ती करने वाले भारत के तत्कालीन सेक्रेटरी ऑफ स्टेट का भी विश्वास नहीं करते थे।[28] साथ ही, वे भर्ती को मंत्रियों की पकड़ से भी बाहर रखना चाहते हैं। वे लिखते हैं–''मैं स्वीकार करता हूँ कि राजनैतिक प्रभाव और भ्रष्टाचार की बुराइयों को खत्म करने के उद्देश्य से लोक सेवा की भर्ती मंत्रियों से स्वतंत्र एक अलग ओथोरिटी द्वारा की जानी चाहिए।''[29] इसके लिए उन्होंने एक केन्द्रीय भर्ती बोर्ड की स्थापना की भी सिफारिश की थी।[30]

डा. अम्बेडकर भर्ती को विकेन्द्रित स्तर पर नहीं चाहते। इसके उलटे वे इस विषय में जबर्दस्त केन्द्रीयकरण के पक्षधर हैं। उन्हें विभागाध्यक्षों को भर्ती की ओथोरिटी बनाने से खास चिढ़ थी। इसीलिए वे बड़े-बड़े भर्ती बोर्डों और लोक सेवा आयोगों के गठन की सिफारिश करते हैं। कारण यही है कि विभागाध्यक्ष भर्ती के मामले में साम्प्रदायिकता, भाई-भतीजेवाद और भ्रष्टाचार के कारण अपनी मनमानी करते हैं। सरकार के पास इतना समय नहीं रहता कि उनकी ऐसी कारगुजारियों पर लगातार निगरानी रख सके। बड़े-बड़े भर्ती बोर्डों और लोक सेवा आयोगों का यह लाभ रहता है कि उन पर एक जगह निगाह रखी जा सकती है।

ऐसा भी नहीं है कि डा. अम्बेडकर केन्द्र के लिए संघ लोक सेवा आयोग और राज्यों के लिए प्रांतीय लोक सेवा आयोगों के गठन मात्र से सन्तुष्ट हो जाते हैं। उनके अनुसार, खुद लोक सेवा आयोग स्थानीय प्रभावों में रह कर काम कर सकते हैं। लेकिन इससे बढ़ कर डा. अम्बेडकर कहते हैं–''मुझे लगता है कि हमें यह भी सुरक्षा करनी चाहिए कि लोक सेवा आयोग अपनी शक्तियों का दुरुपयोग न कर जाए। मैं इस मामले में कुछ ज्यादा सख्ती से पेश आना चाहता हूँ। लोक सेवा आयोग अपने

कार्मिकों के मामले में बहुत छोटा संगठन रहना होता है। इसलिए हम ऐसा नहीं कर पाएँगे कि लोक सेवा आयोग में देश के सभी समुदायों के प्रतिनिधि रख सकें। लेकिन लोक सेवा आयोग जब कुछ समुदायों से ही बनाया जाता है तो मानव स्वभाव के कारण मुझे डर लगता है कि कहीं लोक सेवा आयोग अपनी शक्तियों का दुरुपयोग न कर जाए।''[31] उन्होंने 1942 में तत्कालीन 'फेडरल पब्लिक सर्विस कमीशन' के साम्प्रदायिक चरित्र के बारे में गवर्नर जनरल को एक ज्ञापन दिया था। इसमें उन्होंने यह बताया था कि इसका पहला कारण तो यह हो सकता है कि आयोग में सभी समुदायों को प्रतिनिधित्व दिया जाए लेकिन इसका दूसरा कारण यह भी हो सकता है कि इससे एक-दूसरे समुदाय की साम्प्रदायिक भावनाओं की आपस में काट हो जाएगी।[32]

डा. अम्बेडकर को यह भी डर था कि कहीं लोक सेवा आयोग अपने साम्प्रदायिक चरित्र के कारण अनुसूचित जाति के उम्मीदवारों को 'अनुपयुक्त' ही घोषित न करता रहे। उन्होंने बताया था कि इस शब्द में अनेक सामाजिक पाप छुपे हुए हो सकते हैं। इसलिए उन्होंने आयोग की सदस्यता में अनुसूचित जाति के लोगों को प्रतिनिधित्व देने की माँग रखी थी।[33]

ग. कथनी और करनी

कथनी और करनी का अन्तर भारतीय जीवन दर्शन की सबसे जटिल समस्या है। इसे सीधे-सादे शब्दों में 'झूठ बोलना' कहा जा सकता है लेकिन दिक्कत यही है कि इसे ऐसा कहने नहीं दिया जाता। जब झूठ को झूठ न बताया जाए तो उसे छिपाने के लिए एक नई शब्दावली का निर्माण होता है जो समय के संदर्भ के साथ दिनोंदिन बढ़ती और विकसित होती जाती है। फिर भी, डा. अम्बेडकर ने इस झांसा देने वाली विपुल शब्दावली के पार सत्य को देखा है। इस झूठ के लिए उन्होंने हिन्दू चिन्तन को जिम्मेदार माना है।

डा. अम्बेडकर इस विषय पर लगातार सोचते आ रहे थे लेकिन पहली बार उन्होंने इसे 1936 में अपनी पुस्तक 'एन्निहिलेशन ऑफ कास्ट' में उजागर किया है। इसके लिए वे हिन्दू दर्शन और हिन्दू धर्म में अन्तर करके चलते हैं। वे इस पुस्तक में लिखते हैं–''हिन्दू दर्शन, चाहे यह वेदान्त, सांख्य, न्याय, वैशेषिक में से कोई हो, हिन्दू धर्म को किसी भी रूप में बिना प्रभावित किए अपने गोल धारे में घूमता रहा है। इसमें कभी यह हिम्मत नहीं आई कि धर्म के सिद्धान्त को चुनौती दे सके। इस रूप में कि 'हर चीज ब्रह्म है', हिंदू दर्शन मात्र एक बौद्धिक विषय बन कर रहा है। यह कभी भी समाज दर्शन में परिणत नहीं हो सका। हिन्दू दार्शनिकों ने अपने एक हाथ में दर्शन और दूसरे हाथ में मनु को एक साथ पकड़े रखा है–विशेषता यह है कि पहला हाथ यह नहीं जानता कि दूसरे हाथ में क्या है। हिन्दू अपनी इस असंगति और

सामंजस्यहीनता से कभी परेशान नहीं होते।''[54]

असल में डा. अम्बेडकर उपनिषदों के बारे में भी काफी सोचते हैं। बहुत दिनों तक उपनिषद साहित्य उनके जीवन का एक डाइलमा रहा था। वे अपनी पुस्तक 'भगवान बुद्ध और उनका धर्म' में भी उपनिषदों के दर्शनों तक गए थे। लेकिन उपनिषदों के बारे में उनके विचार उनकी पुस्तक 'फिलासफी ऑफ हिन्दुइज्म' में पूरी तरह स्पष्ट हो चुके हैं। यह पुस्तक उनके मरणोपरान्त छपी है। यह महाराष्ट्र सरकार द्वारा प्रकाशित 'डा. बाबा साहेब अम्बेडकर : राइटिंग्स एण्ड स्पीचेज' के तीसरे वोल्यूम में संकलित है। इस पुस्तक में उपनिषदों के बारे में उन्होंने जो अपने विचार दिए हैं नीचे उनका अनुवाद करके रखा जा रहा है :

> ''उपनिषदों के दर्शन को बहुत थोड़े शब्दों में रखा जा सकता है।
>
> ''उपनिषदों का यह दर्शन हमारे किस काम का है? उपनिषदों के दर्शन का मतलब तपस्वी का जीवन अख्तियार करके जीवन संघर्ष से मुख मोड़ना और आत्मदाह में इच्छाओं का नाश करना है।
>
> ''जीवन संघर्ष से मुख मोड़ने के सिवाए क्या उपनिषदों के दर्शन ने हिन्दू धर्म पर सामाजिक और राजनैतिक सिद्धान्त के रूप में भी कोई प्रभाव छोड़ा है? इसमें कोई सन्देह नहीं कि यह दर्शन हिन्दुओं के नैतिक और सामाजिक जीवन में बिना कोई प्रभाव छोड़ने वाला तर्कों का गैर-प्रभावी और बेमतलब का फालतू दर्शन साबित हुआ है।''
>
> ''इस दुखदायी परिणाम के कारणों के बारे में जानना बुरी बात नहीं है। इसका एक कारण बिल्कुल साफ है। उपनिषदों का दर्शन अपूर्ण रहा है और इसकी इसी दार्शनिक अपूर्णता के कारण समाज को इसके वे लाभ नहीं मिल सके जो मिल सकते थे या मिलने चाहिए थे। यह बात स्पष्ट हो जाती है यदि यह जान लिया जाए कि उपनिषदों की मूल कुंजी क्या है। प्रोफेसर मैक्स मूलर के शब्दों में उपनिषदों की मूल कुंजी 'अपने आपको जानो' के वाक्य में समाई हुई है। उपनिषदों के 'अपने आपको जानो' के वाक्य का अर्थ यह है कि 'अपने सच्चे स्वरूप को जानो, ऐसा सच्चा स्वरूप जो तुम्हारे अस्तित्व के पीछे का कारण है। इसका अर्थ है कि इस सम्पूर्ण सृष्टि के पीछे के महान, सर्वोत्तम और सनातन सत्य को ढूँढ़ो और जानो।'
>
> ''उपनिषदों का दावा है कि उन्होंने 'आत्मा और ब्रह्म एक है' का महान सत्य खोजा है और उन्होंने यह भी चाहा है कि आदमी इस महान सत्य को जाने। अब इसके कारण अनेक हैं कि समाज की दृष्टि से उपनिषदों का दर्शन गैर-प्रभावी क्यों रहा। मैं उन पर कहीं अलग से चर्चा करूँगा। यहाँ मैं उनमें

से केवल एक कारण का जिक्र करना चाहूँगा। वह यह है कि उपनिषदों के दार्शनिकों ने कभी यह महसूस नहीं किया कि सत्य को जान लेना ही काफी नहीं है बल्कि एक दार्शनिक को सत्य से प्यार करना भी सीखना चाहिए।''[35]

ऐसा नहीं हो सकता कि हिन्दुस्तान में धर्म और दर्शन का कोई विद्यार्थी शंकर के दार्शनिक गोरखधन्धे को देख कर परेशान न हो। डा. अम्बेडकर भारतीय समाज दर्शन के अव तक के सबसे अच्छे विद्यार्थी घोषित किए जा सकते हैं। यह जाना जा सकता है कि उन्होंने शंकर के बारे में क्या कहा है। इसके लिए उनकी पुस्तक–'रिडल्स इन हिन्दुइज्म' देखी जा सकती है। इस पुस्तक में उन्होंने हिन्दू समाज दर्शन की अनेक पहेलियाँ खोजी हैं। इनमें 22 वीं पहेली का नाम है–'ब्रह्म धर्म नहीं है; फिर धर्म किस मर्ज की दवा है?' नीचे इस पहेली के कुछ अंशों का अनुवाद किया जा रहा है:

'' हिन्दुओं के दार्शनिक और धार्मिक विचारों में तीन धाराएँ हैं। उनके नाम इस प्रकार हो सकते हैं :

1. ब्रह्मवाद,
2. वेदान्त,
3. ब्राह्मणवाद।

''यद्यपि ये तीनों आपस में एक-दूसरे से संबंधित हैं लेकिन फिर भी ये तीनों स्पष्ट रूप से अलग-अलग तीन वैचारिक सिद्धान्त हैं।

''ब्रह्मवाद का सार एक सिद्धान्त में समाया जा सकता है। यह तीन भिन्न रूपों में दर्शाया गया है। तीन भिन्न रूप इस प्रकार हैं:

1. सर्वम् खल्विदम् ब्रह्म–यह सब ब्रह्म है।
2. अहम् ब्रह्मास्मि–आत्मा वही है जो ब्रह्म है, इसलिए मैं ब्रह्म हूँ।
3. तत्त्वमसि–आत्मा वही है जो ब्रह्म है, इसलिए तू भी ब्रह्म है।

''ये महावाक्य कहे जाते हैं और ब्रह्मवाद के सार को दर्शाते हैं। वेदान्त के दर्शन को नीचे लिखे सिद्धान्त व्यक्त करते हैं:

1. ब्रह्म ही केवल सत्य है।
2. यह संसार माया या अवास्तविक है।
3. जीव और ब्रह्म–
   क. एक मत के अनुसार समान हैं।
   ख. दूसरे मत के अनुसार समान हैं परन्तु उसके तत्त्व हैं और उससे अलग नहीं हैं।
   ग. तीसरे मत के अनुसार अलग-अलग और एक-दूसरे से भिन्न हैं।

''ब्राह्मणवाद को नीचे लिखे तीन सिद्धान्तों में दर्शाया जा सकता है :

1. चातुर्वर्ण्य में विश्वास,
2. वेदों की पवित्रता और अकाट्यता,
3. मुक्ति का एकमात्र रास्ता बलि है।

"ज्यादातर लोग वेदान्त और ब्राह्मणवाद के अन्तर और इनके झगड़ों को जानते हैं। लेकिन ब्रह्मवाद और वेदान्त के अन्तर को बहुत कम लोग जानते हैं। यह भूल यहाँ तक हुई है कि आज स्वयं हिन्दू भी ब्रह्मवाद को और इसके वेदान्त से अन्तर को भली भाँति नहीं जानते। लेकिन इनमें अन्तर साफ है। जबकि ब्रह्मवाद और वेदान्त के इस बारे में एक मत है कि आत्मा और ब्रह्म समान हैं लेकिन इन दोनों में इस बात को ले कर अन्तर है कि ब्रह्मवाद जगत को अवास्तविक नहीं मानता और वेदान्त जगत को अवास्तविक मानता है। यह दोनों में मूल अन्तर है।

"ब्रह्मवाद का सार यह है कि संसार सत्य है और संसार के पीछे का सत्य ब्रह्म है। इसलिए ब्रह्म के सार से हर चीज बनी है।

"ब्रह्मवाद की दो आलोचनाएँ की जाती हैं। यह कहा जाता है कि ब्रह्मवाद एक प्रकार का दर्प है क्योंकि किसी आदमी के द्वारा यह कहा जाना कि 'मैं ब्रह्म हूँ' अपनी हेकड़ी जमाना है। 'मैं ब्रह्म हूँ' एक दर्प दीख सकता है लेकिन यह मनुष्य के लिए उसके अपने किसी लायक होने का अहसास भी हो सकता है। एक ऐसे संसार में जहाँ मानवता हीनता की ग्रन्थि से बुरी तरह ग्रसित हो, इस प्रकार की मान्यता का मनुष्य के लिए स्वागत किया जाना चाहिए। लोकतन्त्र की माँग है कि प्रत्येक व्यक्ति को अपने किसी लायक होने के अहसास के लिए सारे अवसर मिलें। इसमें यह भी माना जाता है कि वह व्यक्ति दूसरों की तरह है। जो 'मैं ब्रह्म हूँ' को व्यक्ति का घमण्ड कह कर नाक-भौंह सिकोड़ते हैं वे महावाक्य के दूसरे वाक्य 'तू वह है' को भूल जाते हैं। यदि 'तत्त्वमसि' के बिना अकेला 'अहं ब्रह्मास्मि' का महावाक्य होता तो इसमें उपहास करने की कोई बात भी थी। लेकिन 'तत्त्वमसि' के होते हुए 'अहं ब्रह्मास्मि' के कहने पर व्यक्ति के ऊपर स्वार्थी होने का आरोप लगाना ठीक नहीं है।

"यह हो सकता है कि ब्रह्म अज्ञेय है। लेकिन ब्रह्म के इस सिद्धान्त के अनेक सामाजिक असर हैं जो लोकतन्त्र के आधार के लिए बहुत मूल्यवान हैं। यदि सारे लोग ब्रह्म के हिस्से हैं तो सभी समान हैं और सभी को एक जैसी स्वतंत्रता मिलनी चाहिए। यही लोकतन्त्र का सही अर्थ है। इस दृष्टिकोण से देखने पर ब्रह्म अज्ञेय हो सकता है। लेकिन इस बारे में तनिक भी सन्देह नहीं रहना चाहिए कि ब्रह्म के सिद्धान्त की तुलना में कोई दूसरा सिद्धान्त लोकतन्त्र को इतना मजबूत आधार नहीं दे सकता।

''लोकतन्त्र के लिए यह एक बहुत ही कमजोर सिद्धान्त है कि हम सब ईश्वर की सन्तान हैं। यही कारण है कि जहाँ कहीं इस सिद्धान्त को मान कर चला गया है वहीं लोकतन्त्र कमजोर हो गया है। लेकिन यह जानना और मानना कि तुम और मैं एक ही सृष्टि-सिद्धान्त के हिस्से हैं तो फिर सामाजिक जीवन में लोकतन्त्र के सिवा किसी दूसरे सिद्धान्त को मौका ही नहीं मिलता। यह लोकतन्त्र को हर किसी की मजबूरी और आवश्यकता बना देता है।

''लोकतन्त्र के पश्चिमी विचारकों ने यह विश्वास फैलाया है कि लोकतन्त्र का सिद्धान्त या तो ईसाइयत से निकला है या प्लेटो से निकला है। उन्होंने यह भी प्रचार किया है कि लोकतन्त्र का कोई और स्रोत नहीं है। यदि उन्हें यह पता चलता कि भारत ने भी ब्रह्मवाद के सिद्धान्त को विकसित किया था जो लोकतन्त्र को और भी ज्यादा मज़बूत आधार देता है तो वे अपने विचारों में इतने संकुचित न होते। वास्तव में, यह जाना जाना चाहिए कि भारत भी लोकतन्त्र का सैद्धान्तिक आधार देने का एक सही दावेदार है।

''प्रश्न यह उठता है कि भारत में ब्रह्मवाद के इस सिद्धान्त का क्या हुआ? यह धर्म का आधार नहीं बनाया गया था। जब यह पूछा जाता है कि ऐसा क्यों हुआ तो उत्तर में यह बताया जाता है कि ब्रह्मवाद एक दर्शन शास्त्र मात्र है। मानो दर्शन शास्त्र सामाजिक जीवन से न निकल कर 'न कुछ के लिए न कुछ में से' निकलता है। दर्शन शास्त्र का विषय शुद्ध सैद्धांतिक मामला नहीं है। इसकी व्यावहारिक संभावनाएँ होती हैं। दर्शन शास्त्र की जड़ें जीवन की समस्याओं में हैं और दर्शन शास्त्र जो भी सिद्धांत आगे रखता है, समाज के पुनर्निर्माण में उसका साधन के रूप में उपयोग किया जाना चाहिए। ऐसे दृष्टिकोण के अनुसार केवल ज्ञान के रूप में सत्य को जान लेना ही पर्याप्त नहीं है। जो जानते हैं उनके लिए जरूरी है कि उस जानने के अनुसार अपने जीवन में उसे उतारें।

''तब ब्रह्मवाद एक नया समाज बनाने के लिए काम में फेल क्यों हुआ? यह एक जटिल पहेली है। ऐसा नहीं है कि ब्राह्मणों ने ब्रह्मवाद को स्वीकार नहीं किया है। उन्होंने इसे स्वीकार किया है। लेकिन उन्होंने कभी पूछने की कोशिश नहीं कि वे ब्राह्मण और शूद्र में, पुरुष और नारी में, जाति-भाई और अन्त्यज में असमानता को कैसे सपोर्ट कर सकते हैं। इसका परिणाम यह निकला है कि एक ओर हमारे पास ब्रह्मवाद का सबसे बड़ा सिद्धान्त है और दूसरी ओर जातियों, उपजातियों, अन्त्यजों, आदिम जातियों और जरायम पेशे की जातियों की बीमारी से ग्रस्त समाज है। क्या इससे बड़ा भी कोई विरोधाभास हो सकता है? इसमें सबसे ज्यादा मजाकिया बात महान शंकराचार्य

के उपदेशों की है। ये वे शंकराचार्य थे जिन्होंने एक साथ कई विचित्र और विरोधाभासी बातें सिखाई हैं कि ब्रह्म है, और यह ब्रह्म सत्य है, और यह सर्वव्यापी है, और उसी क्रम में ब्राह्मणी समाज के तमाम सामाजिक अन्यायों का ज्यों का त्यों प्रचार किया है। ऐसे दो विरोधों का एक साथ प्रचार करने वाला कोई सम्यक् बुद्धि का आदमी नहीं हो सकता।" [36]

इस प्रकार डा. अम्बेडकर के चिन्तन के अनुसार यह दार्शनिक स्तर का अन्तर है। लेकिन उनके अनुसार हिन्दुओं के व्यावहारिक जीवन में भी इसका प्रभाव कम नहीं है। उन्होंने बम्बई विधान सभा में 'बम्बई विश्वविद्यालय अधिनियम संशोधन विधेयक' पर बोलते हुए कहा था कि भारत के सभी समुदायों के लोग अपने-अपने दृष्टिकोणों में साम्प्रदायिक होते हैं। उनके इस कथन पर तब विधान सभा में शोर मच गया था। अनेक सदस्यों ने 'नहीं, नहीं' की आवाज उठाई थी। उसके उत्तर में डा. अम्बेडकर ने जोरदार शब्दों में कहा था—"मैं आपके इन 'नहिंयों' में कतई विश्वास नहीं करता। मैं इसे हिप्पोक्रेसी कहता हूँ—'नहीं, नहीं' कहना पूरी हिप्पोक्रेसी है।" [37] आगे उन्होंने सभापति को सम्बोधित करते हुए कहा था—"महोदय, मैं ईमानदारी से स्वीकार करता हूँ कि जब भी इस सभा में कोई प्रश्न विचार के लिए आता है तो मैं खुद उसे साम्प्रदायिक दृष्टिकोण में रख कर देखता हूँ। तब मैं अपने आप से पूछता हूँ कि क्या यह बात दलित जातियों के पक्ष में रहेगी या नहीं।" [38] इस पर सभा के एक सदस्य ने 'खेद है' कहा। तब डा. अम्बेडकर ने इसका जवाब देते हुए कहा था—"जो 'खेद है' कहते हैं वे खुद साम्प्रदायिकता से बरी नहीं हैं। उनके लिए गैर-साम्प्रदायिकता के बारे में बोलना बहुत आसान है क्योंकि यह सिर्फ बोलना है। महोदय, हम यह अच्छी तरह जानते हैं कि हमारे दिमाग ऐसे बन गए हैं कि हम दूसरे समुदायों के लोगों को समानता की दृष्टि से नहीं देख सकते। जब भी हम अपनी बेटियों के लिए वर ढूँढ़ने चलते हैं तो उसमें यही देखते हैं कि वह हमारी जाति का है या नहीं, जब भी हम डिनर पर मेहमानों को आमंत्रित करते हैं तो उसमें भी यही देखते हैं कि वे हमारे समुदाय के सदस्य हैं या नहीं।" [39] डा. अम्बेडकर के इस कथन को एक सदस्य ने चुनौती दी। उस चुनौती के जवाब में डा. अम्बेडकर ने कहा था—"यह एकदम हिप्पोक्रेसी है कि हम ऐसा नहीं करते। मैं माननीय सदस्यों को समझाना चाहता हूँ कि हम लोगों में यह एक ऐसी बुराई है जिसके लिए मैं किसी एक समुदाय को दोषी नहीं मानता। महोदय, हम सब इस कलंक में पुते हुए हैं।" [40]

डा. अम्बेडकर 1928 में साइमन कमीशन के समक्ष अपना साक्ष्य प्रस्तुत करते समय भी इस बारे में पूरे स्पष्ट थे। साक्ष्य में उन से 289 वें प्रश्न में यह पूछा गया था कि पिछले 25 वर्षों में उच्च वर्णों के शिक्षित लोग दलितों के प्रति काफी सहानुभूति दिखाने लगे हैं। इस पर डा. अम्बेडकर ने जवाब दिया था—"हाँ, ऐसा है लेकिन यह

सहानुभूति केवल शब्दों में होती है और इसे शायद ही कभी कार्यरूप दिया जाता हो।"[41]

प्रश्न उठता है—आखिर किसी समुदाय के जीवन दर्शन में कथनी और करनी के अन्तर की इस हिप्पोक्रेसी की आवश्यकता क्यों बनती है? इसका सही उत्तर पाने के लिए पहले यह जाना जाना चाहिए कि इसकी आवश्यकता दबंग समुदाय को आरम्भ में नहीं पड़ती। तब वह समुदाय अपनी मनमानी किया करता है। वह जो करता है उसे वह कहने की भी धमक रखता है। लेकिन सभ्यता के दायरे में फँस कर उसे कथनी और करनी में अन्तर करने की आवश्यकता पड़ जाती है। कुछ लोग हमेशा कानून से ऊपर रहना चाहते हैं। ब्राह्मणों ने अन्य वर्णों के लिए कानून बनाते समय खुद को उन कानूनों की पकड़ से बाहर रखा था। उन्हें खुद अपने बनाए हुए कानूनों के सामने अपने लिए औरों से समानता का सिद्धान्त मान्य नहीं था। ऐसी समस्या अंग्रेजों द्वारा 'भारतीय दण्ड संहिता' को तैयार करते समय भी आई थी। दण्ड संहिता का मसौदा तैयार करने वाले विधि आयुक्तों ने तत्कालीन सेक्रेटरी ऑफ स्टेट के लिए जो शब्द लिखे थे, डा. अम्बेडकर उन्हें उद्धृत करते हैं--"किसी को कानून से बाहर रखने का अपवाद निश्चित रूप से एक बुराई है। यह वास्तव में बुराई है कि कोई मनुष्य कानून से ऊपर रहे। यह और भी बड़ी बुराई है कि जनता को कानून से ऊपर रह कर विशेषाधिकार रखने का पाठ पढ़ाया जाए।"[42] डा. अम्बेडकर यह स्वीकार नहीं करते कि कानून किसी एक व्यक्ति या कुछ व्यक्तियों के द्वारा दिया गया आदेश है। वे कानून को सामाजिक परिवर्तन के लिए जनता का नुस्खा मानते हैं। इसलिए वे कहते हैं कि कानून को सभी लोगों की सम्मति से बनाया जाना चाहिए और उसे सारे लोगों पर समान रूप से लागू करना चाहिए।[43] आगे वे लिखते हैं—"यदि समाज के लाभ में सामाजिक वर्गीकरण करने आवश्यक हो जाते हैं तो वे वर्गीकरण जन्म के बजाय लोगों की योग्यता पर आधारित होने चाहिए।"[44] इसीलिए डा. अम्बेडकर कानून बनाते समय उसमें ऐसी कोई खामी नहीं छोड़ना चाहते जिस से कानून का दुरुपयोग हो सके।[45]

डा. अम्बेडकर के मत में अच्छा कानून बना देना पर्याप्त नहीं है। कानून समानता के सिद्धान्त का बने, यह बहुत जरूरी है, लेकिन उससे भी ज्यादा जरूरी उस का कार्यान्वयन होता है। डा. अम्बेडकर के अनुसार, ऐसा नहीं होता कि एक बार कानून में अधिकार लिख दिए जाएँ तो वे व्यक्तियों को अपने आप मिल जाते हैं। तभी वे लिखते हैं—"तजुर्वा यह कहता है कि अधिकारों की प्राप्ति कानून द्वारा नहीं मिल जाती बल्कि इनकी प्राप्ति समाज की सामाजिक और नैतिक चेतना के द्वारा होनी होती है।"[46] यदि समुदाय व्यक्तियों के मौलिक अधिकारों का विरोध करने लगे तो कोई कानून, कोई संसद या कोई न्यायपालिका उनकी सच्चे अर्थों की प्राप्त की गारण्टी नहीं दे सकती।[47]

इस अध्याय में सबसे पहले दर्शन के क्षेत्र में कथनी और करनी का अन्तर देखा गया था, दूसरे, लोगों के जीवन व्यवहार में भी इस अन्तर को देखा गया था, लेकिन यह तीसरा अन्तर कानून के क्षेत्र का है। यहाँ 'अच्छे कानून' और 'अच्छे प्रशासन' की डांडामेडी सामने आती है। डा. अम्बेडकर जनता के कल्याण के लिए स्वच्छ प्रशासन की आवश्यकता महसूस करते हुए कहते हैं कि जनता इस बात में अपनी रुचि रखती है कि कानून को कैसे लागू किया जाता है बजाय इसके कि कानून का निर्माण कैसे किया जाता है।[48] वास्तव में, कानून का लाभ प्रशासन पर निर्भर करता है। यदि प्रशासन अक्षम या भ्रष्ट है तो कानून का कोई अर्थ नहीं रह जाता।[49] डा. अम्बेडकर ने अनेक ऐसी अनियमितताएँ बताई हैं जिनसे पता चलता है कि या तो प्रशासकों ने कानून को लागू नहीं किया है या उसे गलत ढंग से लागू किया है। नीचे उनके द्वारा दिए गए कुछ उदाहरण दिए जा रहे हैं :

1. शिक्षा मंत्री ने इस आदेश का एक परिपत्र जारी किया कि बम्बई प्रेजीडेन्सी में दलित वर्गों के बच्चों को स्कूल में दाखिला मिलना चाहिए। डाइरेक्टर ऑफ पब्लिक इन्स्ट्रक्शन की रिपोर्ट में यह दर्शाया गया कि सरकार के इस आदेश का पालन कर दिया गया है लेकिन सच्चाई यह थी कि उसका बिलकुल भी पालन नहीं हुआ था।[50]
2. यदि अनुसूचित जातियों के कोटे में उच्च ग्रेड के पद रिक्त होते हैं तो उन्हें सामान्य श्रेणियों के कार्मिकों को पदोन्नत करके भरा जा सकता है लेकिन सामान्य कोटे के उच्च पदों पर अनुसूचित जातियों के लोगों को प्रोन्नत नहीं किया जा सकता।[51]
3. किसी पद पर अनुसूचित जाति के व्यक्तियों को एक-एक या दो-दो हफ्तों के लिए नियुक्त किया जाता है, उसी समय सवर्ण हिन्दुओं के अभ्यर्थियों को एक वर्ष या उससे अधिक समय तक के लिए नियुक्ति दी जा सकती है। ऐसे समय अनुसूचित जातियों के कई व्यक्तियों के कार्यकाल की कुल अवधि एक सवर्ण हिन्दू के कार्यकाल की कुल अवधि के बराबर या उससे कम ठहर सकती है। जहाँ तक आरक्षण की बात है, इसमें संख्या की दृष्टि से वह पूरा कर लिया जाता है।[52]
4. बम्बई सरकार वन विभाग की जमीन को हर साल कुछ शर्तों पर कृषकों के लिए आबंटित किया करती थी। लेकिन इस आबंटन में दलित जातियों का कोई हिस्सा नहीं होता था। एक वर्ष डा. अम्बेडकर ने उच्च अधिकारी से मिल कर ऐसा परिपत्र निकलवाया कि वन विभाग की भूमि दलित जातियों के व्यक्तियों को भी आबंटित की जानी है। इसके परिपालन में निचले अधिकारियों ने दलित जातियों को भी भूमि आवंटन कर दी। कागज पर यह भी दिखाया गया कि दलित जातियों को जमीन का बड़ा रकबा

आवंटित किया गया है जबकि सवर्ण हिन्दुओं को कम रकबा। लेकिन आबंटन की इन दोनों जमीनों में अन्तर था। दलित जातियों के लिए आवंटित जमीन पथरीली और अनुपजाऊ थी तथा सवर्ण हिन्दुओं को आबंटित जमीन समतल और उपजाऊ थी।[53]

डा. अम्बेडकर ने इन समस्याओं के समाधान के लिए अनेक कारगर हल सुझाए थे। यहाँ निम्नलिखित तीन का विशेष उल्लेख किया जा सकता है :

1. अनुसूचित जातियों के व्यक्तियों की सरकारी नौकरियों में भर्ती ठीक रूप में हो, इसके लिए कानून का पालन करवाने के हेतु एक स्वतन्त्र अधिकारी की नियुक्ति की जानी चाहिए।[54]
2. दलित जातियों पर सवर्ण हिन्दुओं के अत्याचार रोकने के लिए हर जिले में अनुसूचित जातियों में से एक विशेष पुलिस अधिकारी नियुक्त किया जाना चाहिए।[55]
3. भारत के लिए अपने प्रस्तावित संविधान 'स्टेट्स एण्ड माइनरिटीज' में डा. अम्वेडकर ने अनुसूचित जातियों के लिए रक्षा-उपाय के कुछ प्रावधान रखे थे। उन्होंने इस पुस्तक में यह प्रावधान भी रखा था कि उन प्रावधानों में कोई संशोधन या उनका निरसन 25 वर्षों तक न किया जाए। इन 25 वर्षों की गिनती भी लागू करने के वर्षों की हो।[56]

इस प्रकार डा. अम्बेडकर का यह चिन्तन एक नई दिशा की ओर जाता है। इसमें 'कैलेण्डर ईयर' और 'फाइनेन्सियल ईयर' की तरह एक तीसरे 'इम्पलीमेण्टेशन ईयर' की कल्पना बनती है। इसे हिन्दी में 'लागू वर्ष' कहा जा सकता है। इसका मतलब यही है कि यदि कानून लागू नहीं होता है तो आंकड़ों में उस कालावधि को गणना में न लाया जाए।

घ. प्रतिनिधि लोक सेवा

डा. अम्बेडकर के लोक प्रशासन दर्शन में प्रतिबद्ध लोक सेवा का विषय सबसे अधिक जटिल है। इस विषय को चारों ओर से बांध लेने पर कई विचार सामने आते हैं। एक विचार यही बनता है कि किसी भी राज व्यवस्था में दण्ड का होना बहुत जरूरी है। दूसरा विचार यह बनता है कि क्या दण्ड देने की जरूरत को कम किया जा सकता है। तीसरा विचार यह बनता है कि क्या एक पूरी जमात के प्रशासकों को दण्ड दिया जा सकता है। चौथा विचार यह बनता है कि प्रशासक के अपराध की परिभाषा क्या है।

डा. अम्बेडकर बार-बार प्रशासक के लिए दण्ड की बात नहीं करते; वे बार-बार जो बात करते हैं, वह प्रशासक के दिमाग में भेदभाव की बात है। वे उस पर वर्ग-पक्षधरता का आरोप लगाते हैं। सवाल यह है कि अल्पसंख्यक की दृष्टि से इस

आरोप को अपराध कितना माना जाए। डा. अम्बेडकर सवर्ण हिन्दुओं के लोक प्रशासकों के जिक्र तक से चिढ़ते हैं। वे उन्हें सुधारना या दण्ड देना नहीं चाहते बल्कि उनके एकाधिकार की प्रशासनिक व्यवस्था को मिटाना चाहते हैं। दलित जातियों के प्रतिनिधित्व की दृष्टि से वे सवर्ण हिन्दुओं के प्रशासकों को 'कुशल प्रशासक' कहने को तैयार नहीं हैं। वे लिखते हैं–"लोक प्रशासन अछूतों के खिलाफ भेदभाव के बर्ताव में सराबोर है। इसने विधि न्यायालयों को, सरकारी विभागों को, को-ओपरेटिव बैंकों और विशेष रूप में पुलिस को अपनी चपेट में ले रखा है। जमीन प्राप्त करने में, बैंकों से ऋण उधार लेने में और काम के मामलों में जहाँ कहीं भी, अछूतों के प्रति यह भेदभाव पूरी तरह छाया हुआ है। नौकरियों के मामलों में तो यह सबसे अधिक उजागर है। जबकि मात्र छोटे-मोटे विनियमन नहीं हैं बल्कि अछूतों के सरकारी सेवाओं में प्रवेश के और उनकी प्रोन्नतियों के पक्के, मुकम्मिल और मान्य नियम बने हुए हैं लेकिन ज्यादातर यह देखने में आता है कि उन्हें नौकरियाँ नहीं मिलतीं। उनके लिए पूरे के पूरे डिपार्टमेण्ट बन्द हैं।"[57] वे आगे लिखते हैं–"कपड़ा मिलों के बुनकर विभागों में वे नौकरी नहीं पा सकते और सेना में उनकी भर्ती नहीं हो सकती। यदि किसी अछूत को कहीं नौकरी मिलती भी है तो चाहे वह कितना ही कुशल हो, या उसकी सर्विस कितनी ही लम्बी हो, प्रोन्नति में एक स्तर से ऊपर नहीं उठ सकता। सामान्य सिद्धान्त यह है कि अछूत प्रशासनिक पदों पर तैनात नहीं किए जाएँगे। परिणाम यह निकलता है कि यदि पूरा का पूरा विभाग अछूतों के हाथ में आ जाए तो बात अलग है अन्यथा उन्हें बहुत कम पद मिलते हैं। इसका ठोस उदाहरण दे कर बताया जाए कि ऐसा एक सफाई कर्मचारियों का ही विभाग है जिसमें अछूतों के साथ भेदभाव नहीं बरता जाता। इसमें किसी भेदभाव की इसलिए जरूरत नहीं है क्योंकि यह पूरा का पूरा काम अछूतों के जिम्मे डाल दिया गया है और सवर्ण हिन्दुओं की इसमें उनसे कोई प्रतियोगिता नहीं है।"[58] वैसे सफाई विभाग की नियुक्तियों में भी अन्तिम परिणाम असमानता का ही निकलता है क्योंकि उसमें दूसरे वर्गों के लोग नहीं लिये जाते।

डा. अम्बेडकर के अनुसार, कोई भी सवर्ण अधिकारी किसी भी विभाग में इस भेदभाव को दिखा सकता है। पहले देखा जा चुका है कि वन विभाग का अधिकारी वन भूमि के आबंटन में अपनी पूरी मनमानी कर सकता है। जनगणना के विभाग में सवर्ण हिन्दुओं के जनगणना अधिकारी अछूतों की जनसंख्या कम करने के उद्देश्य से उनका नाम उनके खाने में दर्ज नहीं करेंगे।[59] कभी वे नाम में तनिक सी वर्तनी-भेद का लाभ उठा कर अछूतों के विरोध में खुद 'स्पेलिंग मिस्टेक्स कमेटी' बन बैठते हैं।[60] वे सरकारी ठेकों के छुटवाने तक में अपने इस वर्ग चरित्र को दिखा सकते हैं। एक अनुसूचित जाति के ठेकेदार का सबसे कम टेंडर होने पर भी उसका दावा इस बात का लाभ उठा कर रद्द किया जा सकता है कि 'मैं न्यूनतम निविदा को स्वीकार करने

के लिए बाध्य नहीं हूँ।'[61] इस प्रकार, डा. अम्बेडकर के अनुसार 'ब्राह्मणों के और अन्य सवर्ण जातियों के अधिकारियों की वर्ग-पक्षधरता ने अपनी कुशलता की तुलना के लाभों को नुकसान में बदल डाला है। कुल मिला कर उन्होंने अच्छे के बजाय बुरा ज्यादा किया है।'[62]

ऐसी समस्या का सीधे-सीधे निराकरण सम्भव नहीं है। डा. अम्बेडकर मानते हैं कि यह मात्र प्रशासनिक बुराई का मामला नहीं है। उनके अनुसार, इस देश में प्राचीन काल से एक जबर्दस्त सामाजिक संघर्ष चल रहा है। इस संघर्ष में एक वर्ग के अधिकारियों के एकाधिकार के कारण प्रशासन में समानता का सिद्धान्त लागू नहीं हो सकता। वे लिखते हैं–"ब्राह्मणों और अब्राह्मणों में, हिन्दुओं और मुसलमानों में, सछूतों और अछूतों में समानताओं को समाप्त करने के लिए और समानता की प्रतिष्ठा के लिए संघर्ष चल रहे हैं। इन संघर्षों की निरन्तर कड़वाहटों के रहते हुए ऐसा नहीं हो सकता कि जज और मजिस्ट्रेट, लोक सेवक और पुलिस बल, इन संघर्षों को बिना सही या गलत कहते हुए अपने फैसलों में इन से अप्रभावित रह जाएँ। वे संघर्षशील समुदायों के सदस्य होने के नाते अपने-अपने समुदायों के हिमायती होने के लिए मजबूर हो जाते हैं। इससे जनता में अपने लोक सेवकों के प्रति विश्वास की बेहद हानि हो सकती है।"[63]

ऐसे समय डा. अम्बेडकर कार्ल मार्क्स को बेहद सम्मान की दृष्टि से याद करते हैं। उन्होंने माना है कि कार्ल मार्क्स ने मनुष्यों-मनुष्यों के बीच केवल समानता का सिद्धान्त ही नहीं बल्कि उसे प्राप्त करने का उपाय भी बताया। कार्ल मार्क्स कानून को कारगर देखना चाहते थे। इसके लिए डा. अम्बेडकर लिखते हैं–"समान न्याय के सिद्धान्त का पालन होगा या नहीं–यह आवश्यक रूप से इस बात पर निर्भर करता है कि इस सिद्धान्त को लागू करने वाली लोक सेवाओं के प्रशासकों के स्वभाव और चरित्र कैसे हैं। यदि लोक सेवा अपनी वर्ग-पक्षधरता के कारण पुराने निजाम की समर्थक और नए निजाम की विरोधी है तो नए निजाम की स्थापना नहीं की जा सकती।"[64] डा. अम्बेडकर आगे लिखते हैं–"कार्ल मार्क्स ने सर्वप्रथम 1871 में 'पेरिस कम्यून' बनाते समय यह माना था कि नई व्यवस्था की सफलता के लिए उसके मुताबिक लोक सेवा का गठन बेहद जरूरी है। यही सिद्धान्त लेनिन द्वारा सोवियत साम्यवाद में लागू किया गया था।"[65] आगे डा. अम्बेडकर द्वारा बताया गया है कि दुर्भाग्य से भारत में ऐसा नहीं हो सका। यहाँ ब्रिटिश सरकार ने लोक सेवा के कार्मिकों के वर्ग-चरित्र की तनिक भी परवाह नहीं की। उलटे, इसने प्रशासन के द्वार उन हिन्दुओं के लिए खोल दिए जो पुरानी व्यवस्था के हामी थे और समानता के सिद्धांत को नहीं मानते थे। इसका परिणाम यह निकला कि भारत पर शासन तो अंग्रेजों का रहा परन्तु प्रशासन हिन्दुओं के हाथ में रहा।[66]

लोक प्रशासन के क्षेत्र में जो सबसे महत्त्वपूर्ण सिद्धान्त है वह इसकी बौद्धिकता

और कानूनियत का है। इसमें मान कर चला जाता है कि प्रशासन का कोई भी सदस्य बौद्धिक हो कर कानून के अनुसार काम करेगा। इस सिद्धान्त में यह मान लिया गया होता है कि प्रशासन के पास पहले से कानून मौजूद होते हैं। लेकिन क्या प्रशासन के पास सच में हमेशा कानून होते हैं? क्या कभी ऐसा नहीं होता कि उसके पास कानून न रहते हों? क्या ऐसी स्थिति अकल्पनीय है जब प्रशासन कानून के अभाव में रहता हो? इस सवाल को इस तरह भी पूछा जा सकता है कि क्या राजकाज की हर बात के लिए कानून बनाया जा सकता है? क्या कुछ ऐसे सवाल नहीं हैं जो भविष्य में अस्तित्व में आएँगे? जो कानून अभी भविष्य के गर्भ में हैं, क्या उनकी विषय वस्तु वर्तमान काल में बिलकुल नहीं रहती? उदाहरण के रूप में, भारत की संसद द्वारा पारित 'धर्म स्थल अधिनियम, 1991' को देखा जा सकता है। यह कानून अब बना है कि सभी धर्म स्थलों के दावे 15 अगस्त, 1947 के दिन के पहले के रहेंगे। लेकिन इससे पहले 15 अगस्त, 1947 से ले कर आज तक प्रशासन के सामने विभिन्न धर्मानुयायियों के दावे आते रहे थे। तब 15 अगस्त, 1947 से ले कर इस अधिनियम के आने के दिन 10 जुलाई, 1991 तक के बीच में प्रशासन ने इन मामलों में अपने कैसे निर्णय दिए हैं? इस प्रकार, स्पष्ट कानून के अभाव में प्रशासन निष्क्रिय नहीं बना रहता बल्कि सभी महत्त्वपूर्ण विषयों पर अपने निर्णय देता रहता है।

एक और स्थिति प्रशासन में अधिकारियों को दी गई विवेकाधिकार की शक्तियों की है। इसका मतलब यही है कि उस क्षेत्र में प्रशासन के सामने कोई स्पष्ट कानून नहीं है। ऐसी स्थिति में प्रशासन के पास केवल उसके प्रशासकों की बौद्धिकता बची रह जाती है। लेकिन कानून के अभाव में मनुष्य की बौद्धिकता उसकी वस्तुनिष्ठता और विधि-सम्मतता का प्रमाण नहीं है।

इस सिद्धान्त में व्यक्ति को नहीं बल्कि उसके पदनाम को प्रशासनिक शक्तियाँ दी जाती हैं। इसमें यह भी माना जाता है कि हरेक पदनाम की प्रशासनिक शक्तियाँ विधि के अनुसार परिभाषित हैं। इसका मतलब यह है कि उस पद पर किसी भी अधिकारी को बैठा दिया जाए तो वह वही निर्णय लेगा जो कोई अन्य अधिकारी ले सकता है। इस सिद्धान्त के अनुसार दोनों के निर्णयों में कोई अन्तर नहीं रहना चाहिए। लेकिन व्यावहारिक जगत में देखा जा सकता है कि ऐसा हमेशा नहीं होता।

इनके सिवा एक अन्य तीसरी स्थिति भी बनती है। ऐसी स्थिति तब पैदा होती है जब कानून भी बना हुआ हो और खुद प्रशासक कानून का उल्लंघन करे। क्या ऐसी स्थिति सम्भव नहीं है? लेकिन ऐसे उल्लंघन की संभावना खुद पश्चिम जगत के चिन्तन में बनती है। 'बायस' और 'दुर्भावना' जैसे शब्दों की खोज खुद पश्चिम जगत के देशों की है। इनकी रोकथाम के लिए विधि दर्शन में नियम बनाए गए हैं कि कोई मनुष्य अपने केस में अपना जज नहीं बन सकता और कोई भी मनुष्य बिना उसकी सुनवाई के दोषी नहीं ठहराया जा सकता। इनके अतिरिक्त कोर्ट के पास कार्यपालिका

और प्रशासन के खिलाफ कई प्रकार की रिट जारी करने के अधिकार भी होते हैं।

पश्चिम जगत के चिन्तकों ने ये प्रावधान क्यों रखे हैं? ये प्रावधान इसलिए रखे गए हैं क्योंकि उन्हें इनका खतरा रहा था। इसका मतलब यह था कि प्रशासन जानबूझ कर गलती करता था। प्रशासन की इस जबर्दस्ती को रोकने के लिए ही न्यायिक व्यवस्था को ये अधिकार दिए गए थे। लेकिन इससे भी बढ़कर भारत में यह खतरा पश्चिम देशों की तुलना में ज्यादा बड़ा बन कर सामने आता है। यहाँ पहले से एक न्यायिक व्यवस्था मनुस्मृति तथा अन्य स्मृतियों की थी। राजा उन स्मृतियों के अनुसार न्याय दिया करता था। कहने की आवश्यकता नहीं कि वह न्याय व्यक्ति-न्याय न हो कर जाति-न्याय होता था। विशेष रूप से वह जाति-न्याय शूद्र और अन्त्यज समाज का विरोधी भी था। वही न्याय शासकों के संस्कारों में रहा है। संविधान का नया कानून स्मृतियों की उस न्यायिक व्यवस्था के विरोध में लड़ रहा है। क्या ऐसी स्थिति में भारतीय समाज की स्थिति पश्चिमी जगत के देशों की तुलना में अधिक भयावह नहीं हो जाती? यहाँ लोग नए कानून के बजाय अपने पुराने संस्कारों के कारण पुराने कानूनों को ही लागू करना चाहते हैं क्योंकि वह उनके पक्ष में है। यह कहा जा सकता है कि अब मनुस्मृति के कानून को लागू नहीं किया जा सकता लेकिन धर्म के क्षेत्र में अभी भी वही लागू होती है। धर्म के क्षेत्र में ही नहीं, बल्कि खुद न्यायिक मानसिकता में मनुस्मृति का सम्मान करने की परम्परा पुनः चल पड़ी है। यह यहाँ तक हुआ है कि जयपुर न्यायालय के प्रांगण में दलित जातियों के विरोध के बावजूद मनु की प्रतिमा लगाई गई है। इसका अर्थ यही है कि खुद नई न्यायिक व्यवस्था में भी पुरानी न्यायिक व्यवस्था के बीज मौजूद हैं।

फिर इस देश के दर्शन में कथनी और करनी का अन्तर बहुत चलता है। यहाँ कहा कुछ जाता है और किया कुछ जाता है। उससे पहले यहाँ जबर्दस्ती भी चलती है। ऐसी स्थिति में प्रशासन की सामाजिक निष्पक्षता में कैसे विश्वास किया जा सकता है? इन्हीं कारणों से डा. अम्बेडकर इसे 'सवर्ण हिन्दू प्रशासन' कहा करते थे।

यदि कोई प्रशासक जानबूझ कर कोई फैसला कानून का उल्लंघन करता हुआ देता है तो वैसी स्थिति में क्या किया जा सकता है? सबसे पहली बात यही है कि समाज में व्याप्त घोर अशिक्षा के कारण आवेदक को यही पता नहीं चलता कि कानून की सही स्थिति क्या है। यदि उसे इस बात का पता भी चल जाए तो भारी गरीबी के कारण यह उसकी क्षमता में नहीं रहता कि वह कोर्ट तक पहुँच सके। वैसी स्थिति में वह लड़ने के बजाय प्रशासक के उस गैर-कानूनी निर्णय को चुप सह लेता है क्योंकि कोर्ट की लड़ाई भी उसके लिए कम दुखदाई नहीं होती। इसमें एक बुरे और क्रुद्ध प्रशासक की जीत हो जाती है।

समाधान में डा. अम्बेडकर ने एक बार भी यह नहीं कहा कि सवर्ण हिन्दू अधिकारियों को लोक सेवा से निकाल दिया जाए। साम्प्रदायिकता और जातिवाद की

समस्याओं से वे इस प्रकार निपटना नहीं चाहते। वे यही चाहते हैं कि अल्पसंख्यक समुदाय के लोगों को भी लोक सेवाओं में प्रतिनिधित्व मिले। लोक सेवाओं में यदि सभी समुदायों के अधिकारी और कर्मचारी होंगे तो वे एक दूसरे के ऊपर चैक और नियंत्रण का काम करते रहेंगे।

ङ. प्रशासक को दण्ड

अब तक इस शोध कार्य में लोक सेवा का वर्ग चरित्र छाया रहा है। मुख्य रूप से डा. अम्बेडकर के लिए वर्ग चरित्र की ही समस्या थी और उनके समाधान भी उसी दिशा के हैं। लेकिन इससे जुड़ कर लोक सेवा में एक अन्य समस्या आती है—वह व्यक्ति-प्रशासकों की गलतियों की है। पहले देखा जा चुका है कि वर्ग-प्रशासकों की समस्या का हल डा. अम्बेडकर के अनुसार कानून में नहीं बल्कि सभी समुदायों के लोगों को प्रतिनिधित्व देने में है। लेकिन व्यक्ति-प्रशासकों को उनके प्रशासनिक अपराधों के लिए कैसे पकड़ा जाए?

डा. अम्बेडकर इसके समाधान में भी लोक सेवा के वर्ग चरित्र को पूरी तरह भुला नहीं पाए हैं। उन्हें श्री नारायण स्वामी ने क्यूलोन, केरल से 24 नवम्बर, 1938 को एक पत्र लिखा था। उस पत्र में बताया गया था कि केरल में दलित वर्गों के लिए एक विभाग खोला गया है। यद्यपि इस विभाग के लिए हर वर्ष काफी राशि आबंटित की जाती है लेकिन साल के अंत तक दो-तिहाई राशि लैप्स कर दी जाती है। अधिकारीगण सरकार को यह रिपोर्ट दे देते हैं कि राशि को खर्च करने का कोई उपाय नहीं था। जो राशि खर्च की जाती है उसमें से 95 प्रतिशत राशि सरकारी अधिकारियों के वेतन पर खर्च कर दी जाती है। ये अधिकारी सदैव सवर्ण हिन्दू होते हैं। केवल 5 प्रतिशत राशि ही वास्तव में दलित वर्गों पर खर्च की जाती है।[67]

एक और कठिनाई सरकारी गोपनीयता की आती है। सरकार ने कुछ अधिकार अपने पास ऐसे रख रखे हैं कि लोक हित, वैदेशिक मामले या सामरिक दृष्टि से उन्हें गोपनीय रखा जाता है। यह गोपनीयता सांसदों के सामने और न्यायपालिका के समक्ष भी बनी रहती है। लेकिन असल में होता क्या है? इस गोपनीयता के नाम पर सरकारी अधिकारियों की गलत कारगुजारियाँ भी छिपा दी जाती हैं। डा. अम्बेडकर ने ऐसा एक प्रश्न 1927 में बम्बई विधान सभा में पूछा था। सवाल-जवाब इस प्रकार हैं :

डा. बी. आर. अम्बेडकर :

क्या सरकार यह बताने का कष्ट करेगी कि—

(1) क्या श्री एम. के. जाधव, बी. ए. (ऑनर्स) ने बम्बई सरकार के राजस्व विभाग में फिलहाल भरे गए डिप्टी कलक्टर के तीन पदों में से एक पद के लिए आवेदन दिया था?

(2) क्या वे इस बात से परिचित थे कि श्री जाधव दलित वर्ग से थे?

(3) उनके आवेदन को अस्वीकार करने के क्या कारण थे?

माननीय श्री जे. एल. र्यू:

(1) जी, हाँ।

(2) जी, हाँ।

(3) खेद है कि वे उन कारणों को बताने को तैयार नहीं हैं जिनकी वजह से श्री जाधव का या किसी दूसरे अभ्यर्थी का चयन नहीं किया गया था।

....

डा. बी. आर. अम्बेडकर :

क्या श्री जाधव का न चुना जाना सरकार की दलित वर्गों को प्रोत्साहित करने की नीति के अनुरूप है?

माननीय श्री जे. एल. र्यू :

वह इसके अनुरूप नहीं है।[68]

डा. अम्बेडकर दलित वर्गों की चिन्ता में सरकार के ऐसे उत्तरों से दुःख के घूँट पी कर रह जाया करते थे। वे उस चयन करने की पूरी प्रक्रिया को जानना चाहते थे। लेकिन ऐसे उत्तरों की गोपनीयता की सीमाएँ होती हैं। डा. अम्बेडकर को सरकार के इस गोपनीयता के अधिकार में बहुत कुछ छिपा हुआ दीखता है।

एक तीसरी समस्या प्रशासन में फैले हुए भ्रष्टाचार की आती है। डा. अम्बेडकर को प्रशासन के क्षेत्रों में होने वाले अनेक घोटालों की जानकारी थी।[69] उनके अनुसार, भ्रष्ट अधिकारियों का कोई मनोवैज्ञानिक उपचार नहीं है। वे कहते हैं–"मैं बराबर मानता हूँ कि ऊँचे वेतन दे कर भी आप एक बेईमान आदमी की बेईमानी को नहीं खरीद सकते। आप जो चाहे उसे वेतन दें, यदि वह बेईमान है तो बेईमान ही रहेगा।"[70]

एक चौथी समस्या निचले कर्मचारियों और अधिकारियों की आती है। निचले कर्मचारी जो कर देते हैं उसके खिलाफ डिप्टी कलक्टर, सहायक कलक्टर, कलक्टर और आयुक्त भी कुछ नहीं कर पाते।[71] ये निचले अधिकारी अपने जीवन भर एक ही स्थान पर रह जाते हैं। वे वहाँ लोगों में अपने निहित स्वार्थ जोड़ लेते हैं। ऐसी स्थिति में डा. अम्बेडकर का यही सुझाव है कि निचले अधिकारियों के भी कलक्टरों और डिस्ट्रिक्ट जजों के उच्च अधिकारियों की तरह समय-समय पर एक स्थान से दूसरे स्थान पर तबादले होते रहने चाहिए।[72]

एक पाँचवीं समस्या पुलिस अधिकारियों द्वारा ज्यादतियाँ करने की है। पुलिस कई बार लोगों पर गोलियाँ चलाती है। लेकिन इसमें यह भी हो सकता है कि वह भोले लोगों पर गोली चला दे। इसीलिए डा. अम्बेडकर पुलिस को भी उसके कार्यों के लिए कानून के घेरे में खड़ा करना चाहते हैं। वे कहते हैं कि कानून के सामने एक साधारण

नागरिक, एक पुलिस अधिकारी या एक सैनिक अधिकारी में कोई अन्तर नहीं होना चाहिए।[73] वे अपने पक्ष में संवैधानिक कानून के महान विशेषज्ञ प्रोफेसर डीसे के शब्द उद्धृत करते हैं–"कानून यह है कि यदि एक पुलिस अधिकारी या एक सैनिक अधिकारी अपने अधिकारी के गोली चलाने के आदेश का पालन नहीं करता तो उसे कोर्ट मार्शल द्वारा लटकाया जा सकता है और यदि वह आदेश का पालन करता है और एक भोले आदमी को मार देता है तो वह न्यायाधीश या जूरी द्वारा लटकाया जाएगा।"[74]

डा. अम्बेडकर को इस बात का पूरा डर था कि सवर्ण हिन्दुओं के प्रशासक इस देश में भेदभाव अवश्य बरतेंगे। उसकी रोकथाम के लिए उन्होंने अपने प्रस्तावित संविधान 'स्टेट्स एण्ड माइनरिटीज' में एक क्लाज इस प्रकार रखा है–"नागरिकों के प्रति लोक प्रशासन में सरकारी अधिकारियों द्वारा या फैक्ट्रियों और वाणिज्य के क्षेत्रों में प्राइवेट नियोक्ताओं द्वारा नस्ल, पन्थ या सामाजिक प्रतिष्ठा के आधार पर किया गया भेदभाव एक अपराध माना जाएगा। ऐसे केसों को लेने का क्षेत्राधिकारी एक न्यायाधिकरण का होगा जो इसी उद्देश्य के लिए नियुक्त किया जाएगा।"[75] इस प्रकार, डा. अम्बेडकर लोक प्रशासकों द्वारा व्यक्तिगत आधार पर या साम्प्रदायिक आधार पर जनता के या अल्पसंख्यकों के साथ किए गए भ्रष्टाचार या भेदभाव के लिए उन्हें न्याय व्यवस्था द्वारा दण्डित करना चाहते हैं।"[76]

संदर्भ

1. डा. बाबा साहेव अम्बेडकर : राइटिंग्स एण्ड स्पीचेज, खंड 2, पृ. 472
2. वही, पृ. 172
3. वही, खंड 3, पृ. 43
4. वही, खंड 2, पृ. 409
5. वही, पृ. 409
6. वही, पृ. 409
7. वही, पृ. 409
8. वही, पृ. 410
9. वही, पृ. 415
10. वही, पृ. 415
11. वही, पृ. 413-14
12. वही, पृ. 417
13. वही, पृ. 425
14. वही, खंड 10, पृ. 437
15. वही, पृ. 428
16. स्टेट्स एण्ड माइनरिटीज, बी. आर. अम्बेडकर, पृ. 36
17. डा. बाबा साहेब अम्बेडकर : राइटिंग्स एण्ड स्पीचेज, खंड 10, पृ. 430-31
18. वही, पृ. 416
19. वही, पृ. 416
20. मिस्टर गांधी एण्ड दि एमन्शिपेशन ऑफ दि अनटचेबल्स, बी. आर. अम्बेडकर, पृ. 41
21. वही, पृ. 42
22. डा. बाबा साहेब अम्बेडकर : राइटिंग्स एण्ड स्पीचेज, खंड 2, पृ. 395
23. वही, पृ. 230
24. वही, खंड 10, पृ. 420
25. वही, पृ. 416

26. वही, पृ. 431
27. वही, खंड 2, पृ. 472
28. वही, पृ. 401
29. वही, पृ. 392
30. वही, पृ. 399, 556
31. वही, पृ. 587
32. वही, खंड 10, पृ. 425
33. वही, पृ. 425
34. एन्निहिलेशन ऑफ कास्ट, बी. आर. अम्बेडकर, पृ. 18
35. डा. बाबा साहेब अम्बेडकर : राइटिंग्स एण्ड स्पीचेज, खंड-3, पृ. 85-6
36. वही, खंड 4, पृ. 284-87
37. वही, खंड 2, पृ. 49
38. वही, पृ. 49-50
39. वही, पृ. 50
40. वही, पृ. 50
41. वही, पृ. 489
42. वही, खंड 5, पृ. 103
43. वही, पृ. 254
44. वही, पृ. 254
45. वही, खंड 2, पृ. 142
46. रानाडे, गांधी एण्ड जिन्ना, बी. आर. अम्बेडकर, पृ. 25
47. वही, पृ. 26
48. सोर्स मैटीरियल आन डा. बाबा साहेब अम्बेडकर एण्ड दि मूवमेण्ट ऑफ अनटचेबल्स, खंड 1, पृ. 387
49. डा. बाबा साहेब अम्बेडकर : राइटिंग्स एण्ड स्पीचेज, खंड 1, पृ. 306
50. वही, खंड 2, पृ. 486
51. वही, खंड 1, पृ. 262
52. वही, खंड 5, पृ. 392
53. वही, खंड 2, पृ. 468
54. वही, खंड 10, पृ. 424
55. वही, खंड 2, पृ. 457
56. स्टेट्स एण्ड माइनरिटीज, बी. आर. अम्बेडकर, पृ. 31
57. डा. बाबा साहेब अम्बेडकर : राइटिंग्स एण्ड स्पीचेज, खंड 5, पृ. 108
58. वही, पृ. 103-104
59. वही, खंड 2, पृ. 396
60. वही, पृ. 396
61. वही, खंड 10, पृ. 436
62. वही, खंड 2, पृ. 396
63. वही, पृ. 397
64. वही, खंड 5, पृ. 104
65. वही, पृ. 104
66. वही, पृ. 104
67. डा. बाबा साहेब अम्बेडकर : राइटिंग्स एण्ड स्पीचेज, खंड 5, पृ. 394
68. वही, खंड 2, पृ. 278-79
69. वही, पृ. 173
70. वही, पृ. 173
71. वही, पृ. 78
72. वही, पृ. 69
73. वही, पृ. 234
74. वही, पृ. 235
75. स्टेट्स एण्ड माइनरिटीज, बी. आर. अम्बेडकर, पृ. 20
76. वही, पृ. 24

उपसंहार

डा. अम्बेडकर यह मान कर चलते हैं कि भारत की लोक सेवा साम्प्रदायिक है। यहाँ इतना ध्यान अवश्य रखना पड़ेगा कि डा. अम्बेडकर का साम्प्रदायिकता से अर्थ वह नहीं है इसके जिस अर्थ के विरुद्ध आज का हिन्दुस्तान लड़ रहा है। ऐसी साम्प्रदायिकता से खुद डा. अम्बेडकर भी लड़ना चाहते हैं। इसके लिए उन्होंने अपनी दो पुस्तकें 'पाकिस्तान आर दि पार्टिशन ऑफ इंडिया' तथा 'कम्यूनल डैडलॉक एण्ड ए वे टु सोल्व इट' भी लिखी है। वास्तव में डा. अम्बेडकर का साम्प्रदायिकता से अर्थ उस रूप में है इसके जिस रूप के कारण ब्रिटिश सरकार ने भारत में 1932 में 'कम्यूनल अवार्ड' दिया था। ऐसा कम्यूनल अवार्ड आज वाले बुरे अर्थ का नहीं था। खुद डा. अम्बेडकर उस कम्यूनल अवार्ड के पक्षधर थे और उसकी रक्षा में गांधी जी से पूना पैक्ट की घटना तक लड़े थे।

अगली बात यह है कि यदि डा. अम्बेडकर भारत की लोक सेवा को साम्प्रदायिक मान कर चलते हैं तो इसमें बुराई क्या है। ऐसी बात कह कर क्या वे कम्यूनल भावना को बढ़ावा देते हैं? यहाँ दूसरे प्रश्न का उत्तर पहले जाना जा सकता है। यदि लोगों के मनों में साम्प्रदायिक भावना है तो उसका क्या किया जा सकता है? इसकी एक शर्त यह है कि वह मिटाई नहीं जा सकती। ऐसी स्थिति में यदि एक वर्ग की साम्प्रदायिकता छाई रही तो वह दूसरे वर्गों के लिए नुकसानदेह या उनकी समस्याओं के प्रति लापरवाह हो सकती है। यदि सभी वर्गों की साम्प्रदायिकताओं को उनके हिस्से का प्रतिनिधित्व मिलने लगे तो सत्ता में भागीदारी से वे एक अच्छा समायोजन कर लेंगे।

पहले प्रश्न का उत्तर यह कह कर दिया जा सकता है कि सबसे पहले लोगों के मनों में साम्प्रदायिक भावना का अस्तित्व माना जाए। इससे आगे यह भी माना जाए कि साम्प्रदायिकताएँ वर्गों के निजी वर्ग हित हैं। जब वर्ग अपने वर्ग-हितों की रक्षा के लिए आगे आते हैं तो इसमें कुछ भी बुराई नहीं है।

डा. अम्बेडकर इस निष्कर्ष पर कैसे आए कि हिन्दुओं की लोक सेवा साम्प्रदायिक है? इस निष्कर्ष पर आने में वे जनता और लोक सेवा का सम्बन्ध बताते हैं। उन्होंने माना है कि हिन्दू जनता साम्प्रदायिक है। हिन्दू लोक सेवा हिन्दू जनता में से आती

है। ऐसा नहीं माना जा सकता कि कोई व्यक्ति लोक सेवा में आने के दिन से अपने आप जनता से कट जाता है। उलटे, जनता की यह माँग हुआ करती है कि उस के सदस्य लोक सेवा में ज्यादा से ज्यादा आएँ। इस माँग का मतलब यह है कि वह लोक सेवा अपनी जनता के हितों की अच्छी तरह से रखवाल करती है और दूसरे वर्ग को उस के खिलाफ कुछ गैर-कानूनी काम नहीं करने देगी।

समाज में साम्प्रदायिक होने का क्या अर्थ है? इसका निषेधात्मक अर्थ यह है कि उस समाज में समानता, स्वतन्त्रता और भ्रातृत्वता नहीं है। इन तीनों बातों को दूसरे शब्दों में इस प्रकार रखा जा सकता है कि उस समाज में गैर-बराबरी, गुलामी और दुश्मनी की भावनाएँ व्याप्त हैं। यदि ये भावनाएँ लोगों के मनों तक सीमित रहतीं तो कुछ कम असरदार कही जातीं लेकिन समाज की संस्थाएँ और विभिन्न संगठन बन जाने के कारण ये परिणाम में बेहद असरदार हो जाती हैं। लोक सेवा ऐसी ही एक शक्तिशाली संस्था है।

यदि समाज मात्र समाज है और उसमें विभिन्न उप-समाज नहीं हैं तो इसका सीधा मतलब है कि उस समाज की लोक सेवा उसकी प्रतिनिधि लोक सेवा है। लेकिन जब समाज कई समुदायों या उप-समाजों से मिल कर बना है तो उसकी लोक सेवा को प्रतिनिधि होने की शर्त पूरी करने के लिए सभी समुदायों, सम्प्रदायों और उप-समाजों का ध्यान रखना पड़ेगा। यूँ साम्प्रदायिक होने के दो अर्थ खुलते हैं:

1. साम्प्रदायिक लोक सेवा अपने समुदाय के हितों की संरक्षिका रहेगी।
2. यदि कोई उस समुदाय के हितों पर आक्रमण करेगा तो वह उस विरोधी से लड़ेगी।

इन दोनों बातों का मिल कर अर्थ इतना ही है कि जो उसका जायज हिस्सा है उसे जरूर प्राप्त कर लेगी और जो उस पर नाजायज ज्यादती करने की संभावना बनती है वह उसे नहीं होने देगी।

समाज में विभिन्न सम्प्रदायों के रहते हुए प्रतिनिधि कहलाने के लिए उसकी लोक सेवा को साम्प्रदायिक लोक सेवा होना चाहिए। यदि ऐसे समाज की लोक सेवा मात्र बिना 'साम्प्रदायिक' विशेषण के जुड़ी हो कर मात्र लोक सेवा है तो प्रतिनिधि होने की शर्त पूरी करने के लिए उसका मतलब होगा कि एक सम्प्रदाय का प्रतिनिधित्व दूसरे सम्प्रदाय के लोग करते हैं जो लोक सेवा के लिए सही नहीं है। लोकतन्त्र को सार्थक होने के लिए किसी समाज व्यवस्था का अन्तिम परिणाम यह निकलना चाहिए कि उसके सभी सम्प्रदाय लोक सेवा में उचित हिस्सा पाते हैं। पर, क्या परम्परा से प्राप्त प्राचीन समाज में गैर-बराबरी, गुलामी और दुश्मनी के रहते हुए ऐसा सम्भव है? जब परिणाम देख कर यह खूब पता चल रहा हो कि एक विशेष सम्प्रदाय के लोग ही लोक सेवा में चुने जाते हैं तो उसे प्रतिनिधि बनाने के लिए परीक्षा प्रणाली से ले कर आरक्षण तक कहीं न कहीं कोई बदलाव अवश्य लाने पड़ेंगे।

मेरिट के नाम पर लोक सेवा एक खास इलीट वर्ग के बच्चों को खैरात बाँटने की चीज नहीं है। यह राजनैतिक सत्ता का मामला है। इसमें लोक सेवा को सामाजिक और आर्थिक सत्ता के निर्णय लेने के लिए नियुक्त किया जाता है। काम की अधिकता में डेलीगेटिड शक्तियाँ बड़े आकार की हो गई हैं। सबकी हिस्सेदारी के लिए सारे लोगों के प्रतिनिधियों की नियुक्ति की जानी चाहिए।

सच को सच मानने में क्या बुराई है? साम्प्रदायिक समाज में लोक सेवा को साम्प्रदायिक बनाने में क्या हर्ज है? एक सम्प्रदाय का व्यक्ति दूसरे सम्प्रदाय का प्रतिनिधित्व कैसे कर पाएगा? एक सम्प्रदाय का आदमी दूसरे सम्प्रदाय के हितों का रक्षक कैसे बन जाएगा? और जब धार्मिक ग्रन्थों में फैलाई गई घृणा के कारण दो सम्प्रदायों का सम्बन्ध शेर और बकरी का मिलता है तो शेर बकरी की रखवाली कैसे कर जाएगा?

डा. अम्बेडकर का लोक सेवा का सिद्धान्त गलत सिद्ध हो जाएगा यदि कोई विद्वान यह सिद्ध कर दे कि भारत की लोक सेवा साम्प्रदायिक नहीं है। वैसे, उस दिन डाक्टर अम्बेडकर की सबसे बड़ी जीत भी हो जाएगी। इसके स्पष्टीकरण के लिए डा. अम्बेडकर की चाह और उनके सामने के यथार्थ में अन्तर करना पड़ेगा। डा. अम्बेडकर के सामने का यथार्थ यह है कि–

(i) भारत की लोक सेवा साम्प्रदायिक है।

इसके विपरीत, डा. अम्बेडकर की चाह यह थी कि–

(ii) भारत की लोक सेवा साम्प्रदायिक न होती।

लोक सेवा की साम्प्रदायिकता को चैक करने का रास्ता क्या हो सकता है? ये रास्ते तीन हो सकते हैं:

(i) लोक सेवा की साम्प्रदायिकता को मिटा दिया जाए।

(ii) लोक सेवा की साम्प्रदायिकता की तरफ से आँखें मूँद ली जाएँ।

(iii) लोक सेवा में सारी साम्प्रदायिकताओं को इकट्ठा कर दिया जाए।

पहले रास्ते के बारे में यह पूछा जाए कि क्या प्रशिक्षण आदि से लोक सेवा की साम्प्रदायिकता मिटाई जा सकती है। सवाल यह है कि लोक सेवा सत्ता से सीधे जुड़ी हुई है–क्या सत्ता से जुड़े हुए लोग पुराने प्रवचनों से, जो आज कल प्रशासनिक अकादमियों और संस्थाओं में प्रशिक्षण का रूप अख्तियार किए हुए हैं, प्रभावित हो सकते हैं? इसका उत्तर ढूँढ़ने से भी पहले यह जाना जाए कि सत्ता से जुड़े हुए लोगों के सामने गैर-सत्ता से जुड़ा हुआ समाधान क्यों सुझाया जाता है। जब सत्ता से जुड़े हुए लोगों के लिए सत्ता से जुड़ा हुआ रास्ता उपलब्ध है तो उन्हें उनके क्षेत्र से बाहर का रास्ता क्यों बताया जाता है? क्या सत्ता से जुड़े हुए लोग सत्ता से जुड़े हुए समाधानों के अभ्यस्त नहीं हैं? उनका सत्ता से जुड़ा रहना ही उनका जीवन है। इसलिए उन्हें सत्ता से जुड़े हुए किसी समाधान से परेशानी नहीं होनी चाहिए। इसके

अलावा, इस बात के खतरे ही खतरे रहे हैं कि वे गैर-सत्ता से जुड़े हुए समाधानों की मजाक वना कर रख देंगे। वे इस काम में सिद्धहस्त होते हैं।

यह बिलकुल गलत वात होगी कि दूसरा समाधान मान कर लोक सेवा की साम्प्रदायिकता से आँख मूँद ली जाए। यह दार्शनिक के नाते खुद को धोखा देने के वरावर है। मात्र आँखें मूँद लेने से लोक सेवा सम्प्रदायविहीन नहीं हो जाती।

तीसरा समाधान साम्प्रदायिकताओं को इकट्ठा कर देने का है। इसका तर्क लोकतन्त्र का है। यदि एक ही साम्प्रदायिकता रहेगी तो वह पूरी तरह फलीभूत होती रहेगी लेकिन उसकी टक्कर की दूसरी साम्प्रदायिकताएँ आने पर पहली पर अपने आप अंकुश लग जाएगा।

इससे जाहिर है कि लोकतन्त्र विरोध से डरता नहीं है, उल्टे यह विरोध का सामना करके विरोध को कम कर देता है। सत्ता खैरात की चीज नहीं है। अच्छा यह है कि केवल प्रवचन और प्रशिक्षण देने के बजाय लोक सेवा को इस रूप में सशर्त करके बाँध देना चाहिए कि किसी एक वर्ग की साम्प्रदायिकता मनमानी न कर सके। समाज के विभिन्न वर्गों के लोग होने से लोक सेवा की साम्प्रदायिकता कहीं न कहीं पकड़ी जाएगी। पहली वात, खुद लोक सेवा में ऊपर या नीचे या अगल-बगल की बराबरी में विरोधी विचार के लोग हो सकते हैं। इसलिए वे गलत काम को नहीं होने देंगे। लोक सेवा से ऊपर मंत्री स्तर पर एक व्यक्ति होता है। वह विरोधी विचार का हो सकता है। खुद मंत्री कैबिनेट में बँधा होता है। यदि मंत्री गलत करना चाहता है तो कैबिनेट की सामूहिक जिम्मेदारी उसे ऐसा नहीं करने देगी। फिर कैबिनेट संसद के सामने जवाबदेह है। यह वात संभव नहीं है कि कैबिनेट गलत बात का पक्ष ले कर ज्यादा देर तक संसद के सामने टिका रहे क्योंकि संसद में सभी सम्प्रदायों और विचारों के लोग होते हैं। व्याख्या के लिए सबसे अन्त में न्यायपालिका है। उसमें विभिन्न सम्प्रदायों के न्यायाधीश हो सकते हैं। इस प्रकार, सत्ता में साम्प्रदायिक हिस्सेदारी लोकतन्त्र को ज्यादा मजबूत करती है बशर्ते आँख मूँद कर यह मान लिया जाए कि भारत की लोक सेवा साम्प्रदायिक नहीं है या उसकी साम्प्रदायिकता को प्रशिक्षणों के माध्यमों से दूर कर दिया जाएगा। सत्ता के मामले में हलका रास्ता नहीं अपनाना चाहिए। वास्तव में, विरोधी साम्प्रदायिकता को स्थान देना पहली साम्प्रदायिकता का सच्चे अर्थों में व्यावहारिक प्रशिक्षण है। इस क्षेत्र में कक्षा में बिठा कर अधिकारियों को दिया गया कोरा सैद्धान्तिक प्रशिक्षण ज्यादा काम का नहीं है।

सारांश-I

1. डा. अम्बेडकर का समाज पर बेहद असर पड़ रहा है। उनका चिन्तन भारत की दलित जातियों में अपने आप आगे आता है। उनका प्रभाव हर प्रान्त और हर भाषा तक फैला हुआ है। केन्द्र सरकार और राज्य सरकारों द्वारा उनकी जन्म शताब्दी बड़ी धूमधाम से मनाई गई है। फिर भी, डा. अम्बेडकर के चिन्तन को एकैडमिक स्तर पर समझने का विद्वानों द्वारा ज्यादा प्रयास नहीं किया गया। इसी आवश्यकता में इस शोध कार्य को हाथ में लिया गया है।
2. लोक प्रशासन की विषय वस्तु मात्र नौकरशाही तक सीमित नहीं है। डा. अम्बेडकर के चिन्तन में लोक प्रशासन को उसकी समग्रता में समझने के लिए उसके चारों ओर के वातावरण को जानना पड़ेगा। लोक प्रशासन राजनीति शास्त्र से एक अलग विभाग है लेकिन ऐसा नहीं है कि इसका राजनीति से कोई सरोकार न रह गया हो। अलग होने के बाद भी इसका राजनीति से पूरा-पूरा सम्बन्ध ठहरता है। लोक प्रशासन को कार्यपालिका, विधायिका और न्यायपालिका के प्रभावों से अछूता नहीं रखा जा सकता। लोक प्रशासन का दायरा इतना बड़ा है कि सेना का भी इस पर असर पड़ता है।
3. लोक प्रशासन के अध्ययन की अनेक पद्धतियाँ हैं। इनके नाम दार्शनिक पद्धति, कानूनी पद्धति, ऐतिहासिक पद्धति, केस पद्धति, संस्थागत तथा संरचनात्मक पद्धति और व्यवहारतावादी पद्धति हैं। डा. अम्बेडकर के चिन्तन को समझने के लिए ये सभी पद्धतियाँ कमजोर सिद्ध होती हैं। डा. अम्बेडकर के सम्बन्ध से एक नई 'सामाजिक पद्धति' का जन्म होता है।
4. समाज ही सारी संस्थाओं का मूल है। समाज ने सत्ता के रूप में राज्य में आकार ग्रहण किया है। राज्य को चलाने की उसकी मशीनरी सरकार की है। समाज धर्म से भी अधिक महत्त्व की चीज है। धर्म को भी सामाजिक होना पड़ता है। लेकिन समाज के भी मूल में जो बीज है वह

स्वयं मनुष्य है। इस प्रकार, मनुष्य अपनी सामाजिक, राजनैतिक और धार्मिक संस्थाओं में सबसे ऊपर है।

5. इस समय भारत के सामने संविधान के अनुसार एक नया समाज बनाने का सपना है। संविधान ने समता, स्वतंत्रता और भ्रातृत्वता को लोकतंत्र का रास्ता माना है। लेकिन अभी तक भी भारतीय समाज में वर्ण व्यवस्था का प्रभाव दृष्टिगोचर हो रहा है। ब्राह्मण, क्षत्रिय, वैश्य और शूद्र में प्राचीन समाज का असमानता, परतन्त्रता और कटुता का जीवन-दर्शन इस देश के दिमाग पर आज भी पूरा-पूरा छाया हुआ है।

6. इस देश में धर्मों के रूप में साम्प्रदायिकता की समस्या बनी रही है। डा. अम्बेडकर के समय में यह समस्या हिन्दुओं और मुसलमानों के बीच की थी लेकिन उन्होंने माना है कि दलित जातियों के खिलाफ सवर्ण हिन्दुओं की भावना भी साम्प्रदायिक चरित्र की होती है। समाधान में, डा. अम्बेडकर ने साम्प्रदायिकता के न मिट पाने की स्थिति में इसे स्वीकार कर लिया है। उन्होंने बताया है कि सभी समुदायों की साम्प्रदायिकताओं को सम्मान की दृष्टि से देखा जाना चाहिए। उनका चिन्तन इस बात के खिलाफ पड़ता है कि बहुसंख्यक समुदाय की साम्प्रदायिकता को राष्ट्रवाद कहा जाए और अल्पसंख्यक समुदाय की साम्प्रदायिक भावना को राष्ट्र-विरोधी घोषित किया जाए।

7. जातिवाद हिन्दू समाज की वास्तविकता है। इतिहास में इसे मिटाने के अनेक प्रयत्न हुए हैं लेकिन वे कभी सफल नहीं हुए। आगे भी इस बात की कोई सम्भावना नहीं है कि जातिवाद मिट जाएगा। ऐसी अवस्था में दलित जातियों को जातिवाद के रूप में ऊपर उठाने में ज्यादा फायदा रहेगा। डा. अम्बेडकर के अनुसार जातिवाद के अनुसार समाज की अन्य राजनैतिक और प्रशासनिक संस्थाएँ खड़ी की जानी चाहिए।

8. अस्पृश्यता हिन्दू समाज का कलंक है। हिन्दुओं का यह कलंक उनके धर्मशास्त्रों तक में पुता हुआ है। इसे मिटाने का कोई उपाय नहीं है। अस्पृश्यता को मिटाने में खुद हिन्दू धर्म को मिटाना पड़ सकता है। यह हिन्दुओं की मानसिकता में घुल-मिल गई है। डा. अम्बेडकर ने अस्पृश्यता की वजह से दलित जातियों को सामाजिक रूप से हिन्दुओं और मुसलमानों से अलग समुदाय की मान्यता दिलाने का प्रयत्न किया है।

9. सत्ता कोई बुराई नहीं है। उलटे किसी समुदाय के जीवन में यह उसकी सबसे बहुमूल्य चीज होती है। अल्पसंख्यक समुदायों के लिए सत्ता की महत्ता और भी बढ़ जाती है क्योंकि उन्हें दूसरे समुदायों से बराबर चुनौतियाँ मिलती रहती हैं। सत्ता को सत्ता ही काट सकती है, कोई

प्रवचन नहीं। अल्पसंख्यक समुदाय सत्ता का इस्तेमाल खुद को बचाने और जीवित रखने के लिए किया करता है। उसे सत्ता में अपनी हिस्सेदारी को नहीं छोड़ना चाहिए। जरूरत इस बात की है कि वह सत्ता के बारे में निरन्तर जागरूक बना रहे और उसकी प्राप्ति के लिए संघर्ष करता रहे। डा. अम्बेडकर ने अनुसूचित जातियों के हित संरक्षण का कोई भी पक्ष भविष्य पर, संयोग पर या हिन्दू अधिकारियों के विवेकाधिकार पर नहीं छोड़ा है। यदि वे इन जातियों के हित की बहुत सारी बातों पर अमल नहीं करवा सके हैं तो भी उन्होंने उन बातों को अपने विचारों में उजागर अवश्य कर दिया है ताकि आगे का इतिहास सही दिशा में चल सके।

10. इस देश में सर्वत्र सवर्ण हिन्दुओं का एकाधिकार छाया हुआ है। राजनीति में, शिक्षा में, और लोक सेवाओं में उनका प्रभुत्व जमा हुआ है। वाणिज्य और व्यापार में उनका एकछत्र राज्य चल रहा है। कृषि भूमि और अन्य भूमियों पर उनका स्वामित्व काबिज है। बहुसंख्यक समुदाय के सभी क्षेत्रों में ऐसे एकाधिकार के अल्पसंख्यक समुदाय को बहुत खतरे रहते हैं। इसलिए अल्पसंख्यक समुदायों की रक्षा के लिए बहुसंख्यकों के एकाधिकार पर रोक लगनी चाहिए। असीम सत्ता किसी को भी नहीं मिलनी चाहिए। असीम सत्ता का जरूरी रूप में अल्पसंख्यकों के विरुद्ध दुरुपयोग होता है।

11. डा. अम्बेडकर को एक संवैधानिक विशेषज्ञ होने के नाते यह पूरा पता था कि किसी भी राज्य व्यवस्था में अल्पसंख्यकों के कुछ अधिकार होते हैं। डा. अम्बेडकर ने इस लाभ को ध्यान में रखते हुए भारत की दलित जातियों को अल्पसंख्यक समुदाय की परिभाषा दी है। दलितों के इस अल्पसंख्यक समुदाय का आधार नस्ल भेद और धर्मभेद नहीं है बल्कि यह भेद समाज की कसौटी का है। डा. अम्बेडकर ने सिद्ध किया है कि भारत के अछूत हिन्दुओं से अलग, स्वतंत्र और एक भिन्न समाज के लोग हैं।

12. बहुसंख्यक समुदाय का कोई विशेषाधिकार प्राप्त करने का दावा नहीं बनता। इसके विपरीत, अल्पसंख्यक समुदाय का ऐसा दावा बनता है। इनमें एक दावा राजनीति और प्रशासन के क्षेत्र में अल्पसंख्यक समुदायों के समुचित प्रतिनिधित्व का है। दलितों के लिए डा. अम्बेडकर ने तर्क दिया है कि उन्हें अल्पसंख्यक समुदायों को मिलने वाले विशेषाधिकार मिलने और भी जरूरी हैं क्योंकि उनके साथ अस्पृश्यता का सामाजिक कलंक अलग से लगा हुआ है। लोक सेवाओं में अल्पसंख्यकों का

प्रतिनिधित्व उनकी जनसंख्या के अनुपात में होना चाहिए। दलितों के सम्बन्ध से डा. अम्बेडकर ने बताया है कि उनको अल्पसंख्यक समुदायों को मिलने वाले विशेषाधिकार तब तक मिलते रहेंगे जब तक भारतीय समाज में अस्पृश्यता कायम है।

13. सरकार राज्य की सबसे बड़ी संस्था होती है। जनता का सरकार से लगातार सम्बन्ध बना रहता है। डा. अम्बेडकर ने अपने चिन्तन में केवल लोकतांत्रिक सरकार को स्वीकार किया है। फिर, उन्होंने लोकतांत्रिक सरकार को मात्र प्रतिनिधि सरकार या संसदीय सरकार तक सीमित नहीं रखा है। सच्चे लोकतंत्र की खोज में वे समाज तक गहरे गए हैं। उन्होंने तर्क दिया है कि कोई सरकार तब तक लोकतांत्रिक स्वरूप की नहीं हो सकती जब तक उसके समाज का ढाँचा भी लोकतांत्रिक नहीं होगा। हिन्दू समाज को उन्होंने अलोकतान्त्रिक स्वरूप का सिद्ध किया है।

14. डा. अम्बेडकर ने अपने राजनैतिक और प्रशासनिक दर्शन का आदर्श व्यावहारिक जगत में साफ-साफ शब्दों में रखा है। उनका यह आदर्श 'राज्य समाजवाद' का है। इसके लिए उन्होंने सुझाया है कि भारी उद्योगों पर राज्य का सीधा स्वामित्व होना चाहिए, सभी बीमा कम्पनियाँ राज्य के हाथ में रहनी चाहिए और सारी भूमि को राज्य के अधिकार में लिया जाना चाहिए। भारत की दलित जातियों को नागरिकों को मिलने वाले सभी मौलिक अधिकार मिलने चाहिए, इसके बाद उन्हें अल्पसंख्यकों को मिलने वाले विशेषाधिकार मिलने चाहिए और तीसरे, अस्पृश्यता और सामाजिक बहिष्कार की विशेष समस्याओं के कारण उन्हें कुछ और विशिष्ट अधिकार मिलने चाहिए। लोक सेवाओं में दलित जातियों को जनसंख्या और उनकी जरूरत के अनुसार प्रतिनिधित्व मिलना चाहिए।

15. आधुनिक प्रशासन के अनेक विशेषण हैं। डा. अम्बेडकर ने 'ब्यूरोक्रेटिक सरकार' को अंग्रेजों की सरकार से जोड़ा है। ऐसी सरकार जनता के प्रति उत्तरदायी नहीं रहती। एक अन्य विशेषण 'कुशल प्रशासन' का है। इसका आधार प्रतियोगी परीक्षाओं का होता है। डा. अम्बेडकर ने इस आधार को भारत के साम्प्रदायिक और जाति प्रथा के समाज में पर्याप्त नहीं माना। 'कुशल प्रशासन' की तुलना में उन्होंने 'अच्छे प्रशासन' को तरजीह दी है। ऐसा प्रशासन लोगों का खुद अपना प्रशासन होता है। इसमें सभी समुदायों के लोगों का प्रतिनिधित्व रहता है। ऐसे प्रशासन में जनता विश्वास किया करती है और जनता को अच्छे कानून के बजाय अच्छा प्रशासन चाहिए।

16. पुलिस और मजिस्ट्रेसी का जनता के साथ सीधा सम्बन्ध होता है। इन के हाथ में असीम प्रशासनिक और विवेकाधिकार की शक्तियाँ होती हैं। भारत की पुलिस और मजिस्ट्रेसी को डा. अम्बेडकर ने साम्प्रदायिक चरित्र की घोषित किया है। साम्प्रदायिक चरित्र के कारण पुलिस और मजिस्ट्रेसी अपने निर्णय सही नहीं लेतीं। पुलिस को इतने अधिकार दिए गए हैं कि वह किसी भी केस को उल्टा कर सकती है और मजिस्ट्रेसी सच्चे गवाहों की गवाहियाँ स्वीकार करने को बाध्य नहीं है।

17. डा. अम्बेडकर खुद एक बैरिस्टर थे और संवैधानिक कानून के विश्व में एक महान विशेषज्ञ थे। वे न्यायालय की पूरी प्रक्रिया को सिद्धान्त और व्यवहार में जानते थे। उन्होंने भारतीय समाज में न्यायाधीशों के दिमागों में भी साम्प्रदायिक भावना होने की संभावना से इन्कार नहीं किया। उलटे, उन्होंने उदाहरण के रूप में अनेक केस ऐसे रखे हैं जिनसे न्याय व्यवस्था पर अंकुश रखने की आवश्यकता महसूस होती है।

18. डा. अम्बेडकर ने बताया है कि राष्ट्र के महत्त्वपूर्ण संक्रान्ति कालों में आन्तरिक लोक प्रशासन के लिए सेना का महत्त्व बढ़ जाता है। सेना केवल बाहरी आक्रमणों से ही देश की रक्षा नहीं करती बल्कि देश के अन्दरूनी मामलों में भी प्रशासकों को इसकी समय-समय पर आवश्यकता पड़ती रहती है। इसलिए डा. अम्बेडकर ने चाहा है कि सेना में सभी समुदायों और देश के सभी भौगोलिक क्षेत्रों का प्रतिनिधित्व होना चाहिए। डा. अम्बेडकर ने सेना को मार्शल जातियों और गैर-मार्शल जातियों में भी नहीं बाँटा। उन्होंने सेना को मात्र एक पेशा बताया है जिसमें सभी समुदायों के लोगों को सैनिक रूप में प्रशिक्षित किया जा सकता है। उन्होंने बताया है कि युद्ध काल में बहादुर कौमों और गैर-बहादुर कौमों का कोई अन्तर नहीं रहता—यह अन्तर सत्ता वर्ग द्वारा केवल शांति काल में रखा जाता है।

19. लोक सेवा में पदासीन होने के लिए आधुनिक युग में शिक्षा का बेहद महत्त्व हो गया है। इस प्रकार की प्रतियोगी परीक्षा उस विषय की विशेष शिक्षा पर निर्भर करती है। लेकिन शिक्षा पर कुछ ही वर्गों का एकाधिकार बना रहता है। राज्य भी अपने खास उद्देश्य से किसी वर्ग विशेष की सहायता किया करता है। डा. अम्बेडकर ने बताया कि प्राचीन काल में वर्ण व्यवस्था के प्रचलन में शूद्र और अस्पृश्य जातियों को शिक्षा नहीं दी जाती थी। ऐसे ही, अंग्रेजों ने भी भारत की दलित जातियों की शिक्षा की उपेक्षा की थी। डा. अम्बेडकर ने अनुसूचित जातियों की सामान्य शिक्षा, उच्च शिक्षा और विदेश शिक्षा के लिए विशेष माँगें रखी थीं।

शिक्षा की परिभाषा में उन्होंने वैज्ञानिक और तकनीकी शिक्षा को भी रखा है।

20. लोक सेवा लोक सेवकों से बनती है। लोक सेवकों की भर्ती के लिए नियम हुआ करते हैं। डा. अम्बेडकर ने बताया है कि प्राइवेट प्रबंधों में ऐसे किन्हीं नियमों का पालन नहीं किया जाता और लोगों को भाई-भतीजेवाद के आधार पर नौकरियाँ दी जाती हैं। सरकारी क्षेत्र में डा. अम्बेडकर को विकेन्द्रित आधार पर हिन्दुओं के विभागाध्यक्षों का विश्वास नहीं है। ऐसे विभागाध्यक्ष अनुसूचित जातियों के योग्य उम्मीदवारों को भी अयोग्य घोषित कर देते हैं। इसीलिए उन्होंने केन्द्र के लिए संघ लोक सेवा आयोग और राज्यों के लिए प्रान्तीय लोक सेवा आयोगों के गठन की वात रखी है। उन्होंने केन्द्रीकरण पर आधारित बड़े-बड़े भर्ती बोर्डों के बनाने की भी सिफारिश की है ताकि भर्ती पर सही निगरानी रखी जा सके।

21. कथनी और करनी के अन्तर की समस्या भारतीय समाज की पुरानी समस्या है। डा. अम्बेडकर ने बताया है कि हिन्दू दर्शन कथनी तक सीमित रहा है जबकि करनी का क्षेत्र हिन्दू धर्म के लिए सुरक्षित रखा गया है। उन्होंने उपनिषदों और शंकर के वेदान्त दर्शन की इस आधार पर आलोचना की है कि इनके अद्वैत ने समाज पर अपना कोई अच्छा असर नहीं छोड़ा। डा. अम्बेडकर ने कथनी और करनी के इस अन्तर को हिप्पोक्रेसी कहा है। उन्होंने यह भी कहा है कि यह सभी समुदायों के चरित्र में आ गई है।

22. डा. अम्बेडकर चाहते थे कि इस देश के सामाजिक क्षेत्र में पुरानी व्यवस्था खत्म हो और नई व्यवस्था की नींव डाली जाए। सरकारी स्तर पर यह काम लोक सेवकों के जिम्मे आता है। डा. अम्बेडकर कहते हैं कि जो लोग अपने दृष्टिकोणों में पुरानी व्यवस्था के हामी और पक्षधर हैं वे लोक सेवक बन कर नई व्यवस्था के लिए काम नहीं कर सकते। इसीलिए डाक्टर अम्बेडकर कार्ल मार्क्स और लेनिन को याद करते हुए प्रतिवद्ध लोक सेवा की बात करते हैं। वे केवल बौद्धिकता और कानूनियत पर आधारित लोक सेवा में कोई खूबी नहीं देखते। वैसे, प्रतिबद्ध लोक सेवा के मुकाबले में उनकी लोक सेवा गठन की दृष्टि से प्रतिनिधि रूप की ज्यादा है।

23. डा. अम्बेडकर मानते हैं कि यदि कोई समुदाय और उसके रिवाज कानून के विरोध में खड़े हो जाते हैं तो उन्हें कोई दण्ड नहीं दिया जा सकता। दण्ड केवल व्यक्तिगत आधार पर सम्भव है। लेकिन जब तक लोक

सेवकों की मानसिकता पुरानी व्यवस्था से बँधी रहेगी तब तक भी इस समस्या का कोई उपचार नहीं है। डा. अम्बेडकर प्रशासकों को दण्ड देने के बजाय उनके वर्ग चरित्र पर ज्यादा जोर देते हैं। फिर भी, उन्होंने प्रशासकों को अंकुश में रखना चाहा है। उन्होंने माना है कि एक बेईमान अधिकारी की बेईमानी खरीदी नहीं जा सकती। उन्होंने निचले अधिकारियों के लिए उच्च अधिकारियों की तरह के समय-समय पर तबादलों की बात रखी है।

सारांश-II

I

डा. भीम राव अम्बेडकर ने भारत की साम्प्रदायिक समस्या को एक सच्चाई माना था। वे इससे बच कर नहीं चले बल्कि एक ईमानदार दार्शनिक की तरह उन्होंने इसकी शक्तियों को समझा और स्वीकारा है। लेकिन ऐसा नहीं है कि वे इसके जन्मदाता थे। केवल यह कहा जा सकता है कि इस बारे में उन्हें झूठ नापसन्द था। उन्होंने इस के बारे में लन्दन की गोल मेज परिषद में कहा था—"मैं यह नहीं भूल सकता कि भारतीय लोग साम्प्रदायिक दिमाग के लोग हैं। हम यह आशा जरूर कर सकते हैं कि एक ऐसा समय आएगा जब भारत के लोग अपने प्रशासनिक मामलों के हल में साम्प्रदायिक दृष्टिकोण से देखना छोड़ देंगे, लेकिन वह एक आशा ही होगी, और सच्चाई नहीं। इसके विपरीत, सच्चाई यह है कि यदि भारतीय लोगों को कानून के प्रशासन में स्वविवेक का अधिकार दिया जाता है तो वे वर्ग और वर्ग में, समुदाय और समुदाय में भेद जरूर करेंगे।"[1]

भारतीय समाज के बारे में अपनी इस खोज को उन्होंने अपनी पुस्तक 'पाकिस्तान ऑर दि पार्टिशन आफ इंडिया' में भी सच पाया है। वे गरीबी और अमीरी में मार्क्सवाद के सामाजिक विभाजन को झुठलाते हुए लिखते हैं—"गरीब मुसलमान धनवानों से न्याय पाने के लिए गरीब हिन्दू से नहीं जुड़ेगा। भूस्वामियों की ज्यादती को रोकने के लिए मुसलमान काश्तकार हिन्दू काश्तकार से नहीं मिलेगा। पूंजीपतियों से मजदूरों की लड़ाई में मुसलमान मजदूर हिन्दू मजदूरों के साथ नहीं रहेगा।"[2] उन्होंने इसका कारण बताया है कि एक गरीब मुसलमान यह जानता है कि अमीरों से लड़ाई में वह एक अमीर मुसलमान से लड़ बैठता है, मुसलमान काश्तकार यह मानता है कि भूस्वामियों से संघर्ष में उसे मुसलमान भूस्वामी के विरोध में खड़ा होना पड़ सकता है, और एक मुसलमान मजदूर यह सोचता है कि पूंजीपतियों से मजदूरों की लड़ाई में उसे एक मुसलमान मिल-मालिक के विरोध में जाना पड़ जाएगा। वह इस बात का अच्छा जानकार है कि एक अमीर मुसलमान, एक मुसलमान भूस्वामी और एक मुसलमान मिल मालिक को कोई नुकसान अंत में मुसलमान समाज का नुकसान होगा। डा. अम्बेडकर ने अपनी इस पुस्तक में यह भी बताया है कि 'भारत में हमेशा राजनैतिक उपद्रव साम्प्रदायिक रंग ले लेते हैं।'[3] बीसवीं शताब्दी की

महत्वपूर्ण घटना बंग भंग पर बोलते हुए उन्होंने बताया था कि बंग भंग की नीति पूर्वी बंगाल की लोक सेवाओं में बंगाली हिन्दुओं के प्रभुत्व को समाप्त करने का तरीका था।[4]

साम्प्रदायिक भारत की सच्चाई को डा. अम्बेडकर ने अपनी हर पुस्तक में स्वीकार किया है। इसके समाधान में वे केवल यह चाहते हैं कि जबकि साम्प्रदायिकता की मानसिकता भारत के लोगों की एक वास्तविकता है, और यह किसी भी तरीके से समाप्त नहीं की जा सकती, तो यह किया जा सकता है कि यह किसी एक वर्ग में सीमित हो कर न रह जाए। यदि यह शक्ति है और प्रभुत्व है तो सब में बांट दिया जाए। अपनी पुस्तक 'स्टेट्स एण्ड माइनरिटीज' में उन्होंने लिखा है–"यह सोचना मुश्किल है कि भारत जैसे देश में जहां ज्यादातर लोग साम्प्रदायिक दृष्टि के हैं, सत्ता प्राप्त करके अधिकारी लोग उन समुदायों के साथ समानता का व्यवहार करेंगे जो उनके समुदायों के नहीं हैं।"[5] इसकी आगे व्याख्या करते हुए उन्होंने निष्कर्ष निकाला है कि इसी कारण भारत के प्रशासन में अछूतों के साथ अधिकारियों द्वारा असमान व्यवहार किया जाना उनका भाग्यं है, विशेषकर, साम्प्रदायिक दंगों के समय अधिकारियों का यह साम्प्रदायिक चरित्र और भी प्रकट हो जाता है। इस वारे में उन्होंने गोल मेज सभा में ही कहा था–"मुझे ऐसा लगता है कि जब किसी शहर में साम्प्रदायिक दंगे भड़कते हैं तो अल्पसंख्यकों के लिए यह जानना एक बड़ा रक्षा कवच सिद्ध होता है कि किस समुदाय का कौन सा अफसर उनकी बस्ती में कानून और व्यवस्था को चला रहा है। हम सभी जानते हैं कि विभिन्न समुदायों के लोगों द्वारा पुलिस अधिकारियों पर पक्षपातपूर्ण रवैया अपनाने का आरोप लगाया जाता है कि वे इस या उस समुदाय का पक्ष लेते हैं। यह हो सकता है कि ऐसे आरोपों के लिए पर्याप्त कारण न हों लेकिन ऐसे अनेक मामले होते हैं जिनमें कानून और व्यवस्था को लागू करने वाले अधिकारियों की पक्षधरता साफ सिद्ध होती है।"[6] इसी में आगे उन्होंने अल्पसंख्यकों के हितों की रक्षा की दृष्टि से सुझाया था कि कम से कम ऐसी आपातकालीन परिस्थितियों में मंत्रियों के हाथ में पुलिस अधिकारियों की तैनातियाँ और उनके तबादले नहीं रहने चाहिए। उन्हें डर था कि मंत्री द्वारा एक ऐसे पुलिस अधिकारी को जो उस मंत्री के विशेष समुदाय का पक्ष न लेता हो, वहां से हटाया जा सकता है।

डा. अम्बेडकर के अनुसार, जब इस देश के लोगों के दिलों में साम्प्रदायिकता इतनी गहरी उतरी हुई है तो इसे समाप्त न कर सकने की स्थिति में इसे समाज दार्शनिकों द्वारा ईमानदारी से स्वीकार कर लिया जाना चाहिए। फिर इस भावना को बहुसंख्यक समुदाय में और अल्पसंख्यक समुदाय में बांट कर अलग-अलग नाम देना उपयुक्त नहीं है। यह बात ठीक नहीं है कि यदि बहुसंख्यक समुदाय अपनी मर्जी से अल्पसंख्यक समुदाय पर अपने दिव्य अधिकार का प्रयोग करता है तो इसे राष्ट्रवाद

कहा जाए और यदि अल्पसंख्यक समुदाय शासन और सत्ता में अपनी थोड़ी भागीदारी चाहे तो उसे साम्प्रदायिकता का बुरा नाम दिया जाए। उनके अनुसार, बहुसंख्यक समुदाय द्वारा सत्ता पर एकाधिकार रखने की साम्प्रदायिक चेष्टा को राष्ट्रवाद के अच्छे शव्द से सुशोभित नहीं किया जा सकता।[7]

अपनी इस वात को डा. अम्वेडकर ने बम्वई विधान सभा में भी कहा था कि भारत के लोग जन्मतः साम्प्रदायिक हैं। उन्होंने कहा था—"मैं इस सदन के सम्मुख यह कहना चाहता हूँ कि हिन्दू और मुसलमान, ऐसे होते हुए जैसे कि वे हैं, क्या यह वात ईमानदारी से कह सकते हैं कि वे एक दूसरे के प्रति साम्प्रदायिक नहीं हैं? इस सदन का एक भी सदस्य यह कहने का साहस नहीं जुटा पाएगा कि वह अपने दृष्टिकोण में गैर-साम्प्रदायिक भावना का है।"[8] बाद में उन्होंने सभा के किसी भी सदस्य को उनके इस कथन को झूठा सिद्ध करने का न्यौता दिया था। जब सदन के कई सदस्यों ने उनके इस कथन पर आपत्ति प्रकट की तो उन्होंने उनका जवाब देते हुए कहा था—"मेरे कथन का विरोध करने से कोई लाभ नहीं है। सच यह है कि हर हिन्दू और हर मुसलमान एक जाति या समुदाय में जन्म लेता है। हम सब एक साम्प्रदायिक माहौल में पलते और बड़े होते हैं। हम अपने-अपने समुदायों की इच्छाओं और चाहतों के भागीदार होते हैं। हम उन समुदायों की मुश्किलों और कमजोरियों को समझते और महसूस करते हैं। इसलिए मेरे मस्तिष्क में इस बात के लिए कोई सन्देह नहीं है कि इस सदन का हर सदस्य, भीतर भी और बाहर भी, हर सवाल को जाने में या अनजाने में साम्प्रदायिक रंग से देखता और सोचता है।"[9]

इन सब बातों को सोच कर डा. अम्बेडकर इस नतीजे पर आए थे कि भारत में साम्प्रदायिकता से सीधे लड़ना बेकार है। राष्ट्रवाद के नाम पर बहुसंख्यक समुदाय साम्प्रदायिक रहता ही है। इसलिए समाधान में यह अच्छा रहेगा कि किसी एक समुदाय की साम्प्रदायिकता के मुकाबले में अन्य समुदायों की साम्प्रदायिकताओं को भी मान्यता दी जाए। वे राजनीति के क्षेत्र में किसी धार्मिक प्रवचन के धोखे में रहना नहीं चाहते थे। धार्मिक प्रवचन अपने क्षेत्र में अपना काम करते रहें लेकिन राजनीति के क्षेत्र में इससे कुछ भी बुरा नहीं हो जाएगा यदि सभी समुदायों की हिस्सेदारी स्वीकार कर ली जाए। ऐसा क्यों माना जाए कि कोई एक समुदाय साम्प्रदायिक नहीं रहेगा? राजनीति और प्रशासन में प्रवचन नहीं चलते बल्कि हित सधते हैं। यदि सामुदायिक हितों का टकराव होता है तो यह राजनीति में कोई अनहोनी बात नहीं है। वे टकराव अपने आपको खुद-ब-खुद संतुलन और समीकरण में ले आएंगे। इसके लिए यह जरूरी नहीं कि अल्पसंख्यक समुदाय के लोग अपने न्यायोचित हितों और दावों को छोड़ दें। ऐसा करना उस अल्पसंख्यक समुदाय के लिए आत्मघाती हो जाएगा। इन्हीं बातों को ध्यान में रखते हुए डा. अम्वेडकर ने कहा था—"साम्प्रदायिक प्रतिनिधित्व कोई बुरी चीज नहीं है, यह कोई जहर नहीं है, बल्कि देश के विभिन्न वर्गों

की सुरक्षा और महफूजी के लिए सर्वोत्तम व्यवस्था है।"[10] उसी बम्बई विधान सभा में 'ग्राम पंचायत बिल' पर बोलते हुए उन्होंने अपने बारे में कहा था–"मैं पूरी तरह विश्वस्त हूँ कि सम्प्रदायवाद मेरी नीति होनी चाहिए। मैं इसके लिए तनिक भी शर्मिन्दा नहीं हूँ।"[11] एक सदस्य के यह पूछने पर कि क्या यह नीति राष्ट्रवाद के विरोध की नहीं है डा. अम्बेडकर ने उत्तर दिया था–"मैं यह कहना चाहूँगा कि मेरे मत में भारत देश बिना सम्प्रदायवाद के अपना राजनैतिक विकास नहीं कर सकेगा। भारत के लिए बिना सम्प्रदायवाद के कोई स्वशासन नहीं हो सकता।"[12]

उन्होंने बम्बई विधान सभा में 'बम्बई विश्वविद्यालय अधिनियम संशोधन विधेयक' पर बोलते हुए भी कहा था कि भारत के सभी समुदायों के लोग अपने-अपने दृष्टिकोणों में साम्प्रदायिक होते हैं। उनके इस कथन पर तब विधान सभा में शोर मच गया था। अनेक सदस्यों ने 'नहीं, नहीं' की आवाज उठाई थी। उसके उत्तर में डा. अम्बेडकर ने जोरदार शब्दों में कहा था–"मैं आपके इन 'नहियों' में कतई विश्वास नहीं करता। मैं इसे हिप्पोक्रेसी कहता हूँ–'नहीं, नहीं' कहना पूरी हिप्पोक्रेसी है।"[13] आगे उन्होंने सभापति को सम्बोधित करते हुए कहा था–"महोदय, मैं ईमानदारी से स्वीकार करता हूँ कि जब भी इस सभा में कोई प्रश्न विचार के लिए आता है तो मैं खुद उसे साम्प्रदायिक दृष्टिकोण में रख कर देखता हूँ। तब मैं अपने आप से पूछता हूँ कि क्या यह बात दलित जातियों के पक्ष में रहेगी या नहीं।"[14] इस पर सभा के एक सदस्य ने 'खेद है' कहा। तब डा. अम्बेडकर ने इसका जवाब देते हुए कहा था–'जो 'खेद है' कहते हैं वे खुद साम्प्रदायिकता से बरी नहीं हैं। उनके लिए गैर-साम्प्रदायिकता के बारे में बोलना बहुत आसान है क्योंकि यह सिर्फ बोलना है। महोदय, हम यह अच्छी तरह जानते हैं कि हमारे दिमाग ऐसे बन गए हैं कि हम दूसरे समुदायों के लोगों को समानता की दृष्टि से नहीं देख सकते। जब भी हम अपनी बेटियों के लिए वर ढूंढ़ने चलते हैं तो उसमें यही देखते हैं कि वह हमारी जाति का है या नहीं, जब भी हम डिनर पर मेहमानों को आमंत्रित करते हैं तो उस में भी यही देखते हैं कि वे हमारे समुदाय के सदस्य हैं या नहीं।"[15] डा. अम्बेडकर के इस कथन को एक सदस्य ने चुनौती दी। उस चुनौती के जवाब में डा. अम्बेडकर ने कहा था–"यह एकदम हिप्पोक्रेसी है कि हम ऐसा नहीं करते। मैं माननीय सदस्यों को समझाना चाहता हूँ कि हम लोगों में यह एक ऐसी बुराई है जिसके लिए मैं किसी एक समुदाय को दोषी नहीं मानता। महोदय, हम सब इस कलंक में पुते हुए हैं।"[16] समाधान में उन्होंने बताया है कि साम्प्रदायिक प्रतिनिधित्व समाज विभाजन के बुरे प्रभावों से बचाव का काम करता है। वे कहते हैं कि साम्प्रदायिक प्रतिनिधित्व समाज विभाजन को स्थायी बनाने के बजाय उसे समाप्त करता है। उन्होंने इसका तर्क इस प्रकार रखा है–"जब साम्प्रदायिक निर्वाचन समाज विभाजन के समरूप होगा तो उसका मुख्य प्रभाव यह होगा कि विधान सभाओं में विभिन्न जातियों के लोगों को एक साथ बैठने का मौका

मिलेगा जो अन्यथा उन्हें सुलभ नहीं है। इस प्रकार विभिन्न जातियों के लोग जो अब तक सामाजिक रूप से अलग-थलग पड़े रह कर समाज-विरोधी तक हो जाते हैं, विध ान सभा की हिस्सेदारी की एक नई प्रक्रिया से साझेदारी के नए जीवन में फेंक दिए जाएंगे। साझीदारी के ऐसे जीवन की सक्रिय प्रक्रिया हिस्सेदारों की मानसिक प्रवृत्तियों और उनके दृष्टिकोणों को बिना प्रभावित किए नहीं छोड़ेगी। आज एक जाति या एक धार्मिक समूह खुद में एक दृष्टिकोण होता है। जब तक हर जाति और हर समूह के लोग अलग-अलग पड़े रहते हैं तब तक उनके दृष्टिकोण पुराने बने रहते हैं। लेकिन जैसे ही विभिन्न जातियां और समूह आपस के सम्पर्क में आते हैं तथा एक दूसरे के प्रति सहयोग करना शुरू करते हैं, पुराने विचारों का पुनर्समाजीकरण अवश्यम्भावी है। यदि हिन्दू लोग मुसलमानों और ईसाइयों आदि के प्रति अपने दृष्टिकोण में पुनर्समाजी हो जाएं तथा मुसलमान और ईसाई आदि लोग हिन्दुओं के प्रति अपने दृष्टिकोण में पुनर्समाजी हो जाएं या सवर्ण हिन्दू अछूतों के प्रति अपने दृष्टिकोण में पुनर्समाजी हो जाएं तो जाति प्रथा और समाज का विभाजन गायब हो जाएगा। यदि यह माना जाए कि जाति प्रथा एक दृष्टिकोण है और दृष्टिकोण के सिवा कुछ नहीं है तो यह उस समय विलीन हो जाना चाहिए जब जाति से जुड़ा इसका प्रतीक खत्म हो जाएगा। लेकिन वर्तमान में विभिन्न जातियों और समूहों से जुड़े स्थायी दृष्टिकोण तभी मिटेंगे जब विभिन्न समूह आपस में मिलेंगे और समान कार्यों में भाग लेंगे। स्वभावों और दृष्टिकोणें में ऐसे परिवर्तन केवल क्षणिक काल के लिए नहीं रहेंगे बल्कि उनका इस परिषद भवन से बाहर के सामूहिक जीवन पर भी भारी असर पड़ेगा। ऐसे मिले-जुले सामूहिक कार्यों के लिए जितने अवसर दिए जाएंगे उतना ही अधिक लाभ होगा। इससे पुनर्समाजीकरण बड़े स्तर पर होगा जो अपने परिणाम में जातियों और समूहों का जल्दी विच्छेद करने में सहायक होगा। इस प्रकार जो लोग साम्प्रदायिक प्रतिनिधि ात्व को यह कह कर नकारते हैं कि यह वर्तमान सामाजिक विभाजन को और भी स्थायी और पक्का बना देगा, इस पर पुनर्विचार करके इसे सामाजिक विभाजन को विलीन करने का एक तेज रसायन जानने लगेंगे।"[17]

II

'साम्प्रदायिकता' शब्द का इस्तेमाल हिन्दू और मुसलमानों के संदर्भ में किया जाता है। असल में, साम्प्रदायिकता का अर्थ हिन्दू-मुसलमान के दंगों के रूप में जाना जाता है। डा. अम्बेडकर ने इस शब्द को इसी अर्थ में प्रयोग नहीं किया है। पीछे देखा जा चुका है कि वे इसे विस्तृत अर्थ देते हैं। वे इसे राजनैतिक परिप्रेक्ष्य में अल्पसंख्यक और बहुसंख्यक का अन्तर और संबंध बताते हैं। लेकिन यदि केवल हिन्दू और दलितों की बात को लिया जाए तो डा. अम्बेडकर का अपना शब्द 'जातिवाद' है।

डा. अम्बेडकर ने हिन्दुओं की समाज व्यवस्था में जातिवाद की कभी प्रशंसा नहीं की। वे जातियों के विध्वसंक के रूप में जाने जाते हैं। उन्होंने 'एन्निहिलेशन ऑफ कास्ट' नाम से एक महत्वपूर्ण पुस्तक भी लिखी जो उनके समाज दर्शन का घोषणा-पत्र कही जा सकती है। अपनी इस पुस्तक में वे जाति के विरोध में इस प्रकार लिखते हैं–"ज़ाति ने जन चेतना को मार दिया है। जाति ने जन कल्याण को पूरी तरह नष्ट कर दिया है। जाति ने जन जागरण को असम्भव बना दिया है। एक हिन्दू के लिए उसकी जनता उसकी अपनी जाति है। उसकी जिम्मेदारी केवल अपनी जाति के लिए है। उस की वफादारी उस की अपनी जाति तक सीमित है। उसके गुण जातीय-गुण हो गए हैं, उसके शील उसके जातीय-शील बन कर रह गए हैं। उसमें जरूरतमन्दों के लिए कोई सहानुभूति नहीं है। जाति में योग्यता और गुण के लिए कोई स्थान नहीं है, गरीबों के लिए सहायता की भावना नहीं है। जाति में किसी के दुःखों की कोई चिन्ता नहीं है। यदि दान और सहायता की भावना है तो वह जाति से शुरू होती है और जाति में ही समाप्त हो जाती है।"[18] आगे उन्होंने इसी बात को पुनः जोर दे कर दोहराया है–"अपनी जाति से बाहर के लोगों में मेरिट देखना और मानना एक हिन्दू की क्षमता में नहीं है। गुणों की प्रशंसा की जा सकती है परंतु वह व्यक्ति अपना जाति-भाई होना चाहिए। सारी नैतिकता एक आदिम नैतिकता के समान है कि मेरा जाति-भाई हो चाहे वह सही हो या गलत, मेरा जाति-भाई हो चाहे वह अच्छा हो या बुरा।"[19]

यह ठीक है कि डा. अम्बेडकर जाति के खिलाफ बहुत बोले हैं लेकिन उनका समाधान अव्यावहारिक नहीं है। वे इस बात को पूरी तरह समझ चुके थे कि साम्प्रदायिकता की तरह जातिवाद भी हिन्दुस्तानी समाज की एक वास्तविकता है। इसका विरोध करते समय भी इसे झुठलाया नहीं जा सकता। हर हालत में इसके अस्तित्व को मानना पड़ता है। उन्होंने यह भी देखा कि भारतीय इतिहास में जाति प्रथा को समाप्त करने के लिए अनेक प्रयत्न हुए हैं पर वे सभी निष्फल गए हैं। वे मानते हैं कि भारत में जाति प्रथा के अस्तित्व में कोई खास बात है। इस बात को सोच कर डा. अम्बेडकर ने अपने चिन्तन में एक पूरा पलटा खाया है। जाति प्रथा को मिटा पाने में असमर्थ रहने पर उन्होंने साम्प्रदायिकता की तरह जाति प्रथा के अस्तित्व को स्वीकार कर लिया। जाति प्रथा नहीं मिट सकती तो न मिटे पर इसके सामाजिक दुर्गुण तो समाप्त हो जाएं। इसके लिए उन्होंने स्वास्थ्य योजना की तरह मच्छर समाप्त न कर पाने की स्थिति में मच्छर की नस्ल बदल डाली है। मूल उद्देश्य मलेरिया से बचने का है। मलेरिया मच्छर से फैलता है। मच्छर मर नहीं पाता तो मच्छर में से वह दुर्गुण समाप्त कर दो जिससे मलेरिया फैलता है। इसलिए मच्छर उन्मूलन का रास्ता छोड़ कर डाक्टरों ने मलेरिया उन्मूलन का रास्ता अपनाया। डा. अम्बेडकर ने भी जाति प्रथा को स्वीकार करके इसके लाभ दलितों को भी सुलभ करवा दिए। उन्होंने एक जाति

के सामने दूसरी जाति खड़ी कर दी, राजनैतिक और प्रशासनिक अधिकारों की दुनिया में उन्होंने सवर्णों के सामने दलित समुदाय खड़े कर दिए। इसका तर्क बताते हुए उन्होंने लिखा—"हिन्दू समाज में जाति प्रथा के कारण इसका राजनैतिक ढांचा भी इसके सामाजिक ढांचे के अनुरूप अलग होना चाहिए।"[20] उनका मतलब था कि विदेशी ढंग के राजनैतिक ढांचे इस सामाजिक ढांचे में फिट नहीं बैठ सकते। जब यूरोप के अनुकरण पर इस देश में प्रतिनिधि सरकार खड़ी की जानी है तो वह प्रतिनिधित्व जातियों के आधार पर होना चाहिए। जाति व्यवस्था की ऐसी विशेष सामाजिक संरचना के कारण इस देश में भौगोलिक और क्षेत्रीय प्रतिनिधित्व पर्याप्त नहीं है बल्कि उससे भी गहरे जा कर उसे जाति-आधारित प्रतिनिधित्व होना चाहिए।

डा. अम्बेडकर के विरोधी लोग राजनीति और प्रशासन के क्षेत्र में उनके जाति आधारित प्रतिनिधित्व को स्वीकार नहीं करते थे। ऐसी स्थिति में उनके विरोधी यह तर्क पेश करते थे कि जाति प्रथा के कारण राजनीति और प्रशासन में जाति-आधारित प्रतिनिधित्व की बुराई स्वीकार करने के बजाय अच्छा यह होगा कि हिन्दू समाज से जाति प्रथा को ही मिटा दिया जाए। इसके जवाब में डा. अम्बेडकर लिखते हैं—"कुछ लोग हैं जो यह तर्क पेश करते हैं कि हिन्दू समाज से जाति प्रथा को मिटाया जा सकता है। लेकिन मैं उनकी इस बात को स्वीकार नहीं करता। जो ऐसे विचार सामने रखते हैं वे शायद यह सोचते हैं कि जाति प्रथा एक क्लब, नगरपालिका या देशीय परिषद की तरह की कोई संस्था है। यह उनकी भारी गलती है। जाति प्रथा धर्म का मामला है और धर्म किसी भी संस्था से बड़ी चीज होती है।"[21] उन्होंने धर्म को जाति के सादृश्य में रखते हुए बताया है कि धर्म एक प्रभाव और शक्ति है जो हर व्यक्ति के चरित्र को मोड़ती है, उसकी क्रियाओं और प्रतिक्रियाओं, चाहतों और गैर-चाहतों को निश्चित करती है। अस्पृश्यता का नाम ले कर डा. अम्बेडकर ने अपनी बात को ज्यादा अच्छी तरह से उजागर किया है। वे बताते हैं कि अस्पृश्यता इसलिए समाप्त नहीं हो पाई क्योंकि इसे हिन्दुओं ने अपने धर्म से जोड़ रखा है। ऐसा हमेशा नहीं होता कि हिन्दू अछूत के प्रति अस्पृश्यता का अमानवीय व्यवहार जानबूझ कर निर्दयता से करता है बल्कि यह उसके लिए उसके धार्मिक रीति-रिवाजों का प्रचलन और कर्त्तव्य है। धर्म पर आधारित होने के कारण वह मजबूरी में अस्पृश्यता के बर्ताव में ढील तो दे सकता है लेकिन उसे कभी पूरी तरह से छोड़ता नहीं है। छुआछूत का बर्ताव छोड़ना उसके लिए अपने समझे हुए धर्म का छोड़ना हो जाएगा जो वह नहीं कर सकता। इसलिए धर्म से जुड़ी हुई होने के कारण हिन्दू समाज में छुआछूत तब तक प्रचलित रहेगी जब तक ऐसा धर्म कायम रहेगा। डा. अम्बेडकर लोथियन समिति के सामने अपना नोट प्रस्तुत करते हुए लिखते हैं कि ऐसा नहीं है कि भारत भूमि से अस्पृश्यता को मिटाने के लिए सन्त-महात्माओं ने कोशिशें न की हों। उनके अनुसार, इन महात्माओं में बुद्ध, रामानुज और आधुनिक युग के अनेक वैष्णव सन्तों के नाम

गिनाए जा सकते हैं।[22] इसी आधार पर डा. अम्बेडकर अपने इस निष्कर्ष पर पहुंचे थे कि यह मानना बड़ा कठिन है कि धर्म पर आधारित हिन्दुओं की अस्पृश्यता और जाति वाली समाज व्यवस्था जो अब तक इतने घातक आक्रमण सह चुकी है, कभी ढह जाएगी।

III

समाज में किसी एक वर्ग द्वारा किसी भी क्षेत्र में एकाधिकार को अच्छा नहीं माना जाता। इस एकाधिकार के मूल में प्रभुत्व की भावना रहा करती है चाहे इसे सभ्य भाषा में किसी भी तर्क से पेश किया जाए। डा. अम्बेडकर यह मानते हैं कि इस देश में तमाम राजनैतिक, आर्थिक, सामाजिक और प्रशासनिक शक्तियों पर हिन्दुओं का एकाधिकार छाया हुआ है। उन्होंने लिखा है–''हिन्दुओं के पास सब कुछ है। इस देश की भूमि उनके पास है। व्यापार पर उनका कब्जा है और राज्य भी उनके नियंत्रण में है। राजस्व और लाभ का प्रत्येक स्रोत उनके हाथ में है।''[23] ऐसे ही, ''शिक्षा और सम्पत्ति पर उनका एकाधिकार कायम है। शिक्षा और सम्पत्ति के माध्यम से उन्होंने राज्य पर प्रभुत्व जमा रखा है। इस एकाधिकार को अपने पास बनाए रखना उनकी आकांक्षा और उनका उद्देश्य रहा है। वर्ग प्रभुत्व के इस स्वार्थ-साधन के कारण उन्होंने हिन्दुओं के निम्न वर्गों को धन, शिक्षा और सत्ता से बाहर रखने का एक अभियान छेड़ रखा है। इसमें उनकी सबसे बड़ी सफलता अपने धर्म शास्त्र तैयार करने की रही जिनमें उन्होंने निम्न वर्गों के हिन्दुओं को यह शिक्षा दी है कि उनके जीवन का कर्त्तव्य ऊंचे वर्गों की सेवा करने का है।''[24]

डा. अम्बेडकर एकाधिकार की इस धार्मिकता को 'हिन्दू राज' का सिद्धान्त मानते हैं और इसका विरोध करते हैं। वे कहते हैं कि हिन्दुओं की इस एकाधिकार की मानसिकता का कारण यह है कि हिन्दू समाज लोकतांत्रिक समाज नहीं है। वे पूछते हैं–''शिक्षा, लोक सेवाओं और राजनैतिक सुधारों का लाभ हिन्दुओं की ऊँची जातियों के शासक वर्ग के सिवा किसे मिलता है?''[25] यहाँ वे यह भी बताते हैं कि सत्ता के हर रूप का लाभ उठाने वाला यह शासक वर्ग हिन्दुओं की कुल जनसंख्या का 10 प्रतिशत से भी कम ठहरता है। डा. अम्बेडकर ने इस शासक वर्ग के बारे में कोई अज्ञान नहीं रहने दिया। उन्होंने इसका आगे विश्लेषण किया है और नाम ले कर बताया है कि हिन्दुओं के इस शासक वर्ग में ब्राह्मण लोग सर्वोपरि हैं। वे कहते हैं कि चाहे ब्राह्मण लोग खुद को शासक वर्ग के सदस्य मानते हों या न मानते हों लेकिन सच्चाई यह है कि देश के प्रशासन पर उनका पूरा नियंत्रण है।[26] तरीका यह है कि ब्राह्मण वर्ण उन दूसरे वर्गों को जो उसके अधीन रह कर उसका सहयोग कर सकते हैं, शासक वर्ग में सम्मिलित करके उनके साथ समझौता कर लेता है।

किसी एक वर्ग के द्वारा प्रशासन पर इस प्रकार के एकाधिकार को डा. अम्बेडकर ने बाकी जनता के लिए भारी खतरा माना है। इस खतरे की उन्होंने दो प्रकार से व्याख्या की है। एक तरफ यह शासक वर्ग में उच्चता का भाव पैदा करता है और दूसरी तरफ यह जन कल्याण को रोक कर बाकी वर्गों में शासक वर्ग पर निर्भर रहने की कमजोरी पैदा करता है।[27] यहां वे ब्रिटिश भारत के समय में उठी लोक सेवाओं के भारतीयकरण की मांग के बारे में भी कहते हैं कि लोक सेवाओं का मात्र भारतीयकरण समस्या का कोई सम्यक हल नहीं है। उनके अनुसार, लोक सेवाओं का भारतीयकरण भी हो सकता है और उन पर कुछ समुदायों का एकाधिकार भी बना रह सकता है।[28] लोक सेवाओं में ब्राह्मणों के एकाधिकार वाले ऐसे भारतीयकरण के खिलाफ उन्होंने गोल मेज परिषद की बहसों में कहा था—"उच्च जातियों के अफसरों ने लोक सेवाओं पर अपना एकाधिकार बना रखा है। इस पूर्वाधिकार के कारण उन्होंने कानून और विवेकाधिकार का बिना किसी न्याय, निष्पक्षता और नेक-नीयती के दलित वर्गों के खिलाफ तथा अपने जाति-भाइयों के फायदे में दुरुपयोग किया है।"[29]

एकाधिकार एक प्रशासनिक बुराई है और डा. अम्बेडकर ने इस बुराई को समाप्त करने की आवश्यकता महसूस की है। समाधान में उन्होंने इसका कारगर उपाय भी सुझाया है। उन्होंने बताया कि लोक सेवाओं में सवर्ण हिन्दुओं के एकाधिकार की बुराई को खत्म किया जा सकता है यदि सेवाओं में भर्ती नियमन इस प्रकार किया जाए कि दलित वर्गों समेत सभी समुदायों का उसमें पर्याप्त प्रतिनिधित्व हो जाए।[30] इस बात के लिए वे अन्त तक लड़ते रहे थे। भारत के लिए 'स्टेट्स एण्ड माइनरिटीज' के शीर्षक की पुस्तक से अपने बनाए प्रस्तावित संविधान में उन्होंने इस मांग को अधिक प्रखर और स्पष्ट रूप में रखा है।[31]

IV

डा. अम्बेडकर के चिन्तन में एक विचित्र बात यह है कि उन्होंने अपने चिन्तन में नस्ल के रूपों में आर्य और अनार्य का भेद नहीं रखा। अछूत समाज में जन्मे किसी भी व्यक्ति के लिए यह मानना ज्यादा सरल रहता है कि वह नस्ल के रूप में आर्य जाति से भिन्न नस्ल का है। लेकिन डा. अम्बेडकर अपने चिन्तन में इस दिशा में नहीं गए। ऐसी बात भी नहीं कि यह समस्या उनके सामने न रही हो। साइमन कमीशन के सामने साक्ष्य प्रस्तुत करते समय उनके सामने यह समस्या बाहरी बन कर आई थी। सवाल-जवाब इस प्रकार हैं:

39. क्या यह इस आधार पर है कि आपके विचार में दलित जातियाँ

हिन्दुओं के उच्च वर्ग से अपने सही प्रतिनिधित्व की आशा नहीं रखतीं?

डा. अम्बेडकर : वह एक आधार है, लेकिन सच्चाई यह है कि हमें हिन्दू समुदाय का अंग नहीं समझा जाना चाहिए।

40. मैं सोचता हूँ कि आप भारत भूमि के आदिम निवासियों में से हैं।

डा. अम्बेडकर : वह एक दृष्टिकोण है जहाँ तक मैं सोचता हूँ।

41. हम विस्तार में नहीं जाएंगे लेकिन यह माना जाए कि आप आर्यों से पहले के हैं।

डा. अम्बेडकर : मैं नहीं जानता। वह एक दृष्टिकोण है।"[32]

साइमन कमीशन ने डा. अम्बेडकर से यह सवाल 1928 में पूछा था। तब डा. अम्बेडकर ने इस प्रश्न का सीधा जवाब नहीं दिया था पर यह भी हो सकता है कि तब तक उन्होंने इस प्रश्न पर अपनी कोई राय न बनाई हो। लेकिन बाद में वे इन प्रश्नों से वहुत गहराई में जा कर जूझे हैं। इन प्रश्नों के उत्तर में उन्होंने भारत के प्राचीन सामाजिक इतिहास की खोज करके अपनी दो महत्वपूर्ण पुस्तकें लिखीं। इनमें से पहली का शीर्षक 'हू वर दि शूद्राज? हाउ दे केम टु बी दि फोर्थ वर्णा इन दि इंडो-आर्यन सोसाइटी' है। उन्होंने यह पुस्तक 1946 में प्रकाशित कराई थी। उनकी दूसरी पुस्तक का नाम 'दि अनटचेवल्स : हू वर दे एण्ड व्हाई दे बिकेम अनटचेबल्स?' है। यह 1948 में पहली बार प्रकाशित हुई थी। पहली पुस्तक में उन्होंने शूद्रों के मूल के बारे में अपना निष्कर्ष निकाला है:

"शूद्र आर्य समुदायों के सूर्य वंश में से एक थे।"[33]

दूसरी पुस्तक में अछूतों के मूल के बारे में उन्होंने अपना निष्कर्ष इस प्रकार निकाला है :

"हिन्दुओं और अछूतों में कोई नस्लगत भेद नहीं है।"[34]

इस विचार के रखते हुए भी कि अछूतों और हिन्दुओं में नस्लगत भेद नहीं है, डा. अम्बेडकर इनके सम्बन्धों का ऐसा वर्णन भी करते हैं मानो इनमें ऐसा भेद हो। एक जगह वे लिखते हैं–"अछूतों के लिए हिन्दू इस प्रकार के विदेशी लोग हैं जैसे उनके लिए यूरोप के लोग विदेशी हैं।"[35] एक दूसरी जगह वे ब्राह्मण के बारे में विशेष रूप से लिखते हैं–"ब्राह्मण हिन्दू समाज में एक विदेशी तत्व है। ब्राह्मण शूद्र और अछूत के सामने इस प्रकार विदेशी हैं जैसे जर्मन फ्रांसीसियों के लिए, यहूदी गैर-यहूदियों के लिए और श्वेत लोग नीग्रो के लिए हैं। उसके और शूद्रों तथा अछूतों के दरम्यान एक वास्तविक गहरी खाई है।"[36] यहाँ डा. अम्बेडकर अछूतों के लिए हिन्दुओं को तथा हिन्दुओं में भी ब्राह्मणों को विजातीय तत्व से भी अधिक खतरनाक मान रहे हैं। वे तुलना करते हुए कहते हैं–"बुराई की चीज यह है कि जहाँ यूरोप के विदेशी लोग

अछूतों के प्रति उदासीन रहते हैं वहाँ हिन्दू लोग अपनी घृणित भावना के कारण अपने वर्ग के लिए पक्षपातपूर्ण तथा अछूतों के सामने विरोधी हैं।"[37] लेकिन इस चिन्तन के बाद भी वे अछूतों और हिन्दुओं में नस्लगत भेद नहीं मानते। उन्होंने लिखा है–"हिन्दुओं ने आज तक अछूतों का तिरस्कार और अनादर किया है और उन्हें कभी अपना नहीं वनाया और यदि वे भिन्न नस्ल के नहीं हैं तो कम से कम समाज के भिन्न और घृणित तबके के लोग जरूर हैं।"[38]

लोक प्रशासन में उनकी मांग उनकी राजनैतिक मांग से भिन्न नहीं है। गवर्नर जनरल के सामने अनुसूचित जातियों की मांगों को रखते समय लोक सेवाओं में इनके प्रतिनिधित्व के अभाव को उन्होंने राजनैतिक मांगों में सम्मिलित किया था।[37] उन्होंने लोक प्रशासन के महत्व को दर्शाते हुए लिखा है–"अल्पसंख्यक समुदायों के लिए लोक सेवाओं में प्रवेश पाना एक महत्वपूर्ण सवाल होता है लेकिन अनुसूचित जातियों के लिए तो यह उनके जीवन और मरण का प्रश्न बना हुआ है।"[40] उन्हें जब पता चला कि पंजाव की जनगणना में अछूतों की जनसंख्या कम की गई है तो उन्होंने इसका कारण यह वताया कि ऐसा इसलिए हुआ क्योंकि जनगणना से जुड़ी प्रशासनिक सेवाओं में अछूतों का कोई स्थान नहीं है।[41] उन्होंने अनुसूचित जातियों को मात्र सेवाओं में नहीं वल्कि देश की शक्तिशाली लोक सेवाओं में शामिल करने की वकालत की थी। उन्होंने लिखा था–"अनुसूचित जातियों की दशा और उनके सामाजिक स्तर तव ऊपर उठेंगे जव अनुसूचित जातियों के प्रतिनिधि दफ्तरों के क्लर्क के वजाय बड़े ओहदों के प्रशासक बनाए जाएंगे। ऐसे कार्यकारी पद नीति-कौशल के पद होते हैं। इन पदों पर आसीन प्रशासकों द्वारा राज कार्यों के लिए नए निर्देश दिए जाते हैं।"[42] उन्होंने राजस्व और पुलिस अधिकारियों के महत्व को वताते हुए कहा था कि वे अछूतों की मुश्किलों को दूर करने में ज्यादा महत्वपूर्ण भूमिका अदा कर सकते हैं।[43] डा. अम्बेडकर ने अनुसूचित जातियों के लोक सेवाओं में प्रतिनिधित्व की बात नीचे लिखे शब्दों में वहुत जोरदार ढंग से रखी थी–"प्रशासन की शक्ति में आजकल कानून बनाने की शक्ति भी शामिल रहती है। कोई भी कानून आजकल पूर्ण और पर्याप्त नहीं है। ज्यादातर मामलों में प्रशासन को अधिनियमों के तहत नियम बनाने की कानूनी शक्ति प्रदान की जाया करती है। दूसरे, कानून लाभकारी हैं या नहीं यह इस बात पर निर्भर करता है कि उसे कितने प्रभावकारी ढंग से और कितनी ईमानदारी से लागू किया जाता है। इसलिए अच्छे कानूनों से अच्छा प्रशासन ज्यादा महत्वपूर्ण है। अच्छे कानूनों का कोई मतलव नहीं है यदि प्रशासन खराव है। इसलिए अनुसूचित जातियों के लिए प्रशासन उनके जीवन और मरण का प्रश्न बन कर खड़ा हो जाता है क्योंकि वे अच्छे कानूनों की तुलना में अच्छे प्रशासन को तरजीह देते हैं।"[44] आगे डा. अम्बेडकर ने पूछा है–"क्या आजकल का प्रशासन अच्छा प्रशासन कहा जा सकता है? अनुसूचित जातियां वर्तमान प्रशासन के बारे में अपनी क्या राय रखती हैं?" इन

प्रश्नों का खुद उत्तर देते हुए उन्होंने लिखा है—"इसमें कोई संदेह नहीं कि अनुसूचित जातियों की यह सामान्य धारणा है कि पूरे भारत में सारा प्रशासन उनके प्रति अपने दृष्टिकोण में दुश्मनी का, बेइन्साफी का और भ्रष्टाचार का है। वास्तव में, अनुसूचित जातियों के ज्यादातर दुःख और उत्पीड़न इसीलिए पैदा होते हैं क्योंकि लोक सेवकों की कलम में दी गई स्वविवेक निर्णय की ताकत लगभग सभी मामलों में अनुसूचित जातियों को नीचे बनाए रखने के लिए उनके खिलाफ इस्तेमाल की जाती है।....और ऐसा तब तक होता रहेगा जब तक प्रशासन के कार्मिक और कारिन्दे उन वर्गों से लिए जाते रहेंगे जो अनुसूचित जातियों के सदा से खिलाफ रहे हैं और उन्हें दबाने में विश्वास रखते हैं। इसलिए इस विषय में इससे ज्यादा सशक्त दलील दूसरी नहीं हो सकती कि अनुसूचित जातियों के सामान्य लोगों के लाभ और कल्याण के लिए उन्हें लोक सेवाओं में दाखिल करने के प्रश्न पर गहराई से विचार किया जाना चाहिए।"[45]

V

लोक प्रशासन का अध्ययन कई रूपों में किया जा सकता है। लेकिन इस क्षेत्र में डा. अम्बेडकर के चिन्तन को अच्छी तरह से समझने के लिए पहले पुलिस और मजिस्ट्रेसी को लिया जा सकता है। उनके मस्तिष्क में पुलिस और मजिस्ट्रेसी सबसे महत्वपूर्ण हो उठती हैं। जैसा कि यह भली भांति ज्ञात हो चुका है कि उनका मुख्य काम अनुसूचित जातियों को समाज में सम्मान और बराबरी दिलाने का था, उनके इस उद्देश्य की पूर्ति में पुलिस और मजिस्ट्रेसी की भारी भूमिका सिद्ध होती है। उन की बराबर मांग रही, और वह काफी हद तक पूरी भी हुई, कि पुलिस और मजिस्ट्रेसी में अनुसूचित जातियों का कारगर और प्रभावशाली प्रतिनिधित्व रहना चाहिए। यहां उस कारण और व्यवहार को अच्छी तरह जान लिया जाए जो उनकी इस प्रकार की मांगों के आधार थे।

यह सत्य अनेक बार उजागर किया जा चुका है कि सवर्ण हिन्दुओं और अनुसूचित जातियों का पारस्परिक सम्बन्ध सामाजिक सौहार्द का नहीं है। अक्सर इनमें जातिवादी झगड़े होते रहते हैं। इनमें सवर्ण हिन्दू अनुसूचित जातियों पर किसी भी बहाने ज्यादतियां ढाते रहते हैं। डा. अम्बेडकर के समय में इन ज्यादतियों में कोई रुकावट या कमी नहीं थी। कमी थी तो केवल यह कि उस समय की प्रेस ऐसे केसों को प्रकाश में नहीं लाती थी। फिर भी डा. अम्बेडकर ने अखबारों और पत्रिकाओं से पूरे भारत में घटित हुए ऐसे केसों के अम्बार इकटठे कर रखे थे। उन्होंने एक बार बम्बई विधान सभा में कहा था कि उनके पास ऐसे केसों की इतनी लम्बी सूची है कि वे विधान सभा में महीनों तक उन्हें ही पढ़ते रह सकते हैं।[46] हिन्दू समाज में सछूतों और अछूतों के बीच सदियों से चले आ रहे इस संघर्ष को उन्होंने 'मनहूस संघर्ष' की

संज्ञा दी है। इसमें विशेष बुरी बात यह है कि यह संघर्ष समान लोगों के बीच का संघर्ष नहीं है। वे लिखते हैं–"यह संघर्ष हिन्दुओं और अछूतों के बीच है जिनमें हिन्दू आर्थिक और सामाजिक रूप में ताकतवर हैं तथा अछूत आर्थिक और जनसंख्या की दृष्टि से कमजोर हैं। ज्यादातर हिन्दू लोग अछूतों को कई कारणों से दबाने में सफल हो जाते हैं। हिन्दू अपनी तरफ पुलिस और मजिस्ट्रेसी को पाते हैं। अछूतों और हिन्दुओं के झगड़े में अछूत कभी भी पुलिस से रक्षा और मजिस्ट्रेट से न्याय नहीं पा सकते। पुलिस और मजिस्ट्रेसी सामाजिक रूप से अपने कर्त्तव्य के बजाय अपने वर्ग से प्यार करते हैं।"[47] ऐसी स्थिति में अछूत क्या कर सकते हैं? किसी भी ऐसे झगड़े में अपनी रक्षा के लिए वे पुलिस के पास ही जा सकते हैं क्योंकि राज्य की आन्तरिक शक्ति पुलिस में निहित रहती है। परन्तु यहां पुलिस उल्टे अत्याचारी का पक्ष ले जाती है।[48] ऐसा इसलिए होता है क्योंकि देश की पुलिस और मजिस्ट्रेसी में अछूतों का कोई प्रतिनिधित्व नहीं है। यह यहां तक होता है कि गांव वालों द्वारा हरिजनों के प्रति की गई कोई भी ज्यादती पुलिस का ध्यान तक आकर्षित नहीं कर पाती।[49] हिन्दुओं के प्रति पुलिस की तरफदारी इतनी अधिक होती है कि बिलकुल सच्चे केसों में पुलिस यदि कोई जांच-पड़ताल करती है तो अपने जाति-भाइयों को बचाने के लिए उन्हें 'अनडिटेक्टेबल' कह कर छोड़ देती है।[50] गांवों के झगड़े में छोटे पुलिस कार्मिक प्रायः सवर्ण हिन्दुओं का पक्ष लेते हैं। इससे गांवों में सवर्णों का किसी को बेकायदे मौत के घाट उतारने का कानून चलता रहता है। डा. अम्बेडकर ने अपने समय के अनेक उदाहरण दे कर बताया है कि यहां पुलिस की देखरेख में गांवों में रोज अछूतों के खिलाफ जलियांवाले काण्ड होते रहते हैं। जब जी चाहता है, सवर्ण हिन्दू दलित वर्गों के पशुओं को कांजी हाउस में ले जाते हैं, उन पर शारीरिक हमले करके और रोजमर्रे की चीजों की खरीद-फरोक्त के लिए उनकी बाजार तक आने-जाने की सुविधा बन्द करके उनका जीवन दूभर कर देते हैं। ऐसे कठोर सामाजिक बहिष्कार के समय भी पुलिस अछूतों के दुःख-दर्द सुनने की कोई परवाह और कानकुब्ज नहीं करती।[51] उन्होंने एक अन्य उदाहरण दे कर बताया है कि खुद गांव के मुन्सिफ ने पोंगल के उत्सव पर हरिजन युवकों द्वारा स्वच्छ कपड़े पहनने पर एतराज किया और उनकी कमीज आदि उतरवाई।[52] कहने का मतलब यह है कि यदि हिन्दू समाज अपनी अस्पृश्यता और जाति प्रथा वाली पुरानी चातुर्वर्ण्य व्यवस्था को कायम रखने की कोशिश करता है तो राज्य के हिन्दू अधिकारी भी उसे बचाने में कोई कोर-कसर नहीं छोड़ते। दोनों ने मिल कर अछूत विरोधी पुरानी व्यवस्था को शाश्वत बना रखा है।[53] इन्हीं बातों की रोकथाम के लिए डा. अम्बेडकर ने 'स्टेट्स एण्ड मानरिटीज' के प्रस्तावित अनुच्छेद-2 के सेक्सन-3 के क्लाउज-2 में अल्पसंख्यक समुदाय की सुरक्षा के लिए प्रावधान रखा था–"सामाजिक और राजकीय अत्याचार के विरुद्ध सुरक्षा।"[54]

VI

यहां जिस बात पर विशेष बहस की जानी है वह न्यायाधीश के दृष्टिकोण की निष्पक्षता की है। क्या भारत में उनके निष्पक्ष होने की संभावना है? डा. अम्बेडकर इसका नकार में उत्तर देते हैं। उन्होंने बम्बई विधान सभा में 'ग्राम पंचायत बिल' पर बोलते हुए कहा था--"ऐसे लोग जो जाति प्रथा की संकीर्णता में फंसे हैं, ऐसे लोग जो प्राचीन काल के पूर्वाग्रहों से ग्रसित हैं, ऐसे लोग जो समानता के सिद्धान्त का उपहास करते हैं और जीवन में वर्गीकरण के कायल हैं, ऐसे लोग जो ऊंच-नीच की भावना में विश्वास रखते हैं-- क्या ऐसे लोगों से हम न्याय की आशा कर सकते हैं? महोदय, मैं इस आशा के विपरीत हूँ और निवेदन करता हूँ कि हम से यह अपेक्षा रखना कि हम ऐसे पंचों के हाथ में अपना जीवन, अपनी स्वतन्त्रता और अपनी सम्पत्ति सौंप देंगे, एकदम व्यर्थ है।"[55]

बुराई यह नहीं है कि समाज में जातिवाद और साम्प्रदायिकता है बल्कि असली बुराई यह है कि इस जातिवाद और साम्प्रदायिकता का एक वर्ग को लाभ मिलता है और दूसरे को इनका नुकसान उठाना पड़ता है। जो वर्ग जातिवाद और साम्प्रदायिकता के प्रति जागरूक रहता है वह इनका लाभ उठाता है और जो इनके प्रति सोया हुआ रहता है उस वर्ग को इनका नुकसान भुगतना पड़ता है। इस लेख के आरम्भ में कहा जा चुका है कि आदर्श के स्तर पर डा. अम्बेडकर ने जातिवाद और साम्प्रदायिकता को काफी कोसा है लेकिन शुरू से ही इनकी बुराइयों से वे व्यावहारिक स्तर पर भी लड़ना चाहते हैं। तभी उन्होंने बम्बई विधान सभा की बहसों में शामिल होते हुए कहा था कि साम्प्रदायिकता इस देश के संविधान की सजावट होगी।[56]

अगला सवाल जो डा. अम्बेडकर ने उठाया है वह यह है कि क्या साम्प्रदायिकता के इस सिद्धान्त को न्यायाधिकारियों के मामले में भी सही माना जाए। उन्होंने अपने विरोधी से कहा था--"यदि मेरे माननीय मित्र मुझे इस बात का विश्वास दे सकें कि हमारी वर्तमान न्यायपालिका गैर-साम्प्रदायिक है, कि एक ब्राह्मण जज एक वादी ब्राह्मण और एक प्रतिवादी ब्राह्मण के केस में ही मात्र एक ब्राह्मण की तरह निर्णय देता है, तो मैं उनकी बात मानने को तैयार हो सकता हूँ। लेकिन मुझे मालूम है कि हमारी न्यायपालिका किस तरह की है। मैं ऐसी कहानियों के अम्बार खड़े कर सकता हूँ जिनमें मेरी जानकारी के अनुसार न्यायपालिका ने अपनी गरिमा का दुरुपयोग किया और उसे बेचा है।"[57] वह केसों के निपटाने में अपनी साम्प्रदायिक भावना से गाइड होती है।[58] डा. अम्बेडकर के इस कथन पर कुछ सदस्यों ने आपत्ति की तो उन्होंने अपने कथन की इस प्रकार व्याख्या की थी--"मैं इस प्रश्न का उत्तर दे रहा था कि क्या न्यायपालिका साम्प्रदायिक भावना से ग्रसित होती है या नहीं। मेरा उन्हें जवाब

यह था कि जिस प्रकार के सामाजिक माहौल में हम रह रहे हैं उसका अनिवार्य परिणाम साम्प्रदायिकता का है।''[59] उन्होंने अपने पक्ष में दलील दी कि इस मूल तर्क को दण्ड प्रक्रिया संहिता ने भी मान्यता दी है। दण्ड प्रक्रिया संहिता में एक धारा है जो पार्टियों को इस बात की अनुमति देती है कि वे जज के पूर्वाग्रह के कारण अपने मुकदमों को बदलवा सकती हैं। दण्ड प्रक्रिया संहिता में एक प्रावधान ऐसा भी है कि जो जज को ऐसे केस लेने से रोकता है जिनमें उस जज का कोई हित हो।[60]

डा. अम्बेडकर ने कहा है कि मनुस्मृति के कानूनों ने जजों के दिमागों को रोगग्रस्त बना रखा है। कलकत्ते के एक ऐसे केस का उदाहरण रखते हुए वे लिखते हैं—''किसी नवीन डोम नाम के एक अछूत पर बकरी की चोरी के लिए मुकदमा चलाया गया। उसका कोई अपराध नहीं पाया गया। उसने शिकायती के खिलाफ मानहानि का मुकदमा दायर किया। मजिस्ट्रेट ने उसके मुकदमे को यह कह कर खारिज कर दिया कि चूंकि वह एक नीची जाति का व्यक्ति है इसलिए उसकी कोई मान-प्रतिष्ठा नहीं है। इसमें हाई कोर्ट को दखल करनी पड़ी और उसने मजिस्ट्रेट को निर्देश दिए कि वे अपने विचार में गलत हैं क्योंकि दण्ड संहिता के सामने सब लोग समान हैं।''[61] लेकिन डा. अम्बेडकर हाई कोर्ट के निर्णय से सन्तुष्ट हो कर भी सन्तुष्ट नहीं हुए। उन्होंने एक समाज दार्शनिक के नाते अगला सवाल यह किया है--''मूल प्रश्न यह है कि मजिस्ट्रेट के दिमाग में यह विचार कहां से आया कि एक अछूत की कोई मान-प्रतिष्ठा नहीं होती।'' उन्होंने आगे स्वयं इस प्रश्न का उत्तर देते हुए लिखा है—''निश्चित रूप से मनुस्मृति की शिक्षाओं से।''[62]

VII

भारत में अंग्रेजों की शिक्षा नीति को ले कर डा. अम्बेडकर ने बोर्ड ऑफ कन्ट्रोल के प्रेजीडेन्ट लार्ड एलनबोरो द्वारा कोर्ट आफ डाइरेक्टरस के चेयरमैन को 1858 में लिखे पत्र के अंश उदधृत किए है।। कुछ महत्वपूर्ण पैरे इस प्रकार हैं:

''**11** वां पैरा

मुझे विश्वास है कि हमने शायद ही कभी निम्न वर्ग के माता-पिता को अपने बच्चे स्कूल भेजने के लिए प्रेरित किया हो। यदि हम शिक्षा का प्रसार उस प्रकार आगे बढ़ा सकें जिस प्रकार हम चाहते हैं, तो इससे श्रमिक वर्ग को बौद्धिकता में उच्च स्थान प्राप्त करा सकेंगे परन्तु उस नीति से धनवान लोगों को अज्ञान के अंधेरे में फेंक डालेंगे।

12 वां पैरा

इस प्रकार की शिक्षा से समाज का एक अच्छा रूप बनाने का काम नहीं हो सकेगा।

13वां पैरा

हमें गरीब ब्राह्मण लोगों की एक असन्तुष्ट जमात खड़ी करनी चाहिए जो हमारे द्वारा दी गई उच्च शिक्षा के बल पर सामान्य जनता पर अपना प्रभुत्व जमा सके।

14 वां पैरा

शिक्षा और सभ्यता उच्च वर्गों से निम्न वर्गों में उतर सकती है और इस प्रकार वह समाज में एक नई शक्ति भर देगी लेकिन वह निम्न वर्गों से उच्च वर्गों में कभी नहीं चढ़ सकती। यदि शिक्षा पूर्णतया निचले वर्गों को दी गई तो इससे जनता में आम घपला हो जाएगा जिसके सबसे पहले शिकार विदेशी लोग होंगे।

15वां पैरा

यदि हम शिक्षा का प्रसार चाहते हैं तो हमारा काम है कि इसे सबसे पहले उच्च वर्गों को देने की कोशिश करें।"[63]

इस प्रकार डा. अम्बेडकर ने निष्कर्ष निकाला है कि पहली बार में अंग्रेजों की ब्यूरोक्रेसी ने पिछड़े वर्गों को शिक्षा प्राप्त करने की अनुमति नहीं दी तथा दूसरी बार में उस ब्यूरोक्रेसी ने इन्हें शिक्षा प्राप्त करने में कोई मदद नहीं की[64] –अर्थात अंग्रेज सरकार ने इनकी शिक्षा को पूरी तरह नकारा और उपेक्षित रखा है।[65]

यहाँ प्रतियोगी परीक्षाओं और कुशल प्रशासन का जिक्र किया जा सकता है। इस में भी डा. अम्बेडकर इस सवाल की समीचीनता पर प्रश्नचिह्न नहीं लगा रहे हैं कि लोक सेवाओं में कुशल प्रशासक पाने के लिए प्रतियोगी परीक्षाओं का तरीका भरोसेमन्द है या नहीं। वे केवल यही प्रश्न पूछ रहे हैं कि यदि प्रतियोगी परीक्षाएं सभी जातियों और धर्मावलम्बियों के लिए समान रूप से खुली हुई हैं तो क्या इतने भर से अनुसूचित जातियों के लोग लोक सेवाओं में प्रवेश पा सकेंगे। डा. अम्बेडकर खुद इस प्रश्न का उत्तर देते हुए लिखते हैं कि सब कुछ राज्य की शिक्षा व्यवस्था पर निर्भर करता है। पर क्या राज्य की शिक्षा व्यवस्था पर्याप्त रूप से लोकतांत्रिक है? क्या शिक्षा की सुविधाएं प्रतियोगी परीक्षाओं में हिस्सा लेने के लिए समाज के सारे वर्गों के लिए समान रूप से सुलभ हैं? यदि ऐसा नहीं है तो खुली प्रतियोगिता के नाम पर समाज के ज्यादातर वर्ग लोक सेवाओं में पहुंचने से रह जाएंगे।[66] यहां भी डा. अम्बेडकर वही बात दुहराते हैं कि भारत में उच्च शिक्षा पर हिन्दुओं का और उनमें

भी विशेषकर द्विज हिन्दुओं का एकाधिकार काबिज है। अनुसूचित जातियों में व्याप्त गरीबी के कारण लोक सेवा के उच्च पदों के लिए जरूरी उच्च शिक्षा उनके पास नहीं है और ऊंचे पद ही सरकार की नीति सम्बन्धी बातें तय करते हैं।[67] समाधान में डा. अम्बेडकर इसी बात पर जोर देते हैं कि राज्य की शिक्षा व्यवस्था पर्याप्त रूप से लोकतांत्रिक होनी चाहिए जिससे सभी वर्गों से छंटे हुए अच्छे लोक सेवक सरकार का कामकाज चलाएं।[68]

संदर्भ

1. डा. बाबा साहेब अम्बेडकर : राइटिंग्स एण्ड स्पीचेज, खंड 2, पृ. 515-16
2. वही, खंड 8, पृ. 236
3. वही, खंड 8, पृ. 174
4. वही, खंड 8, पृ. 124
5. स्टेट्स एण्ड माइनरिटीज, बी. आर. अम्बेडकर, पृ. 36
6. डा. बाबा साहेब अम्बेडकर : राइटिंग्स एण्ड स्पीचेज, खंड 2, पृ. 592
7. स्टेट्स एण्ड माइनरिटीज, बी. आर. अम्बेडकर, पृ. 66
8. डा. बाबा साहेब अम्बेडकर : राइटिंग्स एण्ड स्पीचेज, खंड 2, पृ. 49
9. वही, खंड 2, पृ. 49
10. वही, खंड 2, पृ. 115
11. वही, खंड 2, पृ. 107
12. वही, खंड 2, पृ. 107
13. वही, खंड 2, पृ. 49
14. वही, खंड 2, पृ. 49-50
15. वही, खंड 2, पृ. 50
16. वही, खंड 2, पृ. 50
17. वही, खंड 1, पृ. 266-67
18. एन्निहिलेशन आफ कास्ट, बी. आर. अम्बेडकर, पृ. 53-4
19. वही, पृ. 54
20. मिस्टर गांधी एण्ड दि एमन्शिपेशन ऑफ दि अनटचेबल्स, बी. आर. अम्बेडकर, पृ. 54
21. वही, पृ. 55
22. डा. बाबा साहेब अम्बेडकर : राइटिंग्स एण्ड स्पीचेज, खंड 2, पृ. 494
23. मिस्टर गांधी एण्ड दि एमन्शिपेशन ऑफ दि अनटचेबल्स, बी. आर. अम्बेडकर
24. डा. बाबा साहेब अम्बेडकर : राइटिंग्स एण्ड स्पीचेज, खंड 8, पृ. 123
25. वही, खंड 8, पृ. 356
26. वही, खंड 9, पृ. 206
27. वही, खंड 2, पृ. 580
28. वही, खंड 2, पृ. 580
29. वही, खंड 2, पृ. 551
30. वही, खंड 2, पृ. 551-176
    वही, खंड 2, पृ. 176
31. स्टेट्स एण्ड माइनरिटीज, बी. आर. अम्बेडकर, पृ. 48
32. डा. बाबा साहेब अम्बेडकर : राइटिंग्स एण्ड स्पीचेज, खंड 2, पृ. 465
33. वही, खंड 7, पृ. 11
34. वही, खंड 7, पृ. 242
35. मिस्टर गांधी एण्ड दि एमन्शिपेशन ऑफ दि अनटचेबल्स, बी. आर. अम्बेडकर, पृ. 56
36. डा. बाबा साहेब अम्बेडकर : राइटिंग्स एण्ड स्पीचेज, खंड 9, पृ. 216
37. मिस्टर गांधी एण्ड दि एमन्शिपेशन ऑफ दि अनटचेबल्स, बी. आर. अम्बेडकर, पृ. 56

38. वही, पृ. 57
39. डा. बाबा साहेब अम्बेडकर : राइटिंग्स एण्ड स्पीचेज, खंड 10, पृ. 405
40. वही, खंड 10, पृ. 416
41. मिस्टर गांधी एण्ड दि एमन्शिपेशन ऑफ दि अनटचेबल्स, बी. आर. अम्बेडकर, पृ. 9
42. डा. बाबा साहेब अम्बेडकर : राइटिंग्स एण्ड स्पीचेज, खंड 10, पृ. 426
43. वही, खंड 5, पृ. 120
44. वही, खंड 10, पृ. 417
45. वही, खंड 10, पृ. 417
46. वही, खंड 2, पृ.
47. स्टेट्स एण्ड माइनरिटीज, बी. आर. अम्बेडकर, पृ. 64; मिस्टर गांधी एण्ड दि एमन्शिपेशन ऑफ दि अनटचेबल्स, बी. आर. अम्बेडकर, पृ. 46-7
48. डा. बाबा साहेब अम्बेडकर : राइटिंग्स एण्ड स्पीचेज, खंड 2, पृ. 446
49. वही, खंड 5, पृ. 122 खंड 2, पृ. 358
50. वही, खंड 5, पृ. 122
51. वही, खंड 2, पृ. 456
52. वही, खंड 5, पृ. 119
53. वही, खंड 5, पृ. 107
54. स्टेट्स एण्ड माइनरिटीज, बी. आर. अम्बेडकर, पृ. 14
55. डा. बाबा साहेब अम्बेडकर : राइटिंग्स एण्ड स्पीचेज, खंड 2, पृ. 109
56. वही, खंड 2, पृ. 115
57. वही, खंड 2, पृ. 115
58. वही, खंड 2, पृ. 116
59. वही, खंड 2, पृ. 120
60. वही, खंड 2, पृ. 120
61. वही, खंड 5, पृ. 285-86
62. वही, खंड 5, पृ. 286
63. वही, खंड 2, पृ. 417
64. वही, खंड 2, पृ. 425
65. वही, खंड 10, पृ. 437
66. मिस्टर गांधी एण्ड दि एमन्शिपेशन आफ दि अनटचेबल्स, बी. आर. अम्बेडकर, पृ. 41
67. वही, पृ. 42
68. डा. बाबा साहेब अम्बेडकर : राइटिंग्स एण्ड स्पीचेज, खंड 2, पृ. 395

संदर्भ साहित्य

1. डा. बाबा साहेब अम्बेडकर : राइटिंग्स एण्ड स्पीचेज, खंड 1, कम्पाइल्ड बाई वसन्त मून, एजुकेशन डिपार्टमेण्ट, गवर्नमेण्ट ऑफ महाराष्ट्र, बम्बई-400032, रिप्रिण्ट, 1989
2. वही, खंड 2, फर्स्ट एडिशन, 1982
3. वही, खंड 3, फर्स्ट एडिशन, 1987
4. वही, खंड 4, फर्स्ट एडिशन, 1987
5. वही, खंड 5, फर्स्ट एडिशन, 1989
6. वही, खंड 6, फर्स्ट एडिशन, 1989
7. वही, खंड 7, फर्स्ट एडिशन, 1990
8. वही, खंड 8, फर्स्ट एडिशन, 1990
9. वही, खंड 9, फर्स्ट एडिशन, 1991
10. वही, खंड 10, फर्स्ट एडिशन, 1991
11. मिस्टर गांधी एण्ड दि एमन्शिपेशन ऑफ दि अनटचेबल्स, बी. आर. अम्बेडकर, थेकर एण्ड कम्पनी लिमिटेड, बम्बई, 1943
12. एन्निहिलेशन ऑफ कास्ट, बी. आर. अम्बेडकर, भीम पत्रिका पब्लिकेशन्स, नकोदर रोड, जलन्धर सिटी, पंजाब, 1968
13. रानाडे, गांधी एण्ड जिन्ना, बी. आर. अम्बेडकर, भीम पत्रिका पब्लिकेशन्स, नकोदर रोड, जलन्धर सिटी, पंजाब, 1964
14. स्टेट्स एण्ड माइनरिटीज, बी. आर. अम्बेडकर, आनन्द साहित्य सदन, सिद्धार्थ मार्ग, छावनी-20, अलीगढ़-202001, उत्तर प्रदेश, 1989
15. भगवान बुद्ध और उनका धर्म, वी. आर. अम्बेडकर, अनुवादक, भदन्त आनन्द कौसल्यायन, भारतीय बौद्ध शिक्षा परिषद, श्रावस्ती, द्वितीय संस्करण, 1970
16. सोर्स मैटीरियल आन डा. बाबा साहेब अम्बेडकर एण्ड दि मूवमेण्ट ऑफ अनटचेबल्स, खंड 1, कम्पाइल्ड बाई डा. बी. जी. कुण्डे, एजुकेशन

डिपार्टमेण्ट, गवर्नमेण्ट ऑफ महाराष्ट्र, बम्बई-400032, फर्स्ट एडिशन, 1982

17. ब्रोचर आन रिजर्वेशन फार शेड्यूल्ड कास्टज़ एण्ड शेड्यूल्ड ट्राइब्स इन सर्विसेज, एडिटेड बाई बाटा के. डे, गवर्नमेण्ट ऑफ इंडिया, मिनिस्ट्री ऑफ पर्सनल, पब्लिक ग्रिवेन्सज एण्ड पेंशंस, डिपार्टमेण्ट ऑफ पर्सनल एण्ड ट्रेनिंग, नई दिल्ली, सेवेन्थ एडिशन, 1987

18. भारत का संविधान, प्रकाशन विभाग, भारत सरकार, 1951